L'ARNAQUE

DU MÊME AUTEUR

LA RÉPUBLIQUE DES LOUPS, Calmann-Lévy, 1989. Prix du meilleur livre financier ; prix de la *Vie catholique*.

LE FLAMBEUR, *la vraie vie de Bernard Tapie*, avec Valérie Lecasble, Grasset, 1994.

FORAGES EN EAU PROFONDE, *les secrets de « l'affaire Elf »*, avec Valérie Lecasble, Grasset, 1998.

L'ANGE EXTERMINATEUR, *la vraie vie de Bernard Arnault*, Albin Michel, 2003.

AIRY ROUTIER

L'ARNAQUE

Quand l'Amérique rackette la France

BERNARD GRASSET
PARIS

Prologue

L'autre guerre

Washington DC, jeudi 16 janvier 2003. L'Amérique s'apprête à envahir l'Irak. Alors que s'achèvent dans le Golfe le déploiement de 50 000 soldats américains et le rappel de 20 000 réservistes, en ce début d'après-midi, un cortège de limousines venues de Kalorama Road traverse la ville en évitant les engins de déneigement qui sillonnent les rues. Direction : l'imposant département de la Justice, un immense immeuble en granit, de style stalinien, bordé par les avenues Pennsylvania et Constitution d'un côté, les 9e et 10e Rues de l'autre. Mais ce n'est pas le ministre John Ashcroft, ce fou de Dieu choisi par George Bush pour faire régner la loi et l'ordre que vient voir le tout nouvel ambassadeur de France aux Etats-Unis. Dès son arrivée, entouré de ses assistants, visage sombre, Jean-David Levitte est conduit vers une petite salle de conférences impersonnelle, au deuxième étage. Il est aussi accompagné de deux avocats américains à 10 000 dollars de l'heure, payés par les contribuables français, choisis pour leur compétence, mais aussi pour leurs connexions politiques : l'un, Benjamin Civiletti, démocrate, a été procureur général sous Jimmy Carter; l'autre, George Terwilliger III, l'a été sous George Bush père. Républicain, il l'est plus que de raison : il était aux côtés de

James Baker, en novembre 2000, pour le recomptage des votes en Floride qui a permis l'élection controversée – et même volée, pour de nombreux démocrates – de George Bush fils, face à Al Gore.

L'ambassadeur vient tenter d'éviter la déclaration d'une autre guerre, jusque-là sourde, qui oppose les Etats-Unis et la France à propos de la prise de contrôle de la société californienne Executive Life et de son portefeuille d'obligations, au début des années 90. Douze ans plus tôt. De l'autre côté d'une table longue et étroite en bois ciré, l'ambassadeur, ses avocats et leurs assistants font face à une brochette de hauts magistrats américains, réunis autour du grand Michael Chertoff, 50 ans, visage émacié, cerné par une barbe grise, et de la pugnace Debra Yang, 54 ans, petite boule d'énergie d'origine chinoise. Le premier est procureur général adjoint des Etats-Unis, chargé des affaires criminelles ; la seconde est procureur du district de Los Angeles, où les « crimes », selon les Américains, ont été commis.

Des crimes ? Jean-David Levitte connaît les Etats-Unis et, en matière de justice, l'enflure de leur vocabulaire et la sévérité de leurs lois. Mais de là à devoir répondre, au nom de la France, d'abus, de félonie, de mensonge organisé et autres crimes fédéraux, accusations portées par un pays prétendument ami, voilà bien une situation à laquelle le Quai d'Orsay ne l'avait pas préparé. Sur la base de notes détaillées qu'il a posées sur la table, il plaide, en anglais :

— S'il vous plaît, je vous demande de comprendre l'importance de ce que représente le Crédit Lyonnais pour la France et pour notre gouvernement.

— Nous en sommes parfaitement conscients, répond Michael Chertoff, n'en doutez pas. C'est d'ailleurs une démarche exceptionnelle pour les Etats-Unis d'attaquer, pour des charges criminelles, une banque publique étrangère et, par ricochet, son gouvernement. Nous n'agissons pas là, croyez-le bien, de gaieté de cœur.

— Ce serait un désastre pour les relations entre nos deux pays, si la banque devait être inculpée sur le plan criminel.

Un désastre pour les relations entre les deux pays ? Ce jour-là, il n'est pas consommé, puisque Jacques Chirac n'a pas encore annoncé que la France opposerait son veto au Conseil de sécurité de l'ONU à l'invasion de l'Irak par les troupes américaines. Mais on n'en est pas loin. Entre les Etats-Unis et la France, le torchon brûle ouvertement. George Bush a décidé de terminer le travail entamé, douze ans plus tôt, par son père. Lui et les faucons qui l'entourent vont attaquer l'Irak, avec ou sans l'ONU. Le 13 janvier, trois jours avant cette réunion secrète, le Président a informé Colin Powell, secrétaire d'Etat dont la réticence était de notoriété publique, de sa décision irrévocable, au cours d'un entretien de 12 minutes chrono :

— Etes-vous avec moi là-dessus ?

— Je ferai de mon mieux. Oui, monsieur, je vous soutiendrai.

Ancien chef d'état-major interarmes, Colin Powell a jugé qu'il ne pouvait pas démissionner au moment où son pays allait entrer en guerre. Deux jours plus tôt, le vice-président Dick Cheney avait informé de cette décision dramatique l'ambassadeur d'Arabie Saoudite aux Etats-Unis, surnommé Bandar-Bush pour sa proximité avec la famille du Président. Cette guerre, alors justifiée par la présence en Irak d'armes de destruction massive, la France en conteste ouvertement le bien-fondé, tant que les experts dépêchés par l'ONU n'auront pas rendu leurs conclusions. Dans tous les Etats-Unis, chauffés par *Fox News* et une presse aussi conformiste que complaisante vis-à-vis de Bush junior, le climat antifrançais se développe. Au Congrès, on va rebaptiser les *french fries* (frites) en *freedom fries*. La France n'est plus perçue comme un pays ami. Au mieux, dans les couches les plus aisées de la population, c'est un allié difficile. Au pire c'est un traître. La vision française d'un monde pacifique et multilatéral est incomprise. Elle est perçue comme une façon oblique et orgueilleuse de s'opposer à la politique américaine. Un crime de lèse-majesté dans un pays traumatisé par le 11 septembre et désinformé par ce qu'il faut bien appeler de la propagande.

La France, Debra Yang n'en a cure. Fille d'un émigré de Canton qui a trimé toute sa vie dans une boucherie du quartier chinois de Los Angeles, elle symbolise cette nouvelle Amérique californienne, tournée vers l'Asie. Elle prend la parole :

— Les relations de mon pays et du vôtre n'ont rien à voir dans cette affaire. Depuis que nous avons commencé notre enquête, il y a quatre ans, elle n'a cessé de prendre de l'ampleur. Nous avons les preuves qu'il ne s'agit pas d'une faute isolée. Nous avons découvert de nombreux comportements délibérément délictueux, associés à une volonté permanente de les cacher et de nous égarer. Quels que soient les liens qui unissent nos deux pays, vous comprendrez, monsieur l'ambassadeur, qu'il ne nous est pas possible de fermer les yeux. Le Crédit Lyonnais et le Consortium de Réalisation, qui a repris ses créances douteuses, doivent reconnaître leur culpabilité, non pas sur tous les crimes commis, nous vous le concédons, mais au moins sur l'un d'entre eux [1].

---

1. Dans le système accusatoire américain, l'accusation a toute liberté pour alléger ou accroître les charges, l'ampleur et la gravité des fautes commises étant laissées à sa libre appréciation. Ce qui donne au procureur un énorme pouvoir et une large marge de négociation avec les avocats.

Jean-David Levitte se heurte à un mur. Il n'est pas question pour lui d'entrer dans les détails du dossier, que personne ne maîtrise plus dans son ensemble. Après un court aparté, en français, avec ses assistants, l'ambassadeur sort sa carte maîtresse, concoctée avec les avocats :

— Ce n'est pas mon rôle de me prononcer sur le fond de cette affaire complexe. En revanche, je dois vous informer que notre gouvernement comprendrait mal que la France fasse de votre part l'objet d'un traitement discriminatoire, puisque, selon nos avocats, après la faillite de vos caisses d'épargne, au début des années 90, et l'injection d'argent public à hauteur de 100 milliards de dollars, celles-ci ont bénéficié d'une mesure que vous appelez *national treatment* [1]. La situation du Crédit Lyonnais, dont les dirigeants ont été évincés, qui est repartie sur de nouvelles bases avec le soutien financier massif de l'Etat français, nous paraît très similaire.

— Elle ne l'est qu'en apparence, monsieur l'ambassadeur. Car dans le cas du Crédit Lyonnais, il y a eu continuité dans la fraude et le mensonge, après la remise en ordre, l'injection d'argent public et la création du CDR. C'est la raison pour laquelle, en accord avec M. Chertoff et les autorités supérieures du département de la Justice, nous ne pouvons malheureusement pas vous faire bénéficier de l'exonération du *national treatment.*

— De quelles fautes s'agit-il ?

— Nous n'avons pas à vous le dire. Nous avons les preuves de la permanence des fautes commises.

---

1. Le *national treatment,* aplliqué aux les caisses d'épargne américaines au début des années 90, exonère de toutes poursuites pénales les sociétés ou entités qui ont bénéficié d'un plan de redressement, avec injection d'argent public. L'idée est que l'Etat ne pouvait pas condamner des entreprises qu'il a aidées et leur infliger des amendes après les avoir subventionnées.

— Quelles preuves ?

— Nous n'avons pas à vous le dire. C'est le privilège de l'accusation. Chacun a ses armes. Vous en prendrez connaissance, éventuellement, devant le grand jury.

Le grand jury ? Composé d'une vingtaine de citoyens de base tirés au sort et réunis par le procureur, il est, dans le système juridique américain, le seul à même de prononcer des inculpations et d'engager les poursuites pénales. Mais il est excessif et démagogique. Surtout, il est systématiquement manipulé par l'accusation. Mieux vaut négocier avant avec le procureur, en particulier dans les affaires complexes mettant en cause les puissants. Jean-David Levitte le sait mais tente un coup de bluff :

— Aller devant le grand jury est une hypothèse que nous envisageons.

— La décision vous appartient, répond Chertoff. Mais je me permets de vous rappeler ce qui est arrivé à Arthur Andersen, impliqué dans le scandale Enron. Il était n° 1 mondial du conseil en entreprise. Il a explosé en moins de trois semaines et les Américains n'ont pas versé une larme.

— Voudriez-vous suggérer que, face à un jury populaire, une banque étrangère comme le Crédit Lyonnais n'a aucune chance ?

— Je n'ai pas dit cela.

— Vous nous refusez donc le bénéfice du *national treatment* en le justifiant par l'évidence de fautes continues dont vous refusez de nous préciser la nature. C'est quelque chose que nous ne pouvons comprendre. C'est un pouvoir discrétionnaire qui ne nous semble pas digne d'une grande démocratie.

Pas question, pour les hauts magistrats américains, d'entrer dans un débat de cette nature. La démocratie américaine, les fondements de son système judiciaire ne se discutent pas. Michael Chertoff botte rapidement en touche :

— Nous prenons en compte votre souhait. Nous allons voir ce que nous pourrons vous dire et nous vous le ferons savoir.

Bien sûr, ni le Crédit Lyonnais, ni le CDR, émanation de l'Etat, ne recevront par la suite la moindre information sur la « faute continue » imputée au Lyonnais, justifiant le refus de le faire bénéficier du *national treatment*.

L'ambassadeur de France reprend sa plaidoirie :

— Le Lyonnais risque de perdre sa licence, des centaines de millions de dollars d'amende, et une énorme humiliation publique. Vous devez être très conscient de l'effet dévastateur si la banque était officiellement inculpée, pour elle et pour les relations entre nos deux pays.

— Soyez bien sûr, monsieur l'ambassadeur, que nous n'avons aucun grief contre la France, répond Chertoff. Vous noterez d'ailleurs notre bonne volonté puisque nous nous sommes mis d'accord pour ne prononcer qu'une inculpation a minima et pour affirmer que l'Etat français lui-même n'était pas au courant des fautes et des mensonges commis par le Crédit Lyonnais. Ainsi ceux qui en exerçaient la tutelle, y compris les ministres, ne seront pas poursuivis. Nous nous en tenons au comportement frauduleux d'une entreprise qui était alors à capitaux publics.

Les ministres et le Trésor français exonérés ? Ce qui est présenté par le procureur comme une concession majeure et un gage de bonne volonté est perçu par l'ambassadeur de France comme une clause de style sans intérêt. Comment aurait-il pu imaginer que Dominique Strauss-Kahn, ministre des Finances de 1997 à 1999, ait pu être poursuivi par la justice américaine pour des fautes éventuellement commises par le Crédit Lyonnais lors du rachat de la compagnie d'assurances californienne Executive Life, au début des années 90 ?

Et pourtant... Levitte ne relève pas. Parlant toujours en anglais, il revient à la charge :

— La banque a réglé elle-même ses propres dérives, des sanctions ont été prises, les anciens dirigeants ont été écartés. Surtout, une procédure judiciaire est en cours en France, à notre initiative. Votre démarche, madame, monsieur, est donc redondante.

— Je suis désolé, monsieur l'ambassadeur, mais il s'agit d'une affaire purement américaine : le Crédit Lyonnais, pendant plusieurs années et à de nombreuses reprises, a délibérément travesti la réalité et menti à la FED, son autorité de tutelle aux Etats-Unis, répond Chertoff. Nous ne pouvons faire autrement que d'évoquer ces faits et de les évaluer dans une procédure criminelle.

La messe est dite. La diplomatie a échoué. Alors que la neige continue à tomber à gros flocons devant les fenêtres qui donnent sur la 10e Avenue, Levitte se rend compte que dans le contexte franco-américain du moment, le Crédit Lyonnais n'a plus aucune chance de s'en tirer sans passer par la case judiciaire. Les ordres – ou plutôt l'absence d'ordre – viennent d'en haut. De John Ashcroft, certainement, de George Bush lui-même, très vraisemblablement. Celui-ci ne voit aucune raison de faire une fleur à la France, au moment même où elle le défie publiquement. Avec le risque, en plus, de susciter la colère des anciens assurés d'Executive Life, remontés à bloc par leur avocat Gary Fontana et par quelques membres du Congrès. Levitte conclut lui-même la réunion :

— Je suis très déçu. Je communiquerai votre décision à mon gouvernement et aux plus hautes autorités de l'Etat. Celles-ci, je ne vous le cache pas, seront consternées.

— Nous en sommes, nous aussi, désolés, conclut Debra Yang.

Tout le monde se lève. Un café est servi, avec des biscuits secs, mais cela ne suffit pas à détendre l'atmosphère. Les deux avocats américains n'ont pas dit grand-chose. Même pas George Terwilliger, ce républicain extraverti. Il appartient au même clan que Debra Yang. Celle-ci ne résiste pas au plaisir de le titiller en aparté :

— C'est bien la première fois que je vous vois si calme !

Terwilliger n'est pas calme. Il est abattu. Cette réunion de la dernière chance marque son échec. Pour la première fois, le gouvernement américain a affirmé très clairement son intention de prononcer une inculpation et, si nécessaire, d'aller au procès. Un procès pénal et un procès civil qui se présentent désormais dans les pires conditions pour la France.

PREMIÈRE PARTIE

Le temps des profits

CHAPITRE PREMIER

Les enfants de la bulle

Le drame s'est noué treize ans plus tôt, lors de la rencontre, en février 1990, de Leon Black et de Jean-François Hénin. Deux personnages hors du commun, génies ou voyous, l'un américain, l'autre français. Deux financiers de haut vol qui ont, pendant des années, transformé le plomb en or. Chacun s'était forgé une réputation sulfureuse dans son pays, suscitant l'envie comme le mépris. Tous les deux étaient des habitués de la une des journaux, tant par leurs coups de Bourse que par leurs personnalités. Tout deux n'avaient pourtant en commun que d'être des enfants de la bulle financière, spéculateurs avides et manipulateurs sans complexe de l'argent fou. Ils ont été mis en relation par Thierry de la Villuchet, alors en poste au Crédit Lyonnais à New York. Jean-François Hénin, patron d'Altus, une petite banque qui venait de rejoindre le groupe, cherchait à spéculer sur les *junk bonds*, ces obligations pourries émises par des sociétés en difficulté qui cherchent à sortir d'une mauvaise passe en offrant de gros rendements en contrepartie de risques élevés. Thierry de la Villuchet l'appelle :

— Je cherche à mettre la main sur Leon Black.

S'agissant des junk bonds, rien ne peut se faire sans lui. Il est incontournable.

— Vous avez le contact avec lui ?

— Pas pour l'instant et c'est pour cela que je vous appelle. Si je peux me recommander de vous, je pense qu'il n'y aura pas de problème.

Pas facile, en effet, de ferrer Leon Black. Sombre et secret, impressionnant tant physiquement qu'intellectuellement, ce juif new-yorkais, 38 ans en 1990, a été pendant treize ans patron du département fusions et acquisitions et directeur adjoint de Drexel Burnham Lambert, une banque qui a bouleversé tous les principes de l'establishment pendant les années 80, avant d'exploser en vol en 1990, sur fond de malversations. Il a été le principal collaborateur – et l'inspirateur – de Michael Milken, l'inventeur des *junk bonds*, qui ont fait la fortune de la banque puis provoqué sa ruine. Rabbin devenu businessman, le père de Leon Black s'était suicidé, après avoir été accusé – déjà – de malversations. Cet événement marquera à jamais l'enfant, qui se promet de devenir l'homme le plus riche du monde. Il fait des études brillantes, intègre l'université de Harvard et, dès sa sortie de l'école, rejoint Wall Street où il fera carrière. Mystérieux, cupide, aussi discret que puissant, toujours vêtu de noir, il y récoltera vite le surnom de « Dark Vador » ou de « prince des ténèbres », celui de la *Guerre des étoiles*, en référence à son nom et à ses tenues. Black est membre des *Skull and Bones* (crâne et os), une société secrète (à laquelle appartiennent aussi bien George Bush que John Kerry) qui regroupe d'anciens membres des grandes écoles américaines. Plus secrète que la franc-maçonnerie, cette société d'entraide fait l'objet de tous les fantasmes.

Rien à voir avec Jean-François Hénin, 46 ans en 1990. Fils d'un professeur agronome, membre d'une institution créée par l'Opus Dei, sur instruction expresse de Pie XII, pour rechristianiser l'Université espagnole, Hénin est un catholique militant, proche des milieux intégristes. Petit, physique passe-partout, il est lui aussi membre d'une association liée à l'Opus Dei, animée par maître Jean-Marc Varaut, le défenseur de Maurice Papon, ainsi que du « Centre de formation à l'action civique et culturelle selon le droit naturel et chrétien ». Cofondateur, avec la députée (UMP) Christine Boutin, de l'Alliance pour les droits de la vie, une association hostile notamment au droit à l'avortement, Jean-François Hénin chante dans le chœur grégorien de l'église Saint-Vincent-de-Paul et s'investit dans de nombreuses associations caritatives, notamment en faveur des enfants en Equateur. Il est convaincu que c'est une bonne action de faire fructifier les biens que Dieu vous a confiés. Imprégné de la doctrine sociale de l'Église, il pense que l'important, aux yeux du Christ, est de « faire le bien » avec ce que l'on a reçu du ciel. Ou des marchés...

Heureusement pour lui car, en février 1990, Jean-François Hénin a la réputation d'un spéculateur sans vergogne, à qui tout réussit. Après des études de droit et de sciences économiques, il a fait carrière dans les services de trésorerie de diverses grandes entreprises. En 1982, Alain Gomez le recrute chez Thomson [1]. Tout semble opposer Gomez et Hénin : ancien du CERES, un club socialiste proche de l'extrême gauche, le premier est nommé par le nouveau pouvoir à la tête de l'entreprise qui vient d'être nationalisée, tandis que le second préparait son exil, persuadé que François Mitterrand allait livrer la France aux Soviétiques et aux impies. Mais les deux hommes ont un point commun : favorables, jadis, à l'Algérie française, ils ont fait leur

1. Rebaptisée plus tard Thalès pour faire oublier quelques sombres affaires, dont celle dite « des frégates », vendues à Taïwan avec des commissions occultes évaluées à 5 milliards de dollars.

service militaire chez les parachutistes. Ils aiment l'ordre, vantent la fraternité des armes, défendent haut et fort les valeurs morales. Sans complexes.

Au début des années 80, Thomson dispose d'une trésorerie abondante grâce aux énormes avances de trésorerie des contrats « éléphants » passés avec l'Arabie saoudite, soit au total plusieurs dizaines de milliards de dollars, dont une grosse partie payée d'avance, à la commande. A la tête de Thomson Finance, créée pour faire fructifier cette montagne d'argent, Jean-François Hénin va réussir au-delà de toute espérance en transformant cette petite structure en une véritable banque spéculative. Doué d'une forte intuition, mais aussi servi par la chance, il prévoit la chute du dollar en 1984 et le krach boursier de 1987, réalisant des profits faramineux : pendant des années, il assurera à lui seul tous les bénéfices du groupe.

Les journaux de l'époque portent aux nues celui qu'ils appellent le « Mozart de la finance ». Nul ne sait, à l'époque, que Hénin aidait la chance. Il avait une carte maîtresse dans son jeu. Thomson Finance a profité, en effet, d'une faille dans la réglementation française : les délits d'initiés étaient alors cantonnés au marché des actions. Hénin et Gomez pouvaient donc être informés des décisions à venir de la Banque de France et des autorités monétaires et utiliser ces informations sans commettre la moindre infraction. C'est ce qui s'est passé, au cours du premier septennat de François Mitterrand, aussi bien avec les Premiers ministres socialistes qu'avec Jacques Chirac à Matignon et Edouard Balladur au ministère des Finances. Echange de bons procédés : informés des décisions à venir de la Banque de France et des autorités monétaires, Gomez et Hénin gagnaient sans difficultés; et une partie de l'argent ainsi engrangé venait sans doute remplir les caisses des partis politiques et peut-être celles de quelques hommes politiques eux-mêmes... Hénin n'était pas le seul à profiter des informations privilégiées, venues du Trésor, sur les décisions à venir de la Banque de France. Même schéma, par exemple, pour Samir Traboulsi, le financier libanais proche de Thomson, condamné dans l'affaire Pechiney : ce n'est pas par sa seule capacité d'anticipation que ce proche de Pierre Bérégovoy a amassé une fortune considérable en quelques années. Complicité ou coïncidence ? Traboulsi connaissait bien Hénin, même si celui-ci s'en défend aujourd'hui.

Ce petit jeu où l'on gagne à tous les coups a cessé un vendredi de l'automne 1988 en fin d'après-midi. Directeur de cabinet de Pierre Bérégovoy, ministre de l'Economie et des Finances, Alain Boublil est informé qu'un milliard de francs viennent d'être vendus à découvert, par surprise, à New York, après la fermeture de la Bourse de Paris. Et qu'en l'absence d'opérateurs, la Banque de France a dû se porter acheteuse, pour empêcher que le franc ne s'effondre. L'enquête est rondement menée. Surprise : le vendeur était Thomson, alors entreprise publique. Elle n'hésitait pas à spéculer contre le franc, à l'initiative de Jean-François Hénin qui avait pris des positions en espérant provoquer, par là même, une panique et une dévaluation ! Une opération immorale mais pas illégale. Alain Gomez a été aussitôt convoqué et Thomson sommé de dénouer aussitôt l'opération à ses frais. Hénin avait poussé le bouchon trop loin. Ce ne sera pas la dernière fois.

La loi est modifiée : dès 1989, les délits d'initiés couvriront l'ensemble des marchés financiers et non seulement celui des actions. Or il n'est pas question, pour Jean-François Hénin, de violer la lettre de la loi : c'est son côté curé tourmenté. Convaincu, en outre, de son génie propre, il pense qu'il peut se débrouiller tout seul. Alain Gomez est sans doute plus lucide : il sait que les belles années sont derrière lui et décide de vendre Thomson Finance... avec Jean-François Hénin. Après une bataille d'influence avec la BNP, le Crédit Lyonnais l'emporte, grâce au soutien de Pierre Bérégovoy. Celui-ci n'a d'yeux que pour Jean-Yves Haberer. Le président du Crédit Lyonnais écoute en effet d'une oreille attentive les délires du ministre des Finances de Michel Rocard sur la banque au service de l'industrie, qui éradiquera le chômage et assurera des lendemains qui chantent. Haberer y croit-il ? En tout cas, il fait semblant : le blanc-seing gouvernemental lui permettra, espère-t-il, de devenir le patron de la première banque du monde. Le 9 février 1990, le Crédit Lyonnais reprend Thomson Finance, en contrepartie de quoi Thomson obtient 19,9 % de la banque publique. L'opération est parfaite, en apparence : adossée au Crédit Lyonnais, Thomson Finance disposera de plus de moyens et d'appuis. Thomson, de son côté, échange une banque de circonstance contre un placement sûr – du moins Gomez le croit-il – en prenant une participation significative dans l'une des plus grandes banques du monde. En outre, cet échange cadre parfaitement avec la doctrine inepte du ni-ni (« ni nationalisation, ni privatisation ») imposée pour de basses raisons de politique politicienne par François Mitterrand, lors de sa campagne présidentielle de 1988, puisque Thomson et le Crédit Lyonnais (et aussi la BNP) sont nationalisées.

Jean-Yves Haberer s'est fait rouler. Jusque-là premier intervenant mondial sur le marché des devises et des taux, Thomson Finance, rebaptisée Altus Finance, va rapidement décliner dans son métier de base, remplacée par les Chinois de Singapour. Mais le plus grave n'est pas là. « Altus Finance fera tout ce que le Crédit Lyonnais ne peut, ne sait ou ne veut pas faire », annonce Haberer. Pour lui comme pour Hénin, « seul le ciel est la limite ». Ils prendront des risques insensés. Ils sont convaincus qu'avec la force de frappe du Crédit Lyonnais, ils peuvent faire monter ou baisser à leur guise les actions de telle ou telle entreprise, agir sur les taux ou les devises... et en profiter. « On fait le marché » est leur analyse préférée.

A la tête d'une petite structure de 170 personnes, Altus doit rapporter autant d'argent que tout le Crédit Lyonnais, avec son implantation mondiale et ses 70 000 employés ! Ainsi Jean-François Hénin, fort de ses succès sur les marchés des devises et de son aura médiatique, reçoit tout simplement carte blanche pour se lancer dans différents métiers de la banque auquel il n'a jamais touché. Il a guichet ouvert pour prêter de l'argent à tout ceux qui avancent de belles idées, alors qu'il n'a jamais vu un client de sa vie ni évalué un risque ! Naïf, gonflé d'orgueil, grisé par l'image que lui renvoient les médias, curieusement fasciné par les aventuriers, ce catholique militant va se croire tout permis. Pour l'heure, ce sont les junk bonds qui l'intéressent. Mais en tant que banque, Altus, filiale du Crédit Lyonnais, est soumise au *Bank Holding Company Act* (BHCA) qui interdit de façon stricte à toute banque de posséder plus de 5 % des actions avec droits de vote d'une quelconque entreprise non bancaire [1]. Normalement les junk bonds (sans droit de vote) ne sont pas concernées par le BHCA. Mais dans la plupart des portefeuilles, il existe des obligations transformables en actions, dans certaines conditions. Dès lors, Altus tomberait en infraction. De toute façon le pro-

1. Le BHCA interdisait la possession ou le contrôle direct ou indirect de sociétés exerçant leurs activités dans le secteur non bancaire, à moins d'une exemption explicite de la Réserve fédérale (FED). Le contrôle s'entendait lorsque la banque détient plus de 5 % des actions avec droit de vote d'une société ou plus de 25 % de fonds d'investissements qui contrôlent eux-mêmes plus de 5 % de ces sociétés. Des sanctions sévères – prison et lourdes amendes – étaient prévues en cas de violation.

blème ne se pose pas – pas encore : Jean-François Hénin a déjà essayé d'intervenir sur le marché des junk bonds. Sans succès. Car il est réservé aux Américains et Leon Black en détient la clé.

Ce sont eux, en effet, qui l'ont inventé, dès la fin des années 70 et qui lui ont donné un essor inouï jusqu'au krach boursier de 1987, qui a emporté dans la tourmente un bon nombre d'entreprises saines, mais trop endettées. La banque Drexel Burnham Lambert s'était fait une spécialité de conseiller aux entreprises en difficulté de trésorerie d'émettre des obligations à très haut rendement qu'elle se chargeait de placer auprès de clients privilégiés. Parmi ceux-ci, Executive Life, une compagnie d'assurance vie californienne, va se constituer l'un des plus gros portefeuilles du monde : plus de 6 milliards de dollars. Sur les conseils de Michael Milken et de Leon Black, son président, Frederick Carr a investi dans les junk bonds les deux tiers de ses actifs alors que le conseil américain des assurance vie préconisait de ne pas dépasser les 6 % des réserves statutaires ! Ce qui pose évidemment problème dans un pays où les assurances privées jouent le rôle de notre Sécurité sociale. Et ce qui fait scandale. Grâce aux hauts rendements de ses junk bonds, Executive Life accorde de fortes rémunérations sur les contrats que souscrivent ses clients : 8 % d'intérêt, soit le double de la moyenne de la profession. Fred Carr est chéri par les médias. La compagnie gagne des parts de marché. Elle devient même la plus importante de Californie, au détriment de tous ses concurrents qui respectent les ratios de prudence propres à leur activité. Jaloux et inquiets, ceux-ci vont se lancer dans un lobbying intense contre Executive Life et les sociétés qui seraient tentées de l'imiter.

Le Congrès va se saisir du dossier. Il interdit aux banques et aux compagnies d'assurances d'accepter les junk bonds en garantie dans leurs portefeuilles. Votée le

4 août 1989, une loi [1] contraint même les établissements d'épargne à se défaire de leurs junk bonds avant le 1er juillet 1994. Décision politicienne dont l'effet nocif est immédiat : obliger à vendre, avec une date limite connue de tous, est le plus sûr moyen de plomber un marché. Celui des junk bonds va s'effondrer d'autant plus brutalement qu'il est étroit : 200 milliards de dollars de transactions par an seulement. Le 13 octobre, nouveau plongeon lorsque la compagnie United Airlines n'arrive pas à trouver de nouveaux financements et se déclare en faillite. Celle-ci sera suivie, prédisent les médias, de milliers d'autres. Les junk bonds brûlent les doigts : personne n'en veut plus. Et la guerre du Golfe, en 1990, ne va pas arranger les choses. Résultat : Executive Life enregistre au titre de 1989 une perte de 850 millions de dollars et, en 1990, celle-ci atteindra 3 milliards de dollars sur son portefeuille de junk bonds. La compagnie hors normes est alors sous le feu des critiques. Comme d'habitude, les médias brûlent ce qu'ils ont adoré. Ses concurrents exultent. Un rapport du département des assurances (DOI) décrit Executive Life comme un repaire de bandits : on est alors très loin de l'histoire qui sera élaborée plus tard, selon laquelle « la compagnie fleuron de la Californie a été indûment violée par des escrocs français ».

Les journaux américains soulignent les liens particuliers – et suspects – de Fred Carr, son patron, avec « l'escroc » Michael Milken. Car le 13 février 1990, la banque Drexel Burnham Lambert a été mise en cessation de paiement. Accusé de fraude, menacé de nombreuses années de prison Michael Milken choisira de plaider coupable et sera emprisonné l'année suivante.

1. Financial Institution Reform, Recovery and Enforcement Act (FIRREA).

Leon Black ne connaîtra pas le même sort : il coopérera avec la justice en chargeant son ancien patron. Et paiera « seulement » 28 millions de dollars d'amende : le prix de sa liberté.

En ce mois de février 1990, le coup de fil de Thierry de la Villuchet tombe donc à pic pour Leon Black qui, jusque-là, ne daignait pas le prendre au téléphone. Le nom de Jean-François Hénin est un sésame. Celui-ci est à son firmament dans le ciel de France, tandis que Black, aux Etats-Unis, rase les murs. Façon de parler car il accepte aussitôt de venir à Paris, en Concorde, pour rencontrer le patron d'Altus. En réalité, le plus costaud des deux n'est pas celui qu'on croit. Black n'a pas l'allure d'un individu qui vient d'échapper à la prison, en dénonçant son patron : il se présente à Hénin comme un type sûr de lui, un apporteur d'affaires indispensable. Black sait parfaitement que son interlocuteur est fasciné par le marché des junk bonds et ses possibilités de retournement rapide. Car, même au pire moment, jamais les défaillances d'entreprises ayant émis des junk bonds n'ont dépassé la barre des 1 %. Le « Mozart de la finance a rencontré plus musicien que lui », comme l'écrira joliment Pierre-Angel Gay [1]. D'emblée, Black, qui a pourtant fait le trajet jusqu'à Paris, met Hénin en position de demandeur :

— Vous avez demandé à me rencontrer. J'en suis ravi : je n'ai pas si souvent l'occasion de me rendre à Paris qui est une ville formidable.

— Oui, je vous remercie d'être venu. Vous savez que le Crédit Lyonnais a de grandes ambitions, en particulier aux Etats-Unis, sur le marché des junk bonds. Nous serions ravis de travailler avec vous en vous apportant les fonds nécessaires.

Black ne tourne pas autour du pot :

1. *Les Echos* du 21 janvier 2004.

— J'ai effectivement l'intention de créer un fonds d'investissement spécialisé dans la vente et le rachat des junk bonds, qui recèlent des possibilités de plus-values considérables. Pour cela j'ai besoin de 400 millions de dollars et je serai ravi d'avoir le Crédit Lyonnais comme partenaire.

— C'est tout à fait envisageable. Je vais en référer au président du groupe. Si vous voulez bien rester à Paris je vous donnerai notre réponse et, j'espère, notre accord et notre engagement, dans les tout prochains jours.

Hénin, dont c'est la première initiative sous l'égide du Crédit Lyonnais, prend aussitôt rendez-vous avec Jean-Yves Haberer qui réunit un comité de direction dès le lendemain. Impérial, devant les hauts cadres médusés, le patron explique que, non content de soutenir Leon Black, on va voir plus grand : « On n'est pas là pour jouer au Monopoly, mais avec du vrai argent », résume-t-il. Il propose d'investir plus de 3 milliards de dollars, peut-être 4. Soit la moitié de ses fonds propres ! Hénin a convaincu Haberer : les junk bonds sont le pactole qui va permettre au Lyonnais de gagner des fortunes, de s'imposer comme la première banque du monde et de conduire la politique définie par Pierre Bérégovoy – les banques au service de l'industrie et de l'emploi – le mythe de la « banque-industrie ». Celui-là même qui est combattu aux Etats-Unis. C'est même le fondement du BHCA qui interdit aux banques de contrôler, de quelque façon que ce soit, des entreprises non bancaires, afin de ne pas distordre la concurrence et d'éviter tout effet domino, en cas de faillite.

Depuis quelque temps, Haberer a perdu le sens commun mais seuls ses proches s'en aperçoivent. Major à l'ENA dans la même promotion que celle de Jacques Chirac, inspecteur des Finances, ce Grenoblois a grimpé tous les échelons de la haute fonction publique. Il a été directeur de cabinet de Michel Debré, ministre du général de Gaulle d'abord aux Affaires étrangères puis à la Défense. Il a servi d'autres ministres sous Pompidou, avant de rejoindre l'administration du Trésor. Lorsque la gauche arrive au pouvoir, en mai 1981, il en est le directeur. Il le reste, faisant allégeance à François Mitterrand. A gauche, on l'en remercie : sa présence, espère-t-on, rassurera les milieux financiers et limitera les attaques contre le franc ; à droite, dans son camp, personne ne le lui reproche : la direction du Trésor est un poste où la continuité de l'Etat ne se discute pas. Mais Jean-Yves Haberer va accepter, en 1982, de devenir le président de la Banque de Paris et des Pays-Bas, après la plus controversée des nationalisations. La banque devenue publique fut même obligée de dénoncer ses clients qui détenaient des comptes en Suisse. Et ça, la droite ne le lui pardonnera jamais. Il sera évincé dès le retour de celle-ci au pouvoir, en 1986. La brillante intelligence d'Haberer va se laisser submerger par les ravages de son orgueil blessé sur sa personnalité fragile. Ghislaine Ottenheimer a parfaitement décrit ces étranges et graves maladies qui atteignent les pur-sang de l'intelligence abstraite que sont les inspecteurs des Finances et les conduisent trop souvent à perdre tout bon sens [1]. Haberer est, de ce point de vue, un cas d'école : à rebours de ses propres opinions politiques, il va se mettre à haïr les dirigeants politiques de droite qui lui ont « manqué » et se ranger délibérément à gauche. Dès 1988, il est récompensé : Pierre Bérégovoy, qu'il flatte de façon éhontée, le nomme à la présidence du Crédit Lyonnais nationalisé, à l'époque la plus grande et la plus prometteuse des banques françaises.

Grâce aux socialistes, Haberer a enfin retrouvé son rang. Officier de la Légion d'honneur et de l'ordre du

1. Ghislaine Ottenheimer, *Les Intouchables*, Albin Michel, 2004.

Mérite, commandeur de l'ordre d'Isabelle la Catholique, dès son arrivée à la présidence du Crédit Lyonnais, il s'y conduit comme un empereur. A sa table, il établit un protocole strict, digne d'un chef d'Etat pointilleux. Il fait reconstruire entièrement l'étage de réception du siège social où se situe son bureau. L'ensemble est désormais équipé d'un système très sophistiqué de parquet flottant, censé amortir les vibrations du métro qui passe sous le boulevard des Italiens. Elles « l'empêchaient de travailler ». Plus curieux encore : il décide de refaire entièrement les cuisines, avec des fourneaux jaunes et bleus, aux couleurs du Crédit Lyonnais. Tout est en ordre, rien n'est trop beau : il va gagner des milliards, servir la politique de Bérégovoy, convaincu que, plus jamais, nul ne lui contestera sa banque, son fief.

Fort du blanc-seing d'Haberer, Hénin retourne voir Black, qui est resté à Paris et attend la réponse.

— Le Crédit Lyonnais est intéressé par votre proposition. Mais nous voulons aller plus loin, pour notre propre compte. Nous sommes prêts à mettre 3 milliards de dollars sur la table.

La proposition est inespérée. Aux Etats-Unis, la seule évocation du nom de Leon Black fait fuir tous les investisseurs. Aucune banque ne veut s'afficher à ses côtés. Il n'a même pas pu trouver les 400 millions de dollars nécessaires à la création de son fonds. Black est interloqué, mais ne laisse rien paraître. Au contraire, sa réaction sidère Hénin par sa brutalité :

— Combien je gagne sur ce coup ?

— Nous envisageons de vous rémunérer en tant que conseiller pour la gestion des fonds dans lesquels nous allons investir.

— Parfait, mais moi seul connais le réalité de ces portefeuilles, les bons coups et les mauvais, les warrants, les trucs à faire. De plus, beaucoup de ces junk bonds doivent être transformés en actions. En tant que banque, il ne vous est pas possible d'en garder le contrôle, même indirectement. Moi seul peux défricher ce maquis et conduire les opérations au jour le jour. Nous devons être partenaires. C'est pourquoi je dois être rémunéré en pourcentage des plus-values que vous réaliserez.

— Cela est envisageable.

La négociation est rondement menée sur ces bases. L'accord est signé par Haberer. Il prévoit un intéressement aux plus-values réalisées, qui s'ajoute à un contrat de conseiller. Hénin demande à Black de constituer rapidement un portefeuille de junk bonds. Le principe est celui que mettra en œuvre le Crédit Lyonnais sous Haberer et Hénin et qui le conduira à sa perte : la banque paye, ses interlocuteurs apportent leurs idées et gèrent eux-mêmes. Il sera ainsi écrit noir sur blanc dans les actes d'accusation américains que les fonds Apollo ont le contrôle effectif et complet de toutes les transactions aux Etats-Unis, sans interférence de la banque française. Le Crédit Lyonnais croyait ainsi se protéger des rigueurs de la loi. Pour la même raison, les fonds Apollo sont contrôlés à travers un montage complexe. Ils sont détenus par deux autres fonds, domiciliés à Guernesey, dans les très opaques îles anglo-normandes. Ceux-ci réunissent différents actionnaires, proches du Crédit Lyonnais : Marc Ladreit de Lacharrière (alors simple n° 2 de L'Oréal), Alain Mallart (Novalliance), Jean-Charles Naouri (Euris), Georges Pébereau (Marceau Investissement) et Yazid Sabeg (Compagnie des Signaux). Pour la plupart, ce ne sont encore que des bébés capitalistes. Tous voient là une bonne occasion pour gagner de l'argent sans trop de risques, tout en rendant service à une banque aussi prodigue que le Crédit Lyonnais. Il leur prête les fonds investis, leur offre la possibilité de sortir à tout moment au moins au prix d'achat et les rémunère pour le service rendu. Ayant investi 86 millions de dollars, ils en récupéreront 200 millions en trois ans. Hénin participe lui aussi, directement, au tour de table, avec son fond personnel, Pacifico. Mais lui joue petit bras : il gagne, en un an, 3,5 millions de francs pour 10 millions investis. Le montage est tenu rigoureusement secret. Pour la galerie, au siège du Lyonnais, Hénin se vante d'avoir pu constituer rapidement un tour de table grâce à ses « relations privilégiées avec des investisseurs fortunés du Moyen-Orient ».

Il n'y a, à ce stade, rien d'illégal. Mais d'emblée, cette association entre une banque nationalisée étrangère – trois éléments suspects qui s'ajoutent les uns aux autres, aux yeux des autorités américaines – et un personnage comme Leon Black suscite la méfiance de la Réserve fédérale (FED), l'autorité administrative qui pilote l'économie, fixe les taux d'intérêt, régit et régule tout le système bancaire américain. Altus et le Crédit Lyonnais ont été clairement mis en garde. Leur avocat américain d'alors, Rodgin Cohen, associé de Sullivan & Cromwell, une sommité proche de la FED et qui fait autorité dans le domaine des restrictions imposées aux investissements bancaires, a adressé le 11 juin 1990 aux dirigeants du Lyonnais, à Paris et à New York, un mémo établissant les restrictions imposées au Crédit Lyonnais pour sa participation aux fonds Apollo, en raison du BHCA. Méfiante mais rassurée par l'implication de Rodgin Cohen, la FED enregistre l'accord entre Altus, filiale du Crédit Lyonnais, et Leon Black, pour la création des deux fonds d'investissement Apollo I et Apollo II dont Black et ses associés auront la direction effective. La présence d'Altus ne pose pas de problème, puisque ces fonds sont encore des coquilles vides. Les choses devront changer, dès lors qu'ils acquerront des participations de plus de 5 % dans des sociétés industrielles, quelles qu'elles soient.

Au moins aurait-il fallu rester discret. Or, une semaine exactement après l'accord donné du bout des lèvres par la FED, voilà qu'un journal spécialisé, *The American Banker*, publie un long article sur le nouveau fonds Apollo, avec des informations manifestement obtenues de membres du Crédit Lyonnais aux Etats-Unis. Ceux-ci ont le triomphe immodeste. L'article affirme que le fonds Apollo a été mis en place, dans le détail, par le Crédit Lyonnais plutôt que par Leon Black. Plus grave : il précise que le fonds Apollo et son portefeuille sont contrôlés par un pool d'autres fonds derrière lesquels se trouve le Crédit Lyonnais, investisseur à plus de 50 %. Quelle mouche a piqué le cadre de la banque qui est allé raconter tout cela ?

Rodgin Cohen est furieux. Le jour même de la publication de cet article, l'avocat adresse un mémo à Barbara Sullivan Parry, correspondante officielle de la FED au Crédit Lyonnais New York : « Je vous ai mis en garde à plusieurs occasions sur l'absolue nécessité de contrôler toutes les informations diffusées. » Il relève les éléments de l'article d'*American Banker* « qui pourraient entraîner une désapprobation » de la FED. En particulier la présence à plus de 50 % du Crédit Lyonnais, qui est « bien sûr, inacceptable ». « Sans surprise, ajoute Rodgin Cohen, j'ai déjà reçu un appel de la Federal Reserve. Leur message était que, si l'article est exact, cela signifie que l'accord donné antérieurement était basé sur des informations inexactes et qu'il n'est donc pas valable. » La conclusion de l'avocat est sévère : « Pour le dire tout net, celui ou ceux qui ont donné ces informations à *The American Banker* a sérieusement mis en péril la transaction proposée, peut-être sans réparation possible. »

En dépit de cette provocation, la FED, quelques jours plus tard, va autoriser une filiale du Crédit Lyonnais à devenir actionnaire à 51 % d'International Advisor, une société de conseil, montée avec Leon Black. Mais à une condition : que soient précisés ses liens avec le fonds Apollo lui-même. Le 4 octobre, Rodgin Cohen répond à la FED : « Altus contrôle moins de 25 % des fonds. » Rodgin Cohen et le Crédit Lyonnais, qui réitéreront à plusieurs reprises, par écrit, les mêmes affirmations, ont menti. Un petit mensonge, sans doute, puisque le fonds Apollo, en voie de formation, est encore vide. Mais un mensonge tout de même. Et aux yeux de la justice américaine, un mensonge est un mensonge. Et donc, forcément, le premier d'une longue série.

CHAPITRE 2

On m'appelle bond, junk bond

La coopération entre le Mozart de la finance et Dark Vador s'engage mal. Car fin 1990, Leon Black a refusé de racheter le portefeuille de junk bonds de Columbia Savings, la caisse d'épargne du district de Washington. Hénin ne comprend pas. Aussi prend-il le Concorde, dans les premiers jours de janvier 1991, direction New York, pour une franche explication. Ils déjeunent dans un restaurant chic sur Central Park.

— Pourquoi avoir refusé ce portefeuille ?

— Il ne valait pas le coup. C'est de la merde.

— Peut-être, mais le marché se retourne. Qu'avez-vous d'autre à me proposer ?

— J'ai beaucoup mieux. Une affaire incroyable. Nous ne pouvons pas nous disperser. Il faut concentrer nos moyens.

Hénin ne voit pas où Black veut le conduire.

— De quoi s'agit-il ?

— Du portefeuille d'une compagnie d'assurances californienne, Executive Life. Elle est au bord de la faillite. Son portefeuille, c'est nous qui l'avons constitué et nous n'avons jamais cessé de le suivre. Il réunit les titres de 424 compagnies américaines. Il comprend notamment les obligations émises par des entreprises aussi connues que les valises Samsonite, les chaussures Converse et Florsheim, le spécialiste du traitement de l'eau Cullighan, deux stations de ski prestigieuses, Vail Valley et Beaver Creek, dans le Colorado, les restaurants Chi-Chi's ainsi que des actifs dans les médias comme la chaîne de télévision hispanique Telemondo. Ce portefeuille recèle des plus-values considérables.

— De quel ordre ?

— Ecoutez, si on l'obtient, ce qui ne devrait pas faire de difficultés, on se débarrassera des valeurs d'intérêt secondaire, on se concentrera sur la crème de la crème. Il y en a pour 4 milliards de dollars qui, à mon avis, peuvent être multipliés par dix.

— Mais si la compagnie est en faillite, il y a sans doute une période suspecte, il faut faire attention.

— Restez un jour de plus, je vais vous faire rencontrer Craig Cogut, mon correspondant sur la côte Ouest, qui connaît l'affaire par cœur.

De fait, dès le lendemain, Cogut, qui a sauté dans le premier avion de Los Angeles à New York, confirme à Hénin les propos de Black. Il lui remet un document réalisé par Standard and Poor's sur Executive Life.

Quatre multiplié par dix : quarante milliards de dollars ! Hénin est sidéré. Tient-il l'affaire du siècle ? Trop tard pour le Concorde. Il prend une première classe sur Air France. Revenu à Paris le lendemain matin, il a juste le temps de prendre une douche et se retrouve dans le bureau tendu de jaune et bleu de Jean-Yves Haberer, en haut de l'escalier de majesté, au premier étage du siège monumental du boulevard des Italiens. Il lui rapporte sa conversation avec Leon Black. Haberer lui donne aussitôt son accord. Hénin a carte blanche pour reprendre le portefeuille de junk bonds d'Executive Life. Hénin saute dans un avion pour Londres, d'où il prend le Concorde de British Airways pour New

York, où l'attend Leon Black. Celui-ci a affrété un avion privé pour aller à Los Angeles. La compagnie s'appelle MGM, ce qui arrache un sourire à Hénin, car c'est le même sigle que la Metro Goldwyn Mayer, ce major d'Hollywood récemment repris par le Crédit Lyonnais. La MGM, qui causera à la banque des milliards de dollars de pertes et de sérieux ennuis judiciaires. Et qui, huit ans plus tard, déchaînera contre elle Jeffrey Isaacs, un jeune procureur ambitieux et rancunier (voir chapitre 9). Mais cela, bien sûr, Jean-François Hénin ne peut l'imaginer.

Hénin et Black arrivent à Los Angeles à 9 heures du soir, heure locale, 6 heures du matin heure de Paris. Fred Carr, le patron d'Executive Life, les rejoint dans un restaurant huppé de Malibu. Pour Hénin, c'est le troisième repas du soir d'une journée qui n'en finit pas, compte tenu du décalage horaire. Les trois hommes font sauter les bouchons d'un grand cru californien, un vin blanc d'anthologie. Fred Carr n'a pas du tout l'air d'un patron au bord de la faillite. La complicité d'intérêts avec Leon Black et Craig Cogut est évidente. Au cours du dîner, Hénin apprend qu'il a rendez-vous, dès le lendemain, avec John Garamendi, le commissaire aux assurances en Californie, entré en fonction quelques jours auparavant, le 7 janvier. C'est Craig Cogut qui a pris le rendez-vous.

Le patron d'Altus n'a jamais entendu parler de John Garamendi. Ce politicien d'origine basque de 46 ans, alors en pleine ascension, s'est jadis illustré comme quarterback dans le championnat universitaire de football américain. Peu au fait des marchés financiers, il a mis sa popularité sportive au service de sa carrière politique. Démocrate, il se pose en défenseur du citoyen consommateur face aux gros de la finance, aux hommes d'affaires sans scrupules. Il s'est fait élire commissaire aux assurances, un secteur qui ne l'intéresse guère, parce qu'il considère que c'est un tremplin pour briguer l'investiture démocrate au poste de gouverneur de Californie. A la tête du département des assurances (DOI), les politiciens ambitieux font volontiers assaut de démagogie.

Garamendi et Black se connaissent. Ils se sont croisés à la Harvard Business School, à Boston. Tous deux appartiennent à la société secrète des *Skull and Bones*. Ils se sont revus. Plus tard, après avoir été battu aux élections de 1994, Garamendi sera le partenaire d'un fonds d'investissement appartenant à Black [1]. Mais pour l'heure, en ce début d'année 1991, il n'est pas envisageable pour le nouveau commissaire de s'afficher aux côtés d'un personnage aussi controversé que l'ancien bras droit de Michael Milken.

Leon Black, Craig Cogut et John Hannan, autre associé californien, briefent Jean-François Hénin : toute la petite équipe va prendre l'avion pour l'accompagner à Sacramento, capitale de la Californie, à l'est de San Francisco, mais Hénin sera reçu seul. Et sous aucun prétexte, les noms de Black et de Hannan ne devront être prononcés devant le commissaire aux assurances. Cette prudence, toute politique, de Garamendi vis-à-vis de Black aura une terrible conséquence : plus tard, Black pourra donner corps à la fiction selon laquelle le Crédit Lyonnais et Altus ont agi seuls, trompant les uns et les autres.

Garamendi reçoit Hénin avec un immense sourire, dans son grand bureau de président du département des assurances de Californie. On se donne tout de suite du John et du « Jean-Françoisse ». Garamendi aborde d'emblée le sujet Executive Life :

---

1. En 1995, Garamendi rejoint l'administration Clinton comme secrétaire adjoint du département de l'Intérieur. Il restera au gouvernement jusqu'en 1998 puis devient partenaire d'une société d'investissement qui bénéficie de fonds apportés par Leon Black. Il se fera réélire commissaire aux assurances de Californie en 2002.

— Il faut que vous sachiez que cette société n'a pas été ruinée par son activité mais par l'effondrement des junk bonds dans lesquels elle a investi 60 % de ses 10 milliards de dollars d'actifs.

— Et que comptez-vous faire ?

— J'ai pris la décision de vendre le portefeuille de junk bonds.

Hénin marche sur des œufs. Il lui est difficile de dire que ce portefeuille recèle des trésors, comme le lui a affirmé Leon Black. Mais il se rend vite compte que le problème de Garamendi n'est pas celui-là :

— Peut-être y aurait-il un intérêt à garder le portefeuille de junk bonds jusqu'à ce qu'il se redresse, poursuit le commissaire. A condition qu'il se redresse. C'est un point de vue de financier, mais c'est un risque que je ne veux pas prendre. Moi, je suis un homme politique. Mon problème, c'est de faire apparaître l'ampleur de la perte provoquée par l'aveuglement des républicains.

— Si je vous ai bien compris, vous préférez faire apparaître une grosse perte plutôt que de faire profiter Executive Life du redressement espéré de son portefeuille d'obligations ?

— A chacun son métier. Le mien n'est pas de spéculer ni de gagner du temps en gérant un portefeuille d'obligations au jour le jour. C'est simple : le département des assurances va saisir la compagnie et je vais vous vendre les junk bonds. Plus les pertes affichées seront lourdes, plus je pourrai charger les républicains.

— Vous ne voyez pas de difficultés à nous vendre ce portefeuille, alors que nous avons le statut de banque étrangère ?

— Des problèmes, il y en aura. Tant qu'il s'agit d'obligations, votre statut de banque ne pose pas de problème. Mais ensuite, il faudra que vous fassiez très attention, car aux Etats-Unis, il y a des avocats, ils sont tout-puissants et à la moindre erreur, ils vous feront la peau. Il faudra respecter la loi et les procédures. Dans ce cas, il n'y a aucune raison que nous ne fassions pas affaire. Les Etats-Unis sont un pays ouvert à la concurrence. Si vous me rachetez les bonds, ce sera formidable. Je serai élu gouverneur de Californie et après, le ciel m'appartiendra !

— Un accord me semble possible, car j'ai l'accord préalable de mon président et du conseil d'administration, à Paris, pour racheter le portefeuille de bonds d'Executive Life au prix du marché.

— Parfait. Mais il y aura aussi le problème de la compagnie d'assurances elle-même. Il faudra trouver un repreneur et, bien entendu, ce ne peut pas être vous en raison des lois fédérales et de celles propres à la Californie.

— Je n'ai pas évoqué ce problème avec mon président. Mais il me semble facile à résoudre. Il y a de nombreuses compagnies d'assurances françaises, avec lesquelles nous sommes en relation, et qui seraient sans doute ravies de participer à un plan de redressement d'Executive Life.

Jamais Hénin n'avait imaginé que la rencontre avec le commissaire aux assurances se serait si bien passée. Il en fait le compte rendu précis à Black, Cogut et Hannan. Ceux-ci ne semblent guère surpris par le tour de la discussion. Puis tout le monde se sépare, les Américains pour Los Angeles et New York, Hénin pour Paris où Jean-Yves Haberer le félicite chaudement. Voilà une affaire rondement menée, bien dans la manière du Mozart de la finance.

Deux mois passent. Le cabinet Price Waterhouse constate de nouvelles pertes sur les junk bonds d'Executive Life, alors que les résultats de la compagnie elle-même se redressent. Il demande un feu vert à Garamendi pour certifier les comptes 1990 afin que la compagnie puisse poursuivre son activité en attendant le redressement du marché des bonds ou bien... Garamendi ne répond pas. Ce qui sonne comme un aveu : le commissaire souhaite une faillite immédiate qui ferait apparaître l'incompétence des républicains, lui donnerait le contrôle de la compagnie et la possibilité de vendre le portefeuille à Leon Black et à ses amis français. Comme prévu, Price Waterhouse refuse de certifier les comptes.

La faillite est inéluctable. Via Craig Cogut, John Garamendi fait savoir à Hénin qu'il veut le revoir. Début mars, Hénin retourne donc à Sacramento. Il est toujours aussi chaleureusement reçu. Le commissaire aux assurances lui annonce sa décision de mettre Executive Life en faillite : « Tout le monde verra que les républicains sont incapables de gérer, tout le monde va voir que j'ai sauvé les assurés de la débâcle », lui affirme-t-il. Mais l'affaire semble plus complexe que prévu :

— Cher Jean-Françoisse, je vous avais dit que pour mener notre affaire au bout, il nous faudrait respecter scrupuleusement la loi. Car mes ennemis politiques sont aux aguets et mes avocats me mettent en garde. J'ai deux problèmes. Le premier, c'est que je ne peux pas vous accorder le portefeuille de junk bonds de gré à gré. Mon deuxième problème, je l'avais déjà évoqué lors de notre précédent entretien : il faut absolument que vous nous débarrassiez d'Executive Life, que vous trouviez un repreneur.

— Sur ce deuxième point, je vous ai déjà dit qu'il n'y avait pas de problème. J'en ai parlé à Jean-Yves Haberer, il me l'a confirmé. Nous vous trouverons un repreneur pour la compagnie, avec un plan de redressement prévoyant une réduction minimale des droits des assurés. Le premier point me semble plus ennuyeux.

— Ne vous inquiétez pas. Je dois absolument respecter les procédures. Mais je suis convaincu que cela ne changera rien au résultat final.

— J'en serai ravi. Je ne vous cache pas cependant que ma banque doit prendre en compte les risques qu'il y a à reprendre les actifs de la compagnie d'assurances, face à des assurés déchaînés, pendant ce que nous appelons en France la « période suspecte ».

Hénin sort troublé de ce deuxième entretien. Est-il tombé dans un piège ? Veut-on faire racheter Executive Life par une compagnie d'assurances française, en appâtant le Crédit Lyonnais, tandis que les junk bonds resteraient dans les mains américaines ? Leon Black et ses hommes le rassurent. Tout se passera bien. Hénin ne connaît pas l'existence des *Skull and Bones* mais il perçoit des liens étroits entre Leon Black, Craig Cogut et John Garamendi. Des liens qu'on lui cache. Le commissaire aux assurances est-il intéressé – financièrement – à la réussite de l'opération ? Hénin se pose la question. Mais ne cherche pas à en savoir plus. C'est une histoire d'Américains à laquelle Altus n'a aucun intérêt à se mêler.

De retour à Paris, Hénin fait part de ses doutes à Jean-Yves Haberer :

— Garamendi attend de nous que nous lui trouvions un repreneur crédible pour la compagnie d'assurances. Il a laissé entendre que c'était une des conditions pour qu'il nous lâche les junk bonds

— Cela ne posera aucun problème, le rassure aussitôt Haberer. Mon ami Marc Fournier sera sûrement intéressé. Je viens de lui sauver la peau.

Patron de la Compagnie de navigation mixte, Fournier contrôle Via Assurances. Pour Haberer, voilà une affaire qui va se régler à la française. Dans un coktail. Il est convaincu que Fournier ne peut rien lui refuser.

— Voulez-vous que nous prenions rendez-vous ?

— Ce n'est pas la peine. Je vais le croiser la semaine prochaine à une remise de Légions d'honneur, par François Mitterrand, à l'Elysée.

Hénin piaffe d'impatience. Dès le retour d'Haberer de la cérémonie de l'Elysée, il l'interroge :

— Monsieur le président, avez-vous vu Fournier ? Est-il d'accord ?

— Oui, je l'ai vu rapidement. Cela s'est bien passé.

Hénin n'en saura pas plus. Très vite, cependant, il lui faudra déchanter. Dans une interview accordée à *La Tribune*, Marc Fournier explique qu'il ne peut s'associer à la reprise de la compagnie Executive Life. La Compagnie de navigation mixte est en effet liée avec Allianz, le géant allemand de l'assurance. Parmi leurs accords, il y a une clause de non-concurrence sur le marché américain, que son partenaire n'a pas manqué de lui rappeler.

Haberer tombe des nues, lui aussi. Marc Fournier ne lui en avait rien dit. La panique saisit les dirigeants du Crédit Lyonnais : ils n'ont que 72 heures devant eux pour trouver une solution de rechange. Cette histoire d'assurance à 300 millions de dollars ne risque-t-elle pas de faire capoter l'acquisition des junk bonds, une mise dix fois supérieure mais qui peut rapporter des dizaines de milliards de dollars ? Il faut absolument verrouiller la situation. Se rendre indispensable. Promettre au commissaire Garamendi à la fois la reprise de la compagnie d'assurances et de son portefeuille de junk bonds. Et surtout lui en garantir le financement. La stratégie à conduire est entièrement définie par Leon Black et Craig Cogut, en relation avec John Garamendi lui-même. Cogut va jusqu'à écrire le brouillon des lettres qu'Haberer adresse au commissaire aux assurances. Pour preuve, le 2 avril 1991, il envoie un fax à Hénin, avec le message suivant, écrit de sa main : « Suit une lettre à envoyer au commissaire (vous devez la faxer au 916-445-5280). S'il vous plaît, inscrivez une date compatible avec votre emploi du temps. Je vous suggère le 12 avril, si possible. Si vous avez des questions, appelez-moi. » A Paris, sans se poser des questions, Haberer et Hénin recopient les brouillons qui leur sont adressés par leurs sulfureux associés américains, se contentant d'ajouter dates et formules de politesse, et les envoient à Garamendi. Celui-ci ne risque pas d'être surpris par leur contenu...

Après la défection de Marc Fournier, dans l'affolement, une solution d'attente a été trouvée pour racheter Executive Life, sans ses junk bonds. Avant même de l'avoir bouclée, Altus assure à ses partenaires américains qu'il peut réunir autour de lui des actionnaires privés, non soumis aux restrictions imposées aux banques. Car se pose avec la reprise de la compagnie d'assurances elle-même un problème juridique supplémentaire. En plus du BHCA, loi fédérale, Executive Life est soumise aux lois californiennes. Celles-ci interdisent la possession d'une compagnie d'assurances par un gouvernement étranger ou par toute société contrôlée par un gouvernement étranger. Le Code des assurances de Californie stipule simplement qu'un « Etat étranger ne peut pas influencer une compagnie d'assurances californienne ». On ne parle pas de contrôle, mais d'influence. Aucun seuil de participation n'est précisé. C'est dire à quel point le Crédit Lyonnais doit marcher sur des œufs...

La présentation de la solution trouvée n'est pas facile : Haberer doit indiquer au commissaire que ce sont des entrepreneurs indépendants qui vont reprendre Executive Life, tout en donnant la garantie du Crédit Lyonnais ! Chaque terme de la lettre qu'il écrit à Garamendi, le 19 avril, a été suggéré – et revu – par Craig Cogut [1]. Reste à faire reprendre par des privés cette

1. « Cette lettre fait référence à certaines opérations envisagées entre Executive Life et un groupe d'investisseurs composé d'Altus Finance et d'autres investisseurs institutionnels importants ("le groupe d'investisseurs") impliquant l'achat de certains actifs et la restructuration du passif de ELIC [Executive Life Insurance Company] et de certaines filiales, écrit

compagnie Executive Life qui n'intéresse personne en France. On fera appel aux amis de la banque, que l'on financera intégralement, que l'on garantira contre tous les risques et surtout que l'on paiera pour le service rendu. En France, cela s'appelle du portage. En anglais, on dit *parking agreement* (accord de parking), un terme dont la connotation est plus négative. Mais l'ambiguïté à l'origine du drame qui va se nouer entre les Français et les Américains est ailleurs. Plus tard, l'acte d'accusation du Crédit Lyonnais fustigera en termes très durs la volonté de dissimulation de la banque, propriétaire de la compagnie d'assurances à travers des prête-noms. Tandis que pour les Français, en ce printemps 1991, il s'agit de satisfaire à une exigence du commissaire californien aux assurances, préalable à la reprise des junk bonds, en accord avec celui-ci. Comme lorsqu'il spéculait sur les devises à la tête de Thomson-Finances, Jean-François Hénin s'était fixé comme seule limite de respecter la lettre de la loi, sinon son esprit. Selon les dirigeants du Crédit Lyonnais, habitués à flirter avec les lignes, sûrs de leur impunité, les accords de portage permettront de contourner la loi, pas de la violer.

Quinze jours plus tard, le 6 mai, Jean-Yves Haberer écrit une seconde lettre à John Garamendi, cette fois pour lui garantir que le Crédit Lyonnais assurera le financement du rachat du portefeuille de junk bonds d'Executive Life à hauteur de 3 milliards de dollars. Celle-ci aussi a été écrite sous le contrôle, voire sous la

---

Haberer. Nous confirmons que ces transactions, si elles se réalisent, demanderont un investissement en cash de 300 millions de dollars. Sachez que nous tenons ce montant à la disposition du groupe d'investisseurs (...). Nous vous confirmons aussi que des fonds additionnels significatifs seront demandés pour l'achat de parts significatives des actifs d'Executive Life et de ses filiales. Soyez avisés que nous tenons à la disposition ces fonds additionnels autant que de besoin, dès qu'un accord sera trouvé. »

dictée des associés américains du Crédit Lyonnais [1]. Tout a été réglé comme du papier à musique. Car le 11 avril, juste avant les deux lettres d'Haberer au commissaire aux assurances, celui-ci a déclaré officiellement la faillite d'Executive Life devant le tribunal. Garamendi a « considérablement facilité la tâche » de Black et d'Hénin « en précipitant la faillite d'Executive Life » et « en refusant les uns après les autres les plans de continuation », écrira plus tard, à juste titre, *Le Monde* [2].

Cette décision provoque un véritable séisme. Executive Life a été l'une des premières compagnies d'assurances des Etats-Unis, la première de Californie. Elle assure cet Etat, ainsi que de nombreuses villes, comtés et autres districts de Los Angeles et de toute la région. « C'est la plus grande banqueroute d'une compagnie d'assurances de toute l'histoire des Etats-Unis », affirme Harry DeAngelo, professeur à la Marshall School of Business, de l'université du sud de la Californie, qui a étudié le cas. Garamendi est désigné par la Cour supérieure du comté de Los Angeles pour gérer, sauver ou liquider la compagnie. Executive Life fonctionne aussitôt dans le cadre du *chapter 11* des lois réglementant la banqueroute. Les dettes ne sont plus honorées. Le remboursement des pensions se fera avec retard et avec une décote de 30 %. Seules les assurances décès donneront lieu à des remboursements intégraux. Tout de suite, les assurés vont se mobiliser contre cette décision en faisant appel aux meilleurs avocats de Californie.

---

1. « Cette lettre est en référence à la proposition de redresser Executive Life, venant d'un groupe d'investisseurs composé d'Altus Finance et d'autres investisseurs institutionnels importants ("le groupe d'investisseurs"), écrit Haberer. Il est entendu que les parties n'auront aucune obligation l'une vis-à-vis de l'autre à moins et jusqu'à un accord définitif exécuté par les parties, incluant votre bureau et le groupe d'investisseurs (...). Nous avons donné des instructions pour fournir le financement par une lettre de crédit d'un montant de 3 milliards de dollars au groupe d'investisseurs. »

2. *Le Monde* du 17 février 2004.

La volonté de Garamendi de faire affaire avec Hénin ne se dément pas. Aussitôt après la mise en faillite, le commissaire publie un mémorandum qui doit servir de cadre aux offres de reprises d'Executive Life. Il annonce publiquement qu'il négocie avec Altus en précisant qu'un accord pourra faire l'objet de surenchères éventuelles d'autres postulants. Les autres investisseurs potenticls auront accès à la même information que celle détenue par Altus. C'est une particularité – intéressante – du droit américain : au lieu de négocier sur la base d'un cahier des charges abstrait ou de laisser venir des offres très différentes et difficilement comparables, les pouvoirs publics négocient concrètement un accord détaillé avec l'un des soumissionnaires. Celui-ci est publié, dans tous ses aspects. Dans le cadre ainsi fixé, il peut alors faire l'objet d'une surenchère. C'est une procédure intermédiaire entre les enchères ouvertes et la vente de gré à gré. Il y a pourtant, dans cette procédure, une prime évidente au premier choisi.

En juillet, trois offres de reprise d'Executive Life sont déposées sur le bureau de John Garamendi. La première est présentée par le fonds de garantie américain de l'assurance vie. La National Organization of Life and Health Guaranty Association (Nolhga), financée par une cotisation obligatoire sur les primes payées, chapeaute une cinquantaine d'associations de protection des assurés. La seconde offre émane du fonds d'investissement Warner Hellman's and Friedmann. Et la troisième d'un improbable tandem français composé d'Altus et de la Mutuelle d'assurance des artisans de France (Maaf), chef de file d'un étrange « groupe d'investisseurs [1] ».

1. Hellman's and Friedmann n'offre qu'une couverture de 85 % aux assurés (contre 91 % pour Altus) mais permet à ceux-ci de participer à hauteur de 20 % aux bénéfices éventuels de la vente des junk bonds. Rédhibitoire pour John Garamendi qui veut vendre séparément la compagnie et son portefeuille de junk bonds, réservé à Black et à ses amis français.

La Maaf ? Que vient faire cette mutuelle franchouillarde et pépère, fondée en 1950 à Niort, longtemps spécialisée dans la couverture des risques automobiles des seuls artisans de France, dans cette folle aventure californienne, au milieu des requins de la finance ? Une présence d'autant plus saugrenue que son patron, Jean-Claude Seys, avait quelques mois plus tôt affirmé dans une interview que la Maaf voyait peu d'intérêt à se développer en dehors de son marché national : « Quel est l'avantage ? Aucun. » Et voilà cette mutuelle, dont les bénéfices de 1989 n'ont pas dépassé les 50 millions de francs, dont aucun cadre ne parle un traître mot d'anglais, tête de file du rachat d'une célèbre compagnie d'assurances californienne !

Explication : après la défection de Marc Fournier, Haberer et Hénin ont cherché fébrilement un assureur qui veuille bien reprendre Executive Life pour son compte ou pour celui du Crédit Lyonnais. Ils ont demandé à différents obligés de la banque de les aider. Certains ont accepté. Mais il faut un chef de file, une compagnie d'assurances. Axa ? Il n'en est pas question. Le n° 1 français est tout accaparé par le rachat d'une autre compagnie d'assurances américaine, Equitable Life, elle aussi ruinée par ses pertes sur ses junk bonds et ses actifs immobiliers, dans laquelle il s'apprête à injecter 1 milliard de dollars. Les AGF ont été contactées. Elles ont refusé. Hénin s'affole, craint de voir tout capoter. C'est alors qu'un de ses protégés, François Marland, 37 ans, jeune loup de la finance, proche du ministre Gérard Longuet, ancien avocat devenu patron d'un groupe de distribution au bord de la faillite, va lui offrir une solution. Marland est administrateur de la Maaf, une mutuelle dont le patron, Jean-Claude Seys, est franc-maçon comme lui. Tous deux appartiennent à la même loge, au Grand Orient de France. Marland suggère à Seys de se lancer, alors que la mutuelle traverse une passe difficile. Venu de la banque Louis Dreyfus, Seys est impressionné par la réussite de Claude Bébéar, qui vient d'acheter Equitable Life. Il s'identifie secrètement au patron d'Axa, qui a bâti un empire de l'assurance en partant d'une mutuelle minuscule à Elbeuf. Pourquoi pas lui ?

François Marland organise rapidement un rendez-vous entre Hénin et Seys. Tout oppose, en apparence, le militant catholique, spéculateur fébrile, et le franc-maçon mutualiste, qui n'avançait jusque-là qu'à pas comptés, en faisant jouer sans complexes son réseau de relations. Mais l'intérêt va les réunir. Hénin aborde Jean-Claude Seys de front :

— François Marland vous a parlé de notre problème. Il y a beaucoup d'argent à gagner, mais il faut faire vite. Nous sommes une banque, publique et française. A ces trois titres, nous ne pouvons pas prendre le contrôle d'une compagnie d'assurances en Californie. La Maaf, si. C'est pourquoi je vous engage à racheter Executive Life.

— Mais notre mutuelle n'a aucune expérience internationale, elle n'a pas les hommes susceptibles de gérer Executive Life et, a fortiori, de la redresser. Nous ne pouvons prendre un tel risque. Ce serait le casse-pipe assuré.

— Ce n'est pas un problème, plaide Hénin. Pour le moment, la compagnie, en faillite, est sous le contrôle du département des assurances de Californie et gérée directement par ses équipes. Cette situation risque de durer un certain temps, en raison des nombreuses plaintes des assurés.

— Les risques sont trop élevés.

— Vous ne prendrez aucun risque. Nous nous occuperons de tout. Et nous vous assurons une rémunération fixe pour le service rendu, en vous garantissant contre toute perte éventuelle.

— Mais notre présence va paraître incongrue aux autorités américaines. Cela va sentir le coup monté, s'inquiète Seys.

— Il n'y a pas de problème de ce côté-là, répond Hénin. Je vous rappelle que John Garamendi nous a demandé comme un service de reprendre Executive Life, dont nous n'avons que faire. Il est au courant de tout. Notre seul problème à tous est de respecter, dans sa forme, la réglementation américaine. Vous êtes une compagnie d'assurances qui rachète, à notre initiative et sous notre protection, une autre compagnie d'assurances. C'est blanc bleu.

— Si c'est le cas et si vous nous garantissez contre tous les risques, sans exception, nous pouvons peut-être vous aider. Mais en aucun cas en étant le seul actionnaire. Il me paraît même impossible que la Maaf aille au-delà de 25 % du capital.

Après une discussion approfondie sur les modalités des accords de portage, sur le montant de la rémunération et des garanties de résultats accordées, Jean-Claude Seys accepte le deal. Il ne reste plus à Altus qu'à organiser le tour de table, avec ses investisseurs privés amis.

Comme prévu par Seys, le caractère baroque de la présence de la Maaf en Californie n'échappe à personne, certainement pas à John Garamendi. Un rendez-vous a été organisé entre celui-ci et Jean Irigoin, directeur financier de la Maaf et patron de Maaf-Vie, la filiale qui pilote, en théorie, l'opération. Lors de leur première rencontre, Garamendi avait révélé à Jean-François Hénin ses origines basques. Jean Irigoin a les mêmes. Naïvement, Hénin avait cru que les deux hommes parleraient, en basque, de tout et de rien et, pourquoi pas, de leurs ancêtres communs. John Garamendi doit alors avouer piteusement qu'il a oublié jusqu'aux rudiments de la langue natale de ses ancêtres.

Quant à Irigoin, il est muet comme une carpe : il ne parle pas un mot d'anglais. De toute façon, pétrifié, il ne sait pas quoi dire. Garamendi implore Hénin :

— Vous n'allez pas me laisser tout seul avec ce type-là ! Il n'a pas le niveau. On ne pourra rien négocier ensemble.

— Ne vous inquiétez pas, répond Hénin. Je vous ai dit qu'Altus vous apportait toutes les garanties souhaitées. Il n'y aura pas de problème. Vous n'aurez pas affaire à lui.

Avec son manque d'envergure manifeste, Jean Irigoin, qui n'avait jamais mis le pied aux Etats-Unis et n'y reviendra pas, est la potiche impotente d'une mutuelle improbable. Garamendi ne peut l'ignorer : la Maaf n'est là que pour servir d'écran à Altus.

Et de porte-drapeau aux autres investisseurs. Ce ne sont pas exactement les mêmes que ceux qui aident en sous-main le Lyonnais à contrôler les fonds Apollo. Sollicités par Hénin, Jean-Charles Naouri (Euris), Yazid Sabeg (Compagnie des Signaux) ou Georges Pébereau (Marceau Investissement) ne se sont pas lancés dans la nouvelle aventure. D'autres si, comme Marc Ladreit de Lacharrière, administrateur du Crédit Lyonnais, ou Alain Mallart, patron de Novalliance, rejoints par Hervé Dubois (Omnium de Genève), autre figure de la finance facile qui caractérise, en ce début des années 90, ceux qui gravitent autour de la trop généreuse filiale du Crédit Lyonnais. « Ces investisseurs apportent 100 millions de dollars, Altus leur en prête 200, écriront *Les Echos* [1] : mais bloqués par des recours judiciaires en Californie, ces partenaires ne géreront jamais Executive Life. » Aucun d'entre eux ne prendra même la peine de se rendre une seule fois en Californie.

1. *Les Echos* du 21 janvier 2004.

Le 6 août 1991, l'offre formelle des Français est enfin déposée. Altus s'engage à payer 2,7 milliards de dollars à la nouvelle société qui coiffe désormais Executive Life pour acquérir la plus grande partie de son portefeuille de junk bonds. Le « groupe d'investisseurs » qu'il a réuni ajoutera 300 millions de dollars pour reprendre la compagnie d'assurances, sous forme d'augmentation de capital. John Garamendi et Jean-François Hénin fêtent en grande pompe leur accord au restaurant Chasen's, l'un des plus huppés de Los Angeles, en présence de Craig Cogut et des membres les plus importants du département des assurances. Hénin fait photographier le menu, avec la dédicace de Garamendi. C'est une évidence pour tout le monde : Altus et le Crédit Lyonnais ont l'accord et le soutien des plus hautes autorités administratives de l'Etat de Californie. Mais l'accord est tacite. Un menu signé et une photographie de groupe ne sont pas des preuves judiciaires. Car John Garamendi est un politicien prudent. Il ne signera aucun papier, aucune lettre qui puisse l'impliquer. Tout est passé par Leon Black et Craig Cogut. A l'évidence, cependant, Garamendi n'est dupe de rien, il est au courant de tout. S'il n'est pas lui-même l'initiateur de tout le montage. Ce montage qui, espère-t-il, lui permettra de montrer sa compétence et de devenir, dans quatre ans ou dans huit, gouverneur de Californie.

CHAPITRE 3

Garamendi fait le lit des Français

En ce mois d'août 1991, il ne fait de doute pour personne que c'est bien Altus et le Crédit Lyonnais qui pilotent l'opération de A à Z, contrairement à ce que les Américains essaieront d'accréditer plus tard avec une parfaite mauvaise foi. Et John Garamendi n'est pas le dernier à le savoir – et à s'en féliciter. Au lendemain de l'accord avec Altus, le département des assurances publie un communiqué triomphal : « La société d'investissement française Altus a ouvert le jeu avec une proposition initiale impressionnante. J'encourage maintenant les autres à dépasser leur offre. » On remarquera que le commissaire a pris soin de présenter Altus comme une société d'investissement et non comme une banque ! Il réunit la presse : « Nous pensons que c'est le meilleur accord possible dans la conjoncture actuelle, affirme-t-il, selon le *Wall Street Journal* [1]. Il aboutit après de longues négociations avec les Français. Mais nous avons un processus qui peut aboutir à une meilleure offre et si cela arrive, ce serait merveilleux. » Quelques jours plus tard, Nikki Tait commente le deal dans un article du *Financial Times*, le quotidien britan-

1. Le *Wall Street Journal* du 8 août 1991.

nique des affaires, intitulé : « Les assureurs reçoivent une leçon des Français [1] ». Le chroniqueur souligne que la Maaf a « une activité modeste d'assurance vie » et est « perçue principalement comme une compagnie d'assurances automobiles », tandis que « l'ombre d'Altus plane sur la transaction (...) et que le Crédit Lyonnais lui-même garantit les 3 milliards de dollars versés. Les conseillers reconnaissent que le deal a été conçu pour satisfaire la législation bancaire américaine, qui limite l'accès des banques au secteur de l'assurance, et il n'y a guère de doute sur la question de qui a piloté toute la transaction ». Tout est dit en quelques lignes. Dès ce moment il est clair, même pour les observateurs extérieurs, que le département des assurances et le Crédit Lyonnais ont passé un accord, au moins tacite : on fermera les yeux sur qui pilote l'opération, à condition que les législations américaine et californienne soient formellement respectées.

John Garamendi veut imposer sa solution. En dépit des nombreux procès intentés par les assurés, des mises en garde des avocats, il va tout faire pour faire aboutir son projet de vente, séparée, des junk bonds et de la compagnie d'assurances à Altus et à ses amis français. Mais il se doit de respecter les procédures, longues et compliquées. Un tribunal doit se prononcer sur l'accord, sur les offres concurrentielles et sur les éventuelles surenchères que Garamendi peut toujours rejeter. La première audition est fixée au 25 octobre 1991. A la date prévue, le commissaire a reçu huit offres, dont celle d'Altus. A la demande de Garamendi, la cour accorde une semaine supplémentaire, au cours de laquelle chacun peut soumettre une offre améliorée. Ce qui permet à Altus d'augmenter le prix du portefeuille de junk bonds et de proposer, pour 120 millions de dollars, le rachat de titres de plus mauvaise qualité, qui

1. Le *Financial Times* du 12 août 1991.

devaient jusque-là être conservés au sein de la nouvelle Executive Life. Jean-Claude Seys et Jean-François Hénin ont-ils été informés des propositions de leurs concurrents ? Ou bien leur a-t-on expliqué qu'une offre améliorée, même modestement, faciliterait politiquement le choix du commissaire en sa faveur ?

A ce stade, plusieurs postulants jettent l'éponge. Ont-ils cru – ou compris – que les dés étaient pipés ? Garamendi, le 25 octobre, sélectionne les candidats. Il limite le choix à Altus, Sierra National Insurance Holding (Sierra) et Nolhga, l'association qui garantit les assurés. Habilement, il se déclare en faveur de Nolhga. C'est un rideau de fumée politique : une association américaine de garantie des citoyens, financée par toutes les grandes compagnies d'assurances, est évidemment plus présentable qu'une banque, Altus, et une compagnie d'assurances, la Maaf, toutes deux françaises et confidentielles. Pourquoi pas turques ou chiliennes ? Surtout, les Français sont officiellement associés à Leon Black, qui n'est pas politiquement correct et qui est, aux côtés d'Altus, dans la position du pyromane devenu pompier.

Favorable à Nolhga officiellement, Garamendi continue cependant à soutenir Altus et Black dans la coulisse. Car Nolhga, comme Sierra, souhaitent laisser les junk bonds dans la compagnie qu'ils veulent racheter (*bonds in*). Eden Sarfaty, patron de Nolhga, affirme publiquement que plusieurs millions de dollars pourraient être épargnés en conservant le portefeuille de junk bonds de la compagnie et en le gérant directement. Rien n'y fait : Garamendi reste intraitable sur sa volonté de vendre séparément la compagnie et son portefeuille (*bonds out*). Officiellement, pour mieux afficher la volonté politique d'assainissement de la situation. Ne serait-ce pas plutôt pour préserver les intérêts de Leon Black et des Français ? En effet, une vente en bloc exclurait forcément Altus, dans l'impossibilité, de par son statut de banque, de racheter une compagnie d'assurances. Et le portefeuille de junk bonds échapperait donc à la banque française, ainsi qu'à ses associés américains.

Au reste, la prise de position de Garamendi en faveur de Nolhga n'est guère contraignante. Car le commissaire pose une condition impérative, dont il sait qu'elle ne pourra être remplie : que l'association surmonte les obstacles légaux contenus dans son offre. La question est de savoir si un fonds de garantie, au statut hybride, dont l'Etat est garant, a le droit de se lancer dans une telle opération en capital, selon les lois applicables de l'Etat de Californie. Saisi par le commissaire, un juge accorde un délai de dix jours à Nolhga pour apporter des preuves écrites que des contestations juridiques ne risqueront pas, plus tard, de remettre en cause un éventuel choix en sa faveur. Faute de quoi la recommandation sera supprimée et le champ se rétrécira à Altus et Sierra. C'est exactement ce qui va se passer. Les réponses de Nolhga sont déclarées « insuffisantes ». Le choix se résume donc à Altus ou Sierra, qui devront présenter de nouvelles propositions.

Le 14 novembre, les offres séparées d'Altus (pour les junk bonds) et de la Maaf (pour la compagnie d'assurances) sont présélectionnées par John Garamendi qui écarte Sierra. Altus a, une nouvelle fois, surenchéri. La banque s'engage cette fois à payer cash 3,25 milliards de dollars le portefeuille de junk bonds, la Maaf et ses investisseurs 300 millions pour permettre la poursuite de l'activité d'Executive Life avec les contrats en cours, via une holding appelée New California Life Holding (NCLH). Executive Life est rebaptisée Aurora [1]. Les assurés récupéreront en moyenne

1. Par souci de clarté, nous continuerons néanmoins à utiliser le terme générique d'Executive Life pour NCLH, parfois aussi appelée Newco, ainsi que pour Aurora, sauf lorsqu'il s'agit de citations ou lorsque la précision l'exige.

90 % de la valeur de leurs contrats. Pour indemniser les anciens assurés d'Executive Life, après la reprise, 2,57 milliards de dollars seront puisés dans le fonds fédéral. C'est-à-dire payés par Nolhga. Depuis sa prison, Michael Milken affirme que c'est un bon deal...

Ce n'est pas l'avis des assurés. La solution *bonds out* va être durement contestée par nombre d'entre eux, frustrés de voir s'envoler les plus-values prévisibles. Des plaintes seront même déposées pour contester le choix de John Garamendi en faveur d'Altus et de la Maaf. Celui-ci y fera obstruction, ce qui lui vaudra d'être poursuivi par l'Union de la Californie du Sud pour les libertés civiles américaines. Les assurés obtiendront la victoire sur plusieurs points, mais le principe des *bonds out*, qui induit le choix en faveur d'Altus, ne sera pas remis en cause. Il sera même explicitement validé par différents tribunaux « parce qu'il comporte moins de risques ». Ainsi, le 26 décembre 1991, le juge Kurt Lewin entérine le choix de John Garamendi. Il autorise Altus à acheter pour 3,25 milliards de dollars le portefeuille de junk bonds d'Executive Life. Mais il y met une condition : que la compagnie d'assurances, dépouillée de ses junk bonds, soit vendue parallèlement. Ceci ne fait pas vraiment l'affaire d'Altus et de Leon Black. Car le processus de vente de la compagnie d'assurances promet d'être long. Et le temps presse : la reprise du marché des junk bonds se confirme et la vente séparée risque d'être de plus en plus contestée. Déjà, en quatre mois, la valeur des bonds a augmenté de 20 %. Intenable, à terme. Soutenu par le commissaire aux assurances, Altus va donc demander à un juge d'autoriser la vente du portefeuille de junk bonds d'Executive Life avant que le plan de redressement de la compagnie ne soit entériné. Le 18 février 1992, cette requête est acceptée. Et le 3 mars, la vente des junk bonds devient effective, sans réévaluation du prix !

Aussitôt, les junk bonds sont répartis. Ceux susceptibles d'être transformés en actions sont transférés dans le fonds Apollo II, basé aux îles Caïmans. Comme Apollo I, ce fonds est contrôlé en partie et géré en exclusivité par Leon Black et ses associés. Mais on apprendra plus tard qu'il était lui aussi détenu majoritairement par Altus avec l'aide de la Siitf et de Gamavia, la première contrôlée par la Macif – encore une mutuelle ! – la seconde par la banque du Phénix, filiale des AGF. « Les amis ne sont pas oubliés, écrivent Fabrizio Calvi et Thierry Pfister [1], puisque Altus cède environ 15 % de ses parts d'Apollo II à des familiers de la banque publique comme Alain Mallart et sa société personnelle Immobilière De La Genière (IDLG), Jean-Charles Naouri et Euris, Marc Ladreit de Lacharrière et Fimalac. »

Puissamment soutenus par Leon Black et Craig Cogut – si ce n'est, en sous-main, par Michael Milken lui-même – et le commissaire aux assurances John Garamendi, le Crédit Lyonnais et Altus ont donc franchi tous les obstacles. Les voilà propriétaires du plus prometteur des portefeuilles de junk bonds. D'ores et déjà, les plus-values s'annoncent faramineuses, car l'économie américaine donne des signes de reprise, tandis que les taux d'intérêt sont passés de 9 à 6 %. Beaux joueurs, les Américains saluent « *the deal of the year* ». Plus tard, sous le titre « Un acheteur intelligent et un vendeur stupide », un article du magazine américain *Forbes* [2] démontera l'opération en fustigeant l'incompétence de John Garamendi : son soutien à la solution proposée par Leon Black et Jean-François Hénin « est l'illustration de ce qui se passe quand un politicien, avec une compréhension limitée du fonc-

1. *Le Repas des fauves*, Albin Michel, mars 2000.
2. *Forbes*, 14 mars 1994.

tionnement des marchés financiers, négocie avec des interlocuteurs qui le comprennent parfaitement ». Pour *Forbes*, « il s'agit du plus grand coup des années 90. Un gigantesque profit arraché au malheur des autres et à ce qui ressemble à du favoritisme politique ». Garamendi « naïf » ? Ou plutôt rusé ?

Reste à organiser la reprise, comme promis, de la compagnie d'assurances. Mais celle-ci, dépouillée de son portefeuille de junk bonds, n'intéresse pas grand monde. Et surtout pas la Maaf, futur acheteur officiel. En témoigne, si c'était encore nécessaire, la lettre qu'a écrite, le 12 novembre 1991, Jean-Claude Seys à Jean-François Hénin : « J'ai entendu à la radio que nous étions "partenaires" dans la reprise d'Executive Life. J'apprécierais d'être informé en même temps que la presse. Il est très difficile pour moi d'être crédible dans cette affaire (...). Je ne voudrais pas, par négligence le jour de la signature, courir le risque de devenir le propriétaire d'une compagnie d'assurances américaine. »

Pourtant, deux ans plus tard, le 3 septembre 1993, lorsque Executive Life sera finalement vendue, la Maaf apparaît comme le chef de file des repreneurs français. Surprise, elle est devancée par une compagnie d'assurances californienne : SunAmerica, qui possède désormais le tiers de la nouvelle compagnie Executive Life [1] !

De quel chapeau est-elle sortie ? C'est encore et toujours John Garamendi qui a imposé ce nouveau partenaire. La façon dont SunAmerica a été introduite mérite qu'on s'y arrête un instant. Le 9 juin 1993, à 17 h 39, Jean-François Hénin envoie à Jean-Claude Seys le fax

1. Le capital de la société holding NCLH, propriétaire d'Executive Life, est réparti de la façon suivante : la Maaf possède 23,59 % ; Finapaci (Marc Ladreit de Lacharrière), 16,68 % ; SDI Vendôme, 16,68 % ; Omnium (Hervé Dubois), 10,05 % ; SunAmerica : 33 %. Tout ceci, bien entendu, a été financé par Altus qui a prêté 210 millions de dollars, à un taux d'intérêt annuel de 15 %.

suivant : « John Garamendi nous demande d'introduire Sun Life USA [*sic*] au niveau de 30-33 % dans le deal Executive. Je pense qu'une réponse favorable est très souhaitable. Merci de votre aide. » Bien sûr, Garamendi n'a pas pris le risque d'envoyer lui-même le fax. Mais il s'est adressé la veille à Craig Cogut (après en avoir parlé à Leon Black) qui a transmis le message à Hénin, celui-ci le répercutant enfin à Seys. Voilà bien une nouvelle preuve que le commissaire n'avait aucun doute sur le pilote réel de l'opération : pour lui, c'est Altus et non la Maaf l'acheteur officiel. Sinon, il se serait adressé directement à la mutuelle des artisans !

Les raisons de l'entrée dans le jeu de SunAmerica sont d'abord politiques. Il s'agit de faire taire les opposants, à commencer par les assurés : l'attelage de la mutuelle inconnue et d'investisseurs français étrangers au monde de l'assurance ne pouvait qu'être consolidé et crédibilisé par un grand assureur américain incontestable et appelé à gérer lui-même la boutique [1]. Mais c'est aussi un renvoi d'ascenseur : présidée par Eli Broad, un milliardaire démocrate, fondateur de Kaufman & Broad, le premier promoteur immobilier du monde, SunAmerica a été un contributeur à la campagne de Garamendi et demeure un de ses grands soutiens. Juif polonais émigré avant la guerre, Broad est à la tête d'une des plus grandes fortunes des Etats-Unis, propriétaire de la plus belle collection au monde de peintres américains contemporains.

La « proposition » de Garamendi sera bien accueillie par les Français. Parce que ceux-ci n'ont rien à refuser au commissaire aux assurances. Surtout, l'arrivée de SunAmerica, en elle-même, est bienvenue. Elle dégage

1. En réalité, en raison des nombreux recours et plaintes déposés par les assurés, jamais la Maaf ni ses investisseurs associés ne géreront effectivement Executive Life, qui restera sous la responsabilité du commissaire aux assurances jusqu'en... 1998.

la Maaf de toute responsabilité de gestion. Financièrement, elle soulage Altus et le Crédit Lyonnais qui étaient intéressés par le portefeuille d'Executive Life, mais jamais par la compagnie elle-même. Si Eli Broad avait voulu la reprendre dans sa totalité, nul ne doute qu'Altus aurait applaudi des deux mains. En tout cas, Jean-François Hénin va lui accorder les mêmes faveurs que celles dont ont bénéficié la Maaf et les investisseurs français : la banque française prête à SunAmerica les fonds nécessaires à sa prise de participation de 33 % aux mêmes conditions que les autres et lui accorde des garanties identiques, y compris la clause de rachat à prix fixé à l'avance, même en cas de déconfiture. Curieux paysage en noir et blanc : tandis les Français seront voués aux gémonies, SunAmerica ne sera jamais inquiétée, ni au pénal, ni au civil. Eli Broad bénéficie en Californie d'une aura supérieure à celle de François Pinault en France, tant il est vrai que le rapport des citoyens à l'argent – et aux milliardaires – n'est pas exactement le même...

S'il est évident que le commissaire aux assurances est parfaitement au courant du rôle joué par Altus et le Crédit Lyonnais derrière la Maaf et « son groupe d'investisseurs », peut-être ne connaît-il pas le détail des accords passés entre la banque et ses prête-noms. Ils sont sans ambiguïté. Le lendemain de son accord avec le commissaire aux assurances de Californie, Altus en signait un autre, secret, avec la Maaf : la mutuelle acceptait de revendre ses actions Executive Life à Altus, ou à un acheteur désigné par Altus, à une date et à un prix fixés à l'avance. Les deux parties s'interdisent expressément de révéler l'existence de cet accord à un tiers. Simultanément, Altus et la Maaf signaient un « accord de gestion », lui aussi expressément tenu secret, selon lequel les droits de vote d'Executive Life exercés par la Maaf le seront sous la direction d'Altus.

La Maaf n'assume ni les risques financiers ni la gestion. Elle loue son nom et a la possibilité de céder ses titres, à tout moment et à un prix convenu d'avance. La mutuelle prend bien soin de préciser qu'elle « n'est pas un professionnel de la gestion des sociétés d'assurances américaines » et qu'elle n'interviendra « qu'à la demande d'Altus (...) et comme mandataire (...) et pour le compte de cette dernière ». Elle se présente explicitement comme « gestionnaire temporaire ». Ce sera la preuve, pour les Américains, qu'Altus était bien le véritable propriétaire des actions Executive Life [1]. Les

1. Voici les principaux points du protocole d'accord secret, signé le 15 novembre 1991, entre Altus et la Maaf.

La Maaf s'engage à acquérir le capital de New California Life Holding (NCLH) « constitué pour être actionnaire à 100 % de la société Aurora » (Executive Life). Mais à son initiative et à tout moment, elle peut céder sa participation à un prix convenu, dans les quinze jours. « Le cédant [la Maaf] s'engage à céder, par les présentes, au cessionnaire [Altus] qui s'engage à acquérir, la totalité des actions qu'il détient dans la société NCLH (...) au plus tard le 31 décembre 1994 (...). Au cas où la réglementation américaine interdirait à Altus de détenir une participation dans NCLH, Altus se réserve la possibilité de proposer un cessionnaire [acheteur] de substitution. »

« La cession aura lieu contre un paiement comptant du prix figurant dans les livres comptables du cédant (...) au cours du dollar au fixing à Paris le jour des achats majoré, à compter du jour de l'acquisition, d'un pourcentage égal au [taux de base bancaire] + 3 % capitalisé annuellement (...). Au prix de cession s'ajouteront tous les impôts, taxes et frais que le cédant pourrait avoir à payer. »

S'il y a des complications juridiques, la Maaf s'est couverte : « Le concessionnaire s'engage à payer, à titre de dommages et intérêts au cédant, le montant de la clause pénale (...) par l'effet d'une décision d'une autorité publique américaine. » Le texte ne laisse place à aucune ambiguïté : « Altus Finance (...) entend dégager la Maaf de toute responsabilité dans la gestion de la société NCLH et de toutes les sociétés que cette dernière contrôle directement ou indirectement, à compter du jour où la Maaf s'est rendue propriétaire des actions faisant l'objet du présent contrat de vente à terme. »

« Il est bien entendu que la Maaf n'interviendra tant en qualité d'actionnaire, qu'en qualité de membre des instances dirigeantes de la société qu'à la demande d'Altus Finance, et comme mandataire d'Altus Finance, et pour le compte de cette dernière, afin de lui faciliter la mise en œuvre de sa stratégie, étant, par ailleurs, précisé que la Maaf n'est pas un professionnel de la gestion des sociétés d'assurances américaines. »

autres investisseurs comme Marc Ladreit de Lacharrière (Fimalac), Alain Mallart (SDI Vendôme), l'Omnium de Genève (Finindus) d'Hervé Dubois seront plus tard accusés d'avoir bénéficié, avec des nuances, des mêmes accords, aux mêmes conditions.

A l'époque, personne ne connaît le détail de ces accords secrets. Mais chacun en devine le contenu. C'est ainsi qu'un avocat américain, David Balabanian, qui conteste la transaction, a pu écrire à John Garamendi : « Dans cette affaire, vous avez décidé que le Crédit Lyonnais était partout. Vous leur avez confié une mission de capitalisation de la compagnie d'assurances. Ils achètent les junk bonds. Or vous savez qu'une loi bancaire américaine peut s'y opposer. Si vous attribuez la compagnie d'assurances au groupe d'actionnaires que vous avez en face de vous, vous allez faire une drôle de tête le jour où vous serez obligé de reconnaître que c'est le Crédit Lyonnais et qu'il est partout. » On verra plus tard que, loin de faire une « drôle de tête », à l'heure de vérité, John Garamendi n'hésitera pas à sauter sur le banc des accusateurs, pour ne pas risquer de connaître celui des accusés.

Au printemps 1992, Garamendi et Hénin marchent la main dans la main. Leur accord est solide : en dépit des pressions des assurés, des manifestations de handicapés organisées sur les marches des tribunaux, toutes les actions en justice entreprises pour remettre en cause le deal échouent. Publié le 15 février 1995, validant le choix et la méthode de Garamendi, un jugement définitif de la cour d'appel de Californie, à Los Angeles, confirmera ceux de première instance en déboutant la

---

« Aussi, en cas de préjudice causé à la Maaf en sa qualité d'actionnaire ou de dirigeant mais seulement temporaire de la société NCLH, Altus Finance s'engage à couvrir toutes conséquences de ce préjudice, quels qu'en soient la nature et le montant, sauf faute lourde de la Maaf. »

Commercial National Bank et divers autres plaignants sur les conditions de la reprise d'Executive Life et des junk bonds par Altus.

Côté français, le succès du Crédit Lyonnais et d'Altus est total. César Haberer et Mozart Hénin méritent leurs surnoms. Avec l'appui, qui ne s'est jamais démenti, du commissaire californien aux assurances, ils ont enlevé le plus prometteur portefeuille d'obligations du monde et trouvé un repreneur pour la compagnie d'assurances en faillite. Ils s'apprêtent à engranger des milliards de dollars de profits. Pour cette opération brillante, Jean-Yves Haberer recevra la médaille d'or de la chambre de commerce internationale de New York, tout fier d'être « le seul banquier européen à l'avoir reçue ». Quant au Crédit Lyonnais, il est alors à son zénith, du moins en apparence. Figurant dans les classements parmi les plus grandes banques du monde, la noble maison, fondée en 1863, nationalisée en 1945, vise la place de n°1 mondial incontesté, devant ses concurrentes allemandes et britanniques, sans parler des américaines, alors bridées par une législation d'un autre âge, en particulier ce BHCA qui interdit toute prise de participation dans les groupes industriels...

Et pourtant, Jean-François Hénin et Jean-Yves Haberer sont inquiets. Car s'ils sont convaincus d'avoir bénéficié du soutien actif de John Garamendi, il n'en va pas de même de son administration, le département des assurances (DOI). On s'y montre plus que réservé vis-à-vis des Français. Directrice juridique du DOI, Lorraine Johnson inonde Garamendi de questions et de mises en garde. Mais à son grand étonnement, le commissaire aux assurances n'a pas l'air de se soucier des risques de fraude vis-à-vis des lois californiennes. Le 5 février 1993, elle lui écrira une note, titrée : « L'investissement proposé par le Crédit Lyonnais dans Aurora/Exlife ». La juriste y détaille le rôle du Crédit Lyonnais dans toute l'opération et les problèmes que cela pose.

Avec le pointillisme qui caractérise la bureaucratie américaine, le département des assurances n'a cessé de chercher à se couvrir. Il veut des engagements écrits. Les Français les lui accordent. Dans de nombreux courriers, Altus affirme que « le groupe d'investisseurs qui sera constitué (...) pour fonder [la nouvelle société Executive Life] ne sera contrôlé par aucun gouvernement étranger et satisfera à toutes les exigences du code des assurances de Californie [1] ». Les mensonges s'accumulent. Via leurs avocats, le Crédit Lyonnais, Altus et la Maaf se sont engagés à porter à la connaissance du DOI tout actionnaire qui posséderait 10 % ou plus dans Executive Life. Selon les documents transmis, la Maaf sera le premier investisseur [2]. Rodgin Cohen, du cabinet Sullivan & Cromwell, a envoyé de son côté une lettre selon laquelle Altus n'a pas besoin de remplir de déclaration parce que ni le Crédit Lyonnais ni sa filiale « ne détiendront un intérêt dans Aurora ou New California Life Holding [3] ».

Le 13 décembre, Jean-Claude Seys signe une lettre selon laquelle aucune société contrôlée par un gouvernement n'a le pouvoir d'influencer la gestion de la Maaf par quelque accord que ce soit... Trois jours plus tard, le DOI renvoie au cabinet d'avocats une lettre dans laquelle il lui demande de détailler les liens entre le groupe Crédit Lyonnais et Executive Life qui pourraient « résulter d'une influence imposée à l'assureur », en vertu du Code des assurances de Californie. Il est précisé qu'il ne s'agit pas seulement de liens en capital. Plus tard, le cabinet enverra au DOI une lettre dans

1. Lettre du 7 juin 1991.

2. Lettre du 17 septembre 1991 de David Harbaught, du cabinet Morgan, Lews & Bockius.

3. Lettre du 11 décembre 1991.

laquelle le Lyonnais et Altus affirment qu'ils « ne sont pas affiliés avec Aurora ni aucun des membres du groupe d'investisseurs [1] ».

La Maaf transmet par le même cabinet une déclaration de Jean Irigoin, selon laquelle aucune entité dépendant d'un gouvernement étranger ne dirige ou n'a la possibilité de diriger la gestion de la Maaf-Vie. Jean-Claude Seys, de son côté, affirmera par écrit qu'« il n'y a pas de contrat ou d'arrangements par lesquels Altus/Crédit Lyonnais puisse exercer, directement ou indirectement, le contrôle sur le management ou la stratégie de la Maaf, la Maaf-Vie et ses affiliés ». La mutuelle affirme en outre que la vente d'une petite banque à Altus en décembre 1991 a été « la seule transaction (...) entre la Maaf et le groupe Crédit Lyonnais, autre que le business courant ». Comme si l'accord secret entre la mutuelle et la banque sur Executive Life entrait dans le business courant ! Dans les documents transmis au DOI, signés par Jean-Claude Seys, il est écrit qu'Executive Life n'est pas « possédée, contrôlée ou gérée, directement ou indirectement par aucune nation, gouvernement ou agence publique ». Altus n'est pas citée parmi les entités qui « directement ou indirectement, possèdent, contrôlent, ou exercent des droits de vote supérieurs à 10 % des actions » d'Executive Life.

Autres mensonges dénoncés plus tard par la justice américaine : ceux des « investisseurs » liés à la Maaf. Hervé Dubois, le patron de l'Omnium de Genève, affirme être financé par le Crédit Suisse, alors qu'il l'est successivement par deux filiales du Lyonnais. Même schéma, même mensonge, toujours transmis par Sullivan & Cromwell, pour Alain Mallart (SDI Vendôme). La situation est plus complexe s'agissant de Véronique Morali. La collaboratrice directe de Marc de Lachar-

1. Lettre du 7 avril 1992.

rière déclare que l'investissement de Fimalac a été financé par un prêt de sa propre filiale, la Banque mutuelle industrielle (BMI). L'accusation dénoncera la reprise du prêt par la SDBO, une banque filiale du Lyonnais. Mais elle ne précisera pas qu'entre-temps, la SDBO a racheté la BMI...

Et s'il n'y avait que le département des assurances ! Les avocats doivent, au nom de leurs clients, répondre aussi à la Federal Reserve (FED) qui n'est pas moins tatillonne. Le 27 juin 1991, celle-ci envoie au Lyonnais une lettre comprenant la liste des points à préciser. Le 19 août, la banque lui répond : « Altus n'aura plus aucun rôle auprès des investisseurs liés à la Maaf », ou « Le Crédit Lyonnais ne contrôlera aucun aspect des activités [d'Executive Life] ». En raison de sa méfiance vis-à-vis de Leon Black, la FED s'intéresse en particulier au fonds Apollo et aux véritables détenteurs des junk bonds. Elle demande à Sullivan & Cromwell quels sont les investisseurs derrière les fonds Apollo. Rodgin Cohen répond : « Les investisseurs dans Apollo ont la garantie que leurs identités resteront confidentielles. Altus, cependant, (...) confirme qu'aucun de ces investisseurs n'est lié au Crédit Lyonnais [1]. »

Mais la FED ne lâche pas prise. Un an plus tard, elle redemande « certaines informations sur les relations entre Altus et les fonds Apollo ». La FED évoque « de nombreux articles de presse selon lesquels Altus, les fonds Apollo et les sociétés qui leur sont liées sont impliqués dans des activités interdites aux Etats-Unis [2] ». Rodgin Cohen et Leon Black répondront quinze jours plus tard qu'Altus n'a gardé que 20 % des fonds. En réalité la banque en a le ferme contrôle en direct ou via la banque du Phénix, la Macif, et ses partenaires Lacharrière, Naouri et Mallart.

1. Lettre du 27 juin 1991.
2. Lettre du 1er juillet 1992.

Altus, ses associés et ses avocats n'ont, à l'évidence, pas mesuré la portée des lettres, déclarations et formulaires qu'ils ont écrits ou remplis dans le contexte politique favorable de l'époque. Vis-à-vis du DOI, ils sont convaincus d'être couverts par John Garamendi. Vis-à-vis de la FED, les dirigeants du Lyonnais pensent que cette administration prestigieuse, l'une des rares, aux Etats-Unis, dont la dimension et la sensibilité sont internationales, sera bienveillante à leur égard. Car le Crédit Lyonnais est l'une des toutes premières banques du monde, représentante d'un grand pays ami, qui réalise le tiers de ses bénéfices aux Etats-Unis. Ses dirigeants croient qu'elle fait partie du club informel des institutions qui régulent et dominent le monde.

En ce printemps 1992, Haberer et Hénin réalisent pourtant les risques qu'ils ont pris. Toutes leurs lettres au DOI ou à la FED sont signées « sous pénalité de parjure ». Or chacun sait que le parjure, aux Etats-Unis, est un véritable crime, qui peut être poursuivi indépendamment de la faute principale. Plus que le contrôle d'Executive Life c'est alors celui de son portefeuille de junk bonds qui, à leurs yeux, pose problème. Parce que c'est leur pactole ! A plusieurs reprises, le Lyonnais et Altus ont déclaré à la FED et au DOI qu'ils ne contrôlaient pas plus de 24,9 % des fonds Apollo I et Apollo II. Or dans un rapport confidentiel remis à François Gille, directeur général du Crédit Lyonnais, et à Jean-François Hénin le 1er décembre 1992, les commissaires aux comptes de la banque estiment qu'au 31 octobre, Altus possédait 52,4 % des actions préférentielles d'Apollo I ainsi que 80,7 % des actions préférentielles d'Apollo II. Il faut, au plus vite, régulariser la situation.

D'autant plus qu'une vilaine affaire commence à faire des vagues en France, mais aussi aux Etats-Unis :

celle qui associe un escroc italien notoire au Crédit Lyonnais pour le contrôle de la Metro Goldwyn Mayer (MGM), cette major d'Hollywood qui est passée de main en main au cours des vingt dernières années. Depuis 1990, la Security and Exchange Commission (SEC), le gendarme de Wall Street, a lancé une enquête sur l'achat du studio prestigieux et de son parc d'attraction de Los Angeles par Giancarlo Parretti, un ancien garçon de café au casier judiciaire chargé. Parretti a payé 2 milliards de dollars pour acheter la MGM, grâce à des prêts généreusement accordés par le Crédit Lyonnais NV, la filiale hollandaise de la banque française. Grâce à des pots-de-vin – on le saura plus tard. En France comme aux Etats-Unis, de nombreux articles s'interrogent sur le rôle louche du Crédit Lyonnais aux côtés de Parretti, qui pille joyeusement la MGM. En 1991, au lieu de lâcher l'escroc, la banque lui accorde de nouveaux prêts pour éviter la faillite et les enquêtes qui en auraient immédiatement découlé. A titre de caution pour ce prêt supplémentaire, le Crédit Lyonnais prend le contrôle des actions de la MGM. La banque se trouve ainsi, de facto, propriétaire d'un studio de cinéma, ce qui la place ouvertement en infraction avec BHCA, qui interdit aux banques de posséder des entreprises non bancaires.

Dernière raison de régulariser au plus vite les portages sur Executive Life et ses junk bonds : la situation du Crédit Lyonnais lui-même. Alors que la banque, aux yeux du monde entier – et en particulier des médias français –, est à son zénith, elle est, dans les faits, au bord du gouffre. En raison d'investissements risqués dans l'immobilier, avant son effondrement ; de son engagement dans la MGM ; et de son soutien irréfléchi aux premiers venus, dont beaucoup d'incompétents et de vrais escrocs, ses pertes s'accumulent, masquées par des opérations de cavalerie. Après Jean-Yves Haberer, Jean-François Hénin est le premier responsable de ce désastre annoncé. Selon le rapport de la Cour des comptes, les pertes d'Altus auraient atteint une vingtaine de milliards de francs sur ces trois années de gestion (1990-1993). Vingt milliards qui n'ont pas été perdus pour tout le monde.

Parmi les affaires contestables initiées par Hénin, l'une des plus suspectes est le soutien qu'il a accordé à François Marland, celui-là même qui a mis en relation Jean-François Hénin et Jean-Claude Seys. Il coûtera très cher au Lyonnais. Marland est une sorte de Tapie, aussi amoral que l'ancien ministre, mais sans son charisme ni son talent. En écumant les tribunaux de commerce, Marland s'est constitué de bric et de broc un petit empire dans la distribution. Avec le soutien d'Altus, il va reprendre Escoulan, une entreprise de distribution placée en règlement judiciaire par le tribunal de Toulouse. Altus injecte 800 millions de francs dans le groupe, mais Escoulan s'enfonce irrémédiablement. Marland cherche à se retirer. Il se dit malade du cœur, obligé d'aller se faire opérer à Houston, le seul endroit où il a une chance d'être sauvé, arbore une barbe de cinq jours, tient des propos incohérents. Joue-t-il la comédie ou se convainc-t-il lui-même qu'il est au bout du rouleau ? Il se passe alors quelque chose que personne ne peut raisonnablement expliquer : Hénin le prend en pitié, accepte de lui racheter son groupe en décrépitude. Mais Marland en demande la somme exorbitante de 450 millions de francs ! Il y a des limites. Hénin refuse et s'en remet à l'arbitrage de... Jean-Claude Seys ! C'est-à-dire l'homme que Marland lui a présenté pour racheter Executive Life ; qui appartient à la même loge que Marland ; et qui est le patron de la Maaf, dont Marland est administrateur. Un arbitrage pour le moins inhabituel... En décembre 1992,

Seys rend sa sentence : Altus devra payer 160 millions de francs pour acheter le groupe de Marland ! Hénin est comme hypnotisé. L'un des patrons du Crédit Lyonnais lui lâchera, quelques semaines plus tard : « J'ai vu votre copain à Genève, il m'a semblé en pleine forme. »

Mais l'affaire ne s'arrête pas là. Pour éviter de déposer le bilan dans les semaines qui suivent, Altus fait racheter le groupe Marland par deux sociétés hollandaises, dans lesquelles il injectera 1,5 milliard de francs ! Il en confie la responsabilité à quatre hommes chargés de régler les affaires périlleuses et que l'on retrouvera plus tard : Jean-Pierre Andrevon, Gilles Silberman, Frank Ullmann et Gilbert Wahnich. Ils ne pourront empêcher la liquidation judiciaire. Plus d'un millier de salariés resteront sur le carreau. Le Crédit Lyonnais aura perdu plus de 2 milliards de francs tandis qu'avec ses 160 millions (pour 250 000 francs de mise initiale), Marland ira couler des jours tranquilles en Suisse à l'abri du fisc français, à Gy, petite commune au bord du lac Léman. Cette affaire apparaît si saugrenue qu'elle a suscité et suscite toujours toutes les rumeurs imaginables.

Des casseroles comme celle d'Escoulan, le Lyonnais en a de nombreuses à ses basques. Aussi, au moment même où il reçoit son trophée, devant la chambre de commerce de New York, pour la façon brillante dont il a racheté le portefeuille d'obligations d'Executive Life, Haberer est aux abois. Les pertes latentes s'accumulent. Le pari de la banque industrie tourne au désastre. L'Etat refuse son appui à Haberer en raison de l'hostilité d'une partie du Trésor à son ancien directeur. Dirigée par des arrivistes forcenés, cette administration a senti le vent tourner. Le futur échec de la gauche aux élections de mars 1993 est jugé inévitable. Pierre Bérégovoy, qui soutient Haberer envers et contre tout, est totalement déstabilisé par la révélation du prêt – non remboursé – de 1 million de francs qu'il a reçu de Patrice Pelat, l'ami milliardaire du Président. Bérégovoy n'a plus prise sur rien.

Isolé dans sa tour d'ivoire, muré dans son orgueil, Jean-Yves Haberer ne mesure cependant pas l'ampleur de l'échec annoncé. Il est convaincu de la justesse de sa stratégie, simplement mise à mal par l'effondrement de la bulle immobilière. Il croit qu'il ne s'agit que d'une passe difficile. Que lui seul peut tirer le Crédit Lyonnais de l'ornière. Il lui faut donc rester aux commandes et pour cela, il a absolument besoin d'enjoliver ses comptes avant la fin de l'année. Et de trouver une solution pour régler l'affaire Executive Life.

CHAPITRE 4

Le Lyonnais fait le lit de François Pinault

Comment mettre le Crédit Lyonnais en conformité avec la loi américaine sans lâcher le portefeuille de junk bonds, de plus en plus prometteur? Jean-François Hénin a une idée simple : loger les junk bonds dans une nouvelle société dont le Crédit Lyonnais ne contrôlerait plus que 24,9 %, aux côtés de nouveaux et gros actionnaires. Sollicitée comme consultant, la banque Lazard a élaboré différents scénarios, dont le résultat est identique : le cordon ombilical serait coupé et la législation américaine parfaitement respectée. Le projet est encore dans les limbes qu'il a déjà un nom : le Grand Altus, dont Hénin, bien entendu, se voit déjà le patron. Qui va-t-il appeler pour participer au festin? Sa première idée est de faire entrer la Compagnie immobilière Phénix, filiale de la Générale des Eaux [1], elle aussi plombée par la chute des marchés immobiliers et engagée au-delà de toute raison dans des investissements aventureux. Le groupe Thomson est sollicité – mais son caractère public ne simplifie pas la situation au regard des lois

1. Devenue Vivendi puis Vivendi Universal et enfin Veolia.

fédérales. La banque approche alors Clément Vaturi, un Français discret, à la tête d'un empire hôtelier dont les fleurons sont alors le Richemond à Genève, l'Ermitage à Los Angeles ainsi que plusieurs établissements de grand luxe en Asie. Clément Vaturi est intéressé. En raison des plus-values attendues sur les junk bonds. Mais aussi parce que sa participation au Grand Altus, sous l'égide du Crédit Lyonnais et de la banque Lazard, lui paraît être un adoubement dans l'establishment français des affaires, dont il se sent exclu. Vaturi va jouer un rôle moteur. Il démarche et attire à son tour la famille Pritzker, l'une des plus grosses fortunes américaines, propriétaire, entre autres, de la chaîne d'hôtels Hyatt.

L'engagement de Vaturi va plus loin. Il n'est pas possible de créer de toutes pièces la société dans laquelle seront logés les junk bonds, car la loi française, à l'époque, exigeait deux ans d'existence avant de pouvoir émettre des obligations et emprunter sur le marché. Or les Vaturi détiennent FR Immobilier, une coquille vide, sous l'aile du Crédit Lyonnais. Les banques et les grandes sociétés disposent souvent de telles sociétés dormantes, que l'on peut réveiller du jour au lendemain. Les Vaturi proposent donc FR Immobilier comme pivot du montage. Joël Vaturi, le fils de Clément, en prend aussitôt la présidence.

En septembre, Jean-François Hénin est convoqué par Bruno Roger, associé de la banque Lazard. Celui-ci lui réitère le soutien de la banque au projet de Grand Altus. Mais il lui pose la question :

— Il nous faut parler de la composition du conseil d'administration que, bien entendu, vous présiderez. Qu'avez-vous envisagé ?

— Je ne me suis pas encore posé la question, répond Hénin. Mais il me paraît naturel que les administrateurs représentent les gros actionnaires au prorata de leur participation, comme c'est généralement la règle.

— Les choses seront sans doute plus compliquées. Car il faut tenir compte du fait que Lazard est l'organisateur et le garant de cette opération complexe. Notre place et celle de nos amis au conseil devront être déterminantes, à vos côtés bien sûr.

Hénin a compris. On ne lui permettra pas de jouer dans la cour des grands. Il sera un président fantoche. Le dindon de la farce. Lazard veut tirer les ficelles et récupérer, pour son compte, le Grand Altus. Il refuse poliment :

— Je ne vois pas comment le Crédit Lyonnais et les grands actionnaires pourront accepter de céder leurs pouvoirs à la banque Lazard.

— Lazard est aussi présente et influente aux Etats-Unis qu'en France. Les montages financiers sont notre spécialité, ainsi que la gestion des titres. Nous ne pouvons accepter d'être un spectateur passif. Réfléchissez.

C'est tout réfléchi. En cet automne 1992, Hénin est toujours sur son nuage. Il croit encore qu'il peut conduire le Grand Altus, sans tenir compte des mises en garde de la banque Lazard. Il lui faut trouver un soutien de plus grande ampleur, un homme d'affaires de grande stature, proche du Lyonnais, prêt à prendre des risques. Son nom s'impose : François Pinault.

L'histoire de ce fils de petit agriculteur breton, qui arrête ses études en seconde pour aller apprendre les métiers du bois, puis part sur un coup de tête comme engagé volontaire pour trois ans faire la guerre en Algérie, a été maintes fois racontée, en particulier par Pierre-Angel Gay et Caroline Monnot [1]. Pinault a

1. Pierre-Angel Gay et Caroline Monnot, *François Pinault milliardaire, les secrets d'une incroyable fortune*, Balland, 1999.

débuté comme chef d'exploitation dans la PME de négoce de bois de son beau-père avant de fonder les Etablissements Pinault. Il prend alors des risques, achète directement son bois aux Scandinaves, sans passer par les importateurs ; il ne fuit pas le conflit avec les dockers ; il triche sur les quantités fournies. Le petit industriel, dur avec les autres comme avec lui-même, se révèle soudain un étonnant spéculateur. Sur un coup de tête, il vend 80 % de son entreprise à un groupe anglais et, avec les 25 millions de francs retirés de la vente, il spécule aussitôt sur le sucre. Gagne des fortunes... et redevient industriel : à l'intimidation, il parvient à racheter les Etablissements Pinault aux Anglais pour 10 millions de francs, dont seulement 5 cash ! Pendant une douzaine d'années, le « Bernard Tapie du bois » écume les tribunaux de commerce pour racheter des entreprises en faillite et se servir sur la bête. Mais, à la différence de Tapie, il évite d'apparaître en première ligne : ses associés et employés font le sale boulot à sa place.

Sur dénonciation de la Fédération des importateurs de bois, les fonctionnaires des impôts apprennent au début des années 80 que François Pinault a ouvert des comptes bancaires personnels en Suède et en Suisse, approvisionnés par des surfacturations. Il s'en sort en versant 2,25 millions de francs. Ce n'est pas cher payé pour le système sophistiqué qu'il avait mis en place : des sociétés étrangères lui appartenant achetaient les cargaisons de bois et les revendaient plus cher à Pinault France. La différence allait remplir ses comptes en Suisse. C'est à cette époque que François Pinault fait la connaissance de Jacques Chirac. Peu avant les élections cantonales de mars 1982, Michel Giraud, président RPR du conseil régional d'Ile-de-France, ancien directeur commercial d'une société importatrice de bois exotiques, reçoit un coup de fil de l'ancien Premier ministre de Valéry Giscard d'Estaing : « J'ai dans mon canton de Meymac une menuiserie, sans succession ni acheteur, qui menace de fermer, lui dit Chirac. Il y a vingt types qui vont être mis au chômage. Si je ne trouve pas de solution de reprise, je suis battu aux prochaines élections. » Accusé par les giscardiens d'avoir fait élire Mitterrand, Chirac est dans une situation difficile. Giraud appelle Pinault. Celui-ci n'est pas chaud. Mais c'est l'époque où il cherche à s'introduire dans le monde politique parisien. Il prend son avion personnel dès le lendemain, rachète la menuiserie et reprend les vingt salariés. Chirac sera réélu. Une semaine plus tard, il reçoit Pinault à l'Hôtel de Ville et lui dit : « Cher monsieur, vous m'avez sauvé la vie. » C'est le début d'une longue amitié entre les deux hommes et leurs épouses, Bernadette et Maryvonne : le couple Chirac passera de nombreux week-ends au château de Mormaire à Grosrouvre (Yvelines).

Pinault met son avion à la disposition du candidat Chirac lors des législatives de mars 1986, gagnées (à la proportionnelle), par le RPR. Jacques Chirac redevient Premier ministre. Parallèlement, Pinault s'impose dans le monde des affaires et le microcosme parisien. Il a fait un aller-retour fructueux sur l'usine de papier carton de La Chapelle d'Arblay, achète différentes entreprises, revend leurs immeubles, reprend *in fine* le Printemps et la Redoute, en empruntant massivement au Crédit Lyonnais. Résultat : en 1992, sa situation financière est tendue bien au-delà du raisonnable. Mais à la différence de tant d'autres, Pinault s'achète alors une conduite. Il fait appel à Anne Méaux pour sa communication, à Alain Minc pour son influence et à Ambroise Roux, le parrain des affaires en France, pour sa capacité d'adoubement. Ce qui suffit, dans le curieux establishment français, pour devenir intouchable.

Les liens entre Pinault et le Lyonnais se sont puissamment renforcés en juillet, lorsque Jean-Yves Haberer a proposé à François Pinault, qui a accepté, une prise de participation de 20 % dans la Financière Pinault, la société familiale de l'entrepreneur breton. Cette marque de confiance est une véritable folie. Car le Crédit Lyonnais s'est introduit délibérément dans une nasse, puisque cette participation minoritaire ne lui donne aucune influence. D'autant moins que la Financière Pinault est une société en commandite, un statut particulier qui donne la totalité du pouvoir aux gérants – en l'occurrence à François Pinault. Pourquoi Jean-Yves Haberer a-t-il pris le risque de s'enfermer dans une holding familiale totalement verrouillée ? Son idée est que, sur la durée, les institutions finissent toujours par gagner sur les familles. C'est pour cela que le Lyonnais s'est engagé auprès de Vincent Bolloré, de Bernard Arnault et de bien d'autres. Haberer pense que le Crédit Lyonnais est éternel et que lui-même a le temps pour lui. Mais il n'a pas mesuré que le temps travaille pour les familles lorsque les institutions, même prestigieuses, font n'importe quoi, collant aux desiderata de leur tutelle politique... En août, Clinvest, filiale du Lyonnais, est donc entré dans le capital de la Financière Pinault en y injectant un milliard de francs, dans des conditions très favorables à François Pinault [1]. En contrepartie l'industriel s'engage à rémunérer le capital investi par le Crédit Lyonnais à hauteur de 8 %. En lui versant des dividendes. Et si ceux-ci ne sont pas suffisants, en assurant à la banque le complément – c'est plus original – par des honoraires de consultants ou tout

1. Au lieu de souffrir d'une habituelle décote de holding, la valeur de la Financière Pinault est surévaluée de 36 % par rapport au cours de l'action Pinault SA. Une évaluation dont s'étonnera plus tard l'expert Pierre Loeper, mandaté par le juge Zanoto dans le cadre de son instruction sur le Crédit Lyonnais.

autre moyen. Loïc Deraison, le directeur général de Clinvest, s'est inquiété, dans une lettre adressée à François Gille, directeur général du Crédit Lyonnais, de l'endettement du groupe Pinault, « supérieur à la valeur de ses actifs ». Mais rien n'y a fait. Pour Jean-Yves Haberer, François Pinault est un personnage emblématique du « capitalisme d'entrepreneur » dont il veut être le promoteur. Par surcroît – et c'est peut-être l'essentiel – tout le monde sait que la gauche va être laminée aux prochaines élections législatives. Préparant une alternance inéluctable, Haberer veut – naïvement – s'associer le plus étroitement possible à François Pinault, l'ami et le soutien de Jacques Chirac. En faire son partenaire privilégié.

Après une telle fleur, comment François Pinault pourra-t-il se dérober et tourner le dos au Grand Altus ?

Fin octobre 1992, l'entrepreneur reçoit un coup de fil de Loïc Deraison :

— Je vous appelle à la demande de Jean-François Hénin qui a des propositions intéressantes à vous faire.

— De quelle nature ?

— Il s'agit d'un énorme portefeuille d'obligations américaines qu'Altus a acheté à bas prix, qui recèle des plus-values considérables, mais qu'il ne peut conserver en l'état, en raison des arcanes de la législation américaine. Il cherche des partenaires.

— Et bien, prenons rendez-vous.

Un déjeuner est aussitôt organisé entre Jean-François Hénin, François Pinault, assisté de Patricia Barbizet, sa collaboratrice la plus proche. L'ambiance est chaleureuse. Les deux hommes reconnaissent leurs compétences respectives et affichent l'un vis-à-vis de l'autre, pour se séduire, une admiration réciproque. Quant à Patricia Barbizet, elle a connu Hénin alors que celui-ci, patron de Thomson Finance, dominait le marché des devises et qu'elle-même gérait la trésorerie de Renault VI. Les intervenants sur ce marché étaient à l'époque peu nombreux, en raison des moyens mis en œuvre et des garanties demandées : bénéficiant de la caution de l'Etat, les entreprises publiques françaises, comme Renault, Thomson ou Gaz de France, y tenaient le haut du pavé, n'hésitant pas quelquefois, on l'a vu, à jouer contre le franc et la France.

Pinault se fait expliquer le dossier des junk bonds. Il entre dans les détails :

— Quelle partie de ce portefeuille vendez-vous ?

— Toutes les obligations convertibles en actions, puisque la loi nous interdit de les garder après leur conversion. C'est-à-dire la moitié du portefeuille, soit 2 milliards de dollars, à la valeur d'aujourd'hui.

— Quelles sont les principales sociétés émettrices ?

— Il s'agit surtout de PME ou bien de sociétés de service performantes, mais trop endettées. Il y en a plus de 400.

— Des entreprises qui vont profiter du retour de la croissance américaine, avec un effet de levier évident, commente Pinault, gourmand.

— Effectivement. De plus, ce portefeuille est piloté par Leon Black, qui connaît par cœur ces entreprises et gère leurs titres avec une grande compétence.

— Pourquoi ne les a-t-il pas gardés pour lui ?

— Il n'en avait pas les moyens. Après le scandale Drexel Burnham Lambert, il n'a plus aucune capacité d'emprunt. Il a eu et il a encore besoin de nous. Je crois que c'est une affaire en or qui recèle des plus-values considérables.

— Sans doute. Mais parlez-moi de votre projet de Grand Altus.

Hénin explique alors à Pinault son idée de nouvelle société d'investissement, pilotée par lui-même, mais dans laquelle le Crédit Lyonnais ne posséderait plus que

24,9 % : « Elle pourrait être deux fois plus grosse que Paribas. » Hénin en fait des tonnes, parle de Vaturi, de la famille Pritzker, ajoute le milliardaire franco-anglais Jimmy Goldsmith, propriétaire de *L'Express* et affirme même que Claude Bébéar est prêt à apporter toutes les activités américaines d'Axa !

— Cette histoire de Grand Altus me gêne un peu, le coupe Pinault : par principe, je n'ai aucune raison de vous verser du cash ou de vous céder mes meilleurs actifs pour devenir actionnaire minoritaire dans une société sur laquelle je n'aurai aucune prise réelle.

— Cela peut se discuter. Aussi bien sur la nature des actifs que vous pourriez apporter que sur le pouvoir dont vous disposeriez au sein de cette nouvelle société.

Instantanément, François Pinault a compris que le rapport de force lui était favorable et que le portefeuille de junk bonds brûlait les doigts du Lyonnais. Il y a de l'argent à gagner. Pourquoi partager ? Pinault veut être seul. Jean-François Hénin voit bien la difficulté :

— Etudiez le problème. De mon côté, avec les autres partenaires intéressés, je vais voir s'il est possible de vous donner une position de pouvoir, aux côtés d'Altus.

— Je vais réfléchir. Et je vous dirai dans les jours prochains quelle est ma position et quelles seront mes propositions.

Dans la voiture qui les reconduit, François Pinault se montre, devant Patricia Barbizet, beaucoup plus intéressé qu'il ne l'avait laissé paraître à Jean-François Hénin. En raison du portefeuille de junk bonds lui-même. En pleine fusion Pinault-Printemps, le milliardaire voit déjà un coup plus loin. Cette proposition tombe à pic. Il voulait diversifier ses actifs aux Etats-Unis, à condition que ce ne soit ni dans le bois, dont il veut se dégager, ni dans la distribution, en raison des précédents fâcheux – en particulier celui des Galeries Lafayette. « On y va en Concorde, on revient en charter », a-t-il alors coutume de dire. Pas question non plus d'investir dans l'industrie lourde ni dans la haute technologie, à laquelle il avoue volontiers ne rien comprendre. Mais il croit très fort, comme Hénin, à la reprise américaine. Le portefeuille de junk bonds, composé de nombreuses entreprises performantes de taille moyenne, lui permettra de profiter de cette reprise en répartissant les risques.

Pour la forme, Pinault fait savoir à Hénin qu'il est prêt à participer au Grand Altus mais en limitant ses apports aux actifs immobiliers du Printemps et à Prisunic. C'est-à-dire pas grand-chose. Hénin refuse poliment. Un peu plus tard, Pinault le rappelle : il a de nouvelles propositions. Un rendez-vous est organisé. L'ambiance n'est plus la même. Pinault s'est renseigné. Il a pris connaissance d'un audit de la banque Lazard qui évalue à 3,6 milliards de dollars la plus-value attendue sur les junk bonds. Mais il sait, en même temps, que l'opération Grand Altus a du plomb dans l'aile. Tous les investisseurs sollicités se méfient de cette structure opaque qui additionne les dossiers douteux et sur laquelle ils n'auront aucune prise. Tous les partenaires pressentis butent aussi sur le prix de leurs biens, honteusement surestimés en cette période de folie financière. Personne ne veut en minorer la valeur. Mais personne ne croit à celle annoncée par les autres.

François Pinault abat ses cartes devant Hénin :

— Je vous confirme que ce Grand Altus, dans les conditions où il se présente, ne m'intéresse pas. En revanche, j'ai une proposition à vous faire. Je suis d'accord pour vous racheter la totalité du portefeuille de junk bonds, susceptibles d'être transformés en actions.

Hénin accuse le coup :

— Vous voulez tout acheter en bloc ?

— Oui, mais à deux conditions : que je sois seul et

que le Crédit Lyonnais me finance intégralement cette acquisition.

— Mais jamais le Crédit Lyonnais ne vous prêtera 2 milliards de dollars garantis sur des junk bonds, aussi prometteurs soient-ils !

— Evidemment. Mais il n'est pas question de garantir ce prêt sur les junk bonds. Je suis prêt à apporter, en garantie, la totalité de mes actions Pinault-Printemps.

C'est un coup de poker, une prise de risque fantastique puisque Pinault ne demande alors aucune garantie de prix, aucune protection [1]. Il est déjà endetté à hauteur de 15 milliards de francs auprès du Crédit Lyonnais qui est le principal actionnaire, après lui, de son groupe. Si la reprise américaine se dérobe, si le portefeuille d'obligations perd de sa valeur, Pinault peut tout perdre. Hénin est bluffé :

— Voilà bien une proposition digne de vous ! Nous allons l'étudier, avec Haberer et Gille. Mais d'ores et déjà, je suis autorisé à vous dire qu'Altus entend conserver 24,9 % de ce portefeuille, au seuil de ce que nous permet la loi. Je pense d'ailleurs que c'est notre intérêt commun.

— Ce n'est pas un problème. Quand je vous ai dit que je voulais être seul, bien entendu, c'était seul avec vous !

Pour Pinault, la présence résiduelle du Crédit Lyon-

---

1. « Altus, agissant de bonne foi, compensera toute perte dans le portefeuille [de junk bonds], prévoit l'accord "strictement confidentiel" », écrira Olivier Toscer dans *Le Nouvel Observateur* du 18 décembre 2003. Il en conclut que l'accord entre Altus et Pinault le couvre pour tous les risques éventuels de chute des cours. Mais dans une interview accordée à *L'Express* la même semaine, François-Henri Pinault, le fils de François Pinault (qui a succédé à son père à la tête d'Artémis), affirme le contraire. « Je l'affirme solennellement, la garantie que vous évoquez ne nous a jamais protégés contre les pertes sur les junk bonds. » Il semble, en fait, que la garantie n'ait porté que sur la variation de la valeur du portefeuille entre la signature du préaccord et la vente effective, ainsi que sur le calcul de certains apports d'actifs.

nais est, en effet, plus un atout d'un handicap. Elle limite ses risques. De plus, vu l'état de sa dette, tout ce qui le lie à son banquier, sans lui céder une parcelle de pouvoir, est bon à prendre.

Le milliardaire joue son tapis, comme jadis en spéculant sur le sucre avec l'argent retiré de la vente de sa PME. Sacré coup de poker !

Pour Hénin, cette proposition inattendue sonne le glas du Grand Altus. Il ne sera jamais le président d'une société d'investissement deux fois plus grosse que Paribas. Il a compris que la place de Paris, comme Lazard, n'a aucune intention de le laisser jouer dans la cour des grands. Goujon au milieu des gros poissons, il est considéré comme un habile financier, un apporteur d'affaires. Sans plus : personne n'entend lui céder ses bijoux de famille. Il va donc changer de projet. Il a l'estime de François Pinault, lui seul a le contact avec Leon Black et Craig Cogut, lui seul connaît le portefeuille de junk bonds ainsi que les méandres de la loi américaine : si la proposition de Pinault est retenue, pourquoi ne deviendrait-il pas le directeur général, voire le président de la société qui gérera les junk bonds ? Il s'en ouvre à Pinault qui ne lui dit pas non.

Pour le Crédit Lyonnais, la proposition de François Pinault est inespérée. La banque est toujours portée aux nues. Elle continue sa croissance à tout prix avec l'achat de la banque allemande BfG (Bank für Gemeinwirtschaft), sous les applaudissements nourris de la presse et des analystes financiers ! Le Crédit Lyonnais va devenir la plus grande banque du monde. La place de Paris n'a d'yeux que pour Haberer. Pourtant, celui-ci connaît désormais l'ampleur du désastre financier qui s'annonce. Les pertes pourraient atteindre les 10 milliards de francs pour 1992, alors qu'elles ne doivent pas dépasser 1,8 milliard en vertu des règles de prudence bancaires. Rien ne doit laisser deviner la réalité de la situation. Il faut habiller les comptes, avant le 31 décembre. Et donc vendre tout ce qui peut dégager des plus-values. Le temps presse. L'heure n'est plus aux montages compliqués. Le Grand Altus, cher à Hénin, ne faisait que diluer la participation du Lyonnais, tandis que la proposition de François Pinault est une véritable vente. Surtout, avec un seul interlocuteur, proche et rapide comme l'est Pinault, tout pourra être bouclé avant la fin de l'année.

Certes, en vendant son portefeuille de junk bonds à Pinault, le Lyonnais lui abandonne ses gains à venir. Une négociation a lieu entre Pinault et Haberer pour le partage anticipé des plus-values qui seront réalisées lors de la vente effective. Les gains à venir dépassent déjà le milliard de francs. On partage la poire en deux. Haberer pourra ainsi afficher dans ses comptes 1992 une plus-value de 500 millions de francs et participera, à hauteur de 25 %, aux futurs bénéfices attendus. Quand la maison brûle, il faut savoir sauver l'essentiel. Bref : face à Pinault, les Vaturi, Pritzker et autres ne pèsent pas lourd.

Premier objectif de Pinault et Haberer : endormir Clément Vaturi. Ils lui laissent croire qu'il participera à la nouvelle société et donc au festin annoncé. Au point que, dans l'urgence, le 4 décembre 1992, Vaturi a bien voulu vendre FR Immobilier, cette coquille vide dont son fils Joël Vaturi était le président en titre, à François Pinault. Celui-ci la rebaptise aussitôt Artémis, du nom de la fille de Zeus, à la fois déesse de... la chasse, de la lune et de la nuit !

La coquille vide sera remplie le 15 décembre, pour un quart avec les fonds du Crédit Lyonnais, pour trois quarts par Pinault, avec l'argent prêté par le Lyonnais. Trois jours plus tôt, la direction financière de la banque a pourtant pondu une note confidentielle, dans laquelle

elle déplore que le Lyonnais ait « accepté la valeur de 480 francs [pour les actions Pinault-Printemps] ce qui est 50 % de plus que la valeur du marché » et remarque que l'apport de cash à Artémis « vient juste à temps (...) pour un groupe qui est surendetté ». A deux reprises en moins de six mois, avec des évaluations qui lui sont très favorables, le Crédit Lyonnais vient de faire la fortune de François Pinault. « Si l'on dresse le bilan de l'opération en 1992, on constate que le Crédit Lyonnais apporte, en deux temps, environ 3 milliards de francs de liquidités à François Pinault pour réaliser une plus-value de 2,5 milliards de francs qui est immédiatement réinvestie dans des fonds totalement non liquides du groupe Pinault : François Pinault effectue là l'opération de sa vie », écrivent Fabrizio Calvi et Thierry Pfister [1].

Comment expliquer ce traitement privilégié de François Pinault autrement que par la volonté du président du Lyonnais de couvrir de roses l'ami de Jacques Chirac en espérant ainsi assurer son propre avenir ? En tout cas, au milieu de cet étrange couple, Vaturi n'a plus sa place. Il apprend que FR Immobilier est devenue Artémis et que François Pinault lui en a fermé la porte. Le voilà écarté du banquet ! Il n'en revient pas. Lui, le franc-tireur, le roublard, le marginal, s'est fait rouler comme un bleu par le président du Crédit Lyonnais et par un grand patron en vue, toujours à la une des journaux ! Il se fait menaçant. Il faut, au plus vite, le calmer. Dans ce but, Pinault va adresser le 23 décembre une lettre à Haberer, que celui-ci transmettra aussitôt à Vaturi : « Je vous confirme bien volontiers qu'il est dans mes intentions d'ouvrir progressivement à quelques actionnaires le capital d'Artémis, actuellement détenu par Financière Pinault à hauteur de 75,5 % et par

1. *Le Repas des fauves*, Albin Michel, 2000.

Altus Finance à hauteur de 24,5 %. Parmi ces investisseurs potentiels, il est d'ores et déjà entendu que le groupe Thomson, celui de M. Clément Vaturi et celui de M. Pritzker seront consultés en priorité. » Les promesses n'engagent que ceux qui les écoutent : ni les Vaturi, ni les Pritzker, ni les autres financiers contactés pour participer au Grand Altus n'auront droit à acquérir une seule action d'Artémis.

Dès le lendemain de l'injection de fonds dans Artémis, le 16 décembre, François Pinault et Jean-François Hénin sautent dans le Concorde d'Air France pour New York où les attend Leon Black. Directement depuis Kennedy Airport, tous deux se rendent dans les bureaux d'Apollo, situés Avenue of the Americas, comme ceux du Crédit Lyonnais ! Pinault a déjà fait un saut aux Etats-Unis, une quinzaine de jours plus tôt, pour se renseigner sur Leon Black, notamment auprès de John H. Gutfreund, le président de Salomon Brothers. Celui-ci lui a confirmé que Black était à la fois un financier hors pair et un homme sans scrupules, lorsque ses propres intérêts étaient en jeu. « Bordez-vous sur le plan juridique si vous faites des affaires avec lui », avait prévenu le banquier. Black, lui aussi, s'est renseigné sur Pinault. Les deux hommes se jaugent immédiatement. Leon Black comprend d'instinct qu'il a en face de lui un homme de son niveau. Rien à voir avec les Français rencontrés jusque-là. On parle junk bonds, montant des commissions, fiscalité. Black se félicite de l'arrivée, à la place du Lyonnais, de ce tycoon, qui n'est soumis à aucune contrainte légale particulière. Tout le monde se congratule, mais cela sent tout de même très fort la poudre. Lorsque les deux hommes se quitteront, Black demandera à Hénin de modérer la fougue de son interlocuteur : « Faites l'amortisseur ! » Amortisseur ? Triste sort pour celui qui se croyait le Mozart de la finance et qui se voit d'un coup réduit au rôle d'une simple pièce mécanique [1]....

Retour à Paris. Il faut tout boucler avant Noël. Une véritable panique règne boulevard des Italiens. Le 29 décembre, le Crédit Lyonnais « vend » 9,1 % de la Financière Pinault à Citistar, une société off-shore basée aux îles Caïmans, filiale discrète de la Citibank, une importante banque américaine. Celle-ci, en réalité, fait à son tour du portage pour le compte du Crédit Lyonnais. Les grandes banques se rendent ainsi ce genre de service entre elles, à charge de revanche bien sûr, pour régler leurs problèmes du moment. De quoi s'agit-il alors ? De masquer l'importance de l'engagement du Lyonnais auprès du groupe Pinault. Pour brouiller les pistes vis-à-vis des Américains, comme ceux-ci le diront plus tard ? Interrogé par Pascal Hénisse [2], François Gille avancera une autre explication : « Je ne voulais pas évoquer avec la commission bancaire le fait que nous avions 24,9 % de la Financière Pinault. » Le but était donc de ne pas alarmer la commission bancaire, qui était dans les murs et s'inquiétait de l'ampleur des risques financiers pris vis-à-vis de Pinault. On croit rêver : l'ancien n° 2 de la banque publique avoue benoîtement qu'Haberer et lui trompaient délibérément leurs autorités de tutelle ! Quant à Pinault, il dira plus tard n'avoir jamais su que Citistar était un fonds géré par Citibank et avoir toujours pensé

1. Toujours directeur général d'Altus, Hénin deviendra, en février 1993, consultant pour Artémis. Il sera payé par les deux ! Après son entretien avec Leon Black, Pinault a compris qu'Hénin ne lui sera d'aucune utilité pour gérer le portefeuille de junk bonds. Mais il lui proposera de travailler avec lui sur le marché des devises, comme au bon temps de Thomson Finance. Pinault s'engagera à payer à Pacifico, la société d'Hénin, des honoraires annuels de 2,4 millions de francs, de rembourser tous ses frais, à quoi devait s'ajouter un bonus basé sur les résultats d'Artémis.

2. *Executive Life*, Hachette Littérature, 2004.

qu'il « était dans le groupe du Crédit Lyonnais ». Alors que près de 10 % de la Financière Pinault [1], le cœur de son empire, changent de main, le moins que l'on puisse dire est que François Pinault a fait montre de peu de curiosité.

Autre tour de passe-passe : Altus ne détiendra pas officiellement 24,5 % d'Artémis mais 19,5 %, la différence étant « portée » par la Siitf, une filiale de la Macif, qui avait déjà porté des titres dans les fonds Apollo. Une mutuelle à nouveau au secours du Crédit Lyonnais pour masquer ses participations : cela devient une habitude. Là encore, les Américains affirmeront qu'il s'agissait de les tromper sur l'intimité des relations entre Altus et le groupe Pinault. Il s'agissait, en l'occurrence, de contourner la loi française : lorsqu'une société vend un bien à une filiale détenue à plus de 20 %, elle ne peut inscrire la plus-value dans ses comptes. Il fallait donc qu'Altus détienne officiellement moins de 20 % d'Artémis pour que le Lyonnais fasse apparaître les gains tirés de la revente des junk bonds.

Dans l'urgence de cette fin décembre 1992, Haberer, Hénin et Pinault vont commettre deux erreurs qui distilleront le poison et seront, plus tard, lourdes de conséquences. C'est d'abord un différend portant sur 105 millions de dollars. Ceux-ci sont dus à Leon Black (pour son intéressement aux plus-values), en plus du prix des titres qu'Artémis achètera à Altus. Le 21 décembre, François Pinault, accompagné de Patricia Barbizet, se rend à une « convocation » de François Gille. Moins politique qu'Haberer, le directeur général est donc moins bien disposé à leur égard. Il exige que cette commission soit payée non par le Lyonnais, mais

1. La « participation » de Citistar dans la Financière Pinault montera jusqu'à 13,7 %.

par Pinault. Par avance et en une seule fois. Sur le chemin, Patricia Barbizet avait adjuré Pinault de ne pas céder. Gille attaque directement :

— Il faut en finir. 105 millions de dollars, ce n'est rien par rapport au cadeau que l'on vous fait en vous cédant ce portefeuille de junk bonds.

— On voit bien qu'il ne s'agit pas de votre argent !

— Ecoutez. Nous avons longuement discuté de cela en comité de direction. Cet accord est bon pour nos deux groupes. Il serait stupide que, pour 100 millions de dollars, vous le remettiez en cause.

— Mais il n'est pas question de le remettre en cause !

— Je crains bien que si, répond Gille. Ou bien nous nous entendons sur ce point de détail, c'est-à-dire que vous réglez ce que l'on doit à Leon Black, ou bien nous ne signons pas, comme prévu, dans trois jours.

François Pinault discute un peu, plaide, puis soudain, à la grande surprise de Patricia Barbizet, cède sur toute la ligne : il paiera son dû à Leon Black, et par avance ! Sans doute a-t-il voulu ne pas se heurter, d'emblée, avec le financier américain. C'est, de toute façon, sa façon imprévisible de négocier. Tantôt intraitable, tantôt cool, toujours rapide. Réagissant par impulsion. Ce portefeuille de junk bonds, il le voulait si fort !

Bien entendu, François Gille bluffait : le Lyonnais était impérativement obligé de vendre son portefeuille de junk bonds à Pinault avant le 31 décembre. Dans la voiture qui les ramène au siège de la Financière Pinault, Patricia Barbizet demande à son patron, sur un ton de reproche, pourquoi il a si facilement donné son accord. Pinault ne répond pas. Mais le poison fera effet pendant la nuit. Le lendemain, il se réveille furieux. Il a l'impression de s'être fait avoir. Il appelle Hénin :

— Cette affaire me coûte 100 millions de dollars de plus que prévu. Vous ne m'aviez pas prévenu. Trouvez-moi des compensations !

Hénin est cueilli à froid. Surtout, ne pas se brouiller avec le futur propriétaire des junk bonds, son futur employeur. Il promet :

— Je vais vous en trouver. Nous contrôlons plusieurs activités qui peuvent vous intéresser. Voyons-nous en début d'après-midi.

Après avoir vu Gille, mais sans consulter Haberer, absent de Paris, Hénin va proposer quatre sociétés « en compensation » à Pinault. Des mines de charbon australiennes, une entreprise de traitement de déchets, un fonds d'investissement immobilier et... la compagnie d'assurances Executive Life elle-même. Pinault est d'accord pour tout prendre. Une lettre d'intention est aussitôt rédigée. C'est ainsi que François Pinault se retrouvera plus tard propriétaire, sans l'avoir explicitement voulu, d'Executive Life.

La deuxième erreur se glissera dans la rédaction de la promesse de vente [1] qui a lieu le jour de Noël. Celle-ci est signée par François Pinault, François Gille et Jean-François Hénin. Jean-Yves Haberer n'est pas présent. Prétextant une visite à la banque allemande que le Lyonnais vient d'acheter, il est, en réalité, parti aux sports d'hiver. Le document indique notamment : « Le prix de la présente transaction comprend en outre le droit d'acquérir auprès d'Altus Finance (...), la totalité [de ses] droits acquis au titre (...) de la compagnie d'assurances Aurora (anciennement Executive Life). » Ainsi, il est acté dans ce document qu'Altus accorde à Artémis le droit d'acquérir Executive Life, dont la banque ne peut être actionnaire, selon la loi américaine !

Il faudra attendre neuf mois pour que la bourde soit réparée. Le 21 septembre 1993, Altus demandera en

1. Le document prévoit qu'Artémis a un an pour racheter à Altus une partie de son portefeuille de junk bonds, au prix de 1,966 milliard de dollars financés par une ligne de crédit de 2 milliards de francs ouverte par STF-Batif, filiale d'Altus.

effet à Artémis la réécriture du protocole d'accord sur un point particulier : il s'agit de supprimer la mention compromettante selon laquelle Altus aurait eu des « droits » sur Executive Life, pour la remplacer par un engagement de faire « ses meilleurs efforts » pour qu'Artémis puisse l'acquérir, comme le révélera *Le Figaro* [1]. Gênant. D'autant plus qu'Altus et Artémis, non contents de réécrire leur protocole d'accord passé neuf mois plus tôt, décideront carrément... d'en changer le lieu et la date, cette fois à la demande de François Pinault. Celui-ci a découvert en effet que le fisc français allait lui réclamer 4,8 % d'impôts sur la valeur du portefeuille de junk bonds, au titre de la taxe dite de transfert. Or cette taxe ne s'applique pas si le contrat est conclu hors de France. Pinault et Altus feront donc comme s'il avait été signé à New York. Ce choix imposera la date du 16 décembre, le jour où Hénin a présenté Black à Pinault : le seul où les signataires étaient présents à New York. Le nouveau document portera donc la date du 16 décembre 1992 au lieu du 24...

Pas si simple, cependant ! Car le 16 décembre, Jean-

1. *Le Figaro* du 30 octobre 2003 publiera la lettre d'Altus à Artémis : « Suite à notre conversation téléphonique de ce jour (...) nous vous demandons de bien vouloir remplacer le paragraphe :

"Le prix de la présente transaction comprend en outre le droit d'acquérir auprès d'Altus Finance de ses clients et/ou de ses ayants droit, au prix de revient actualisé, la totalité des droits acquis par Altus Finance, ses clients et/ou ses ayants droit, au titre de l'opération immobilière dénommée Patriot, de la compagnie d'assurances Aurora (anciennement Executive Life) des mines de charbon australiennes (ex. Costaing) et de la société Sater."

Par le paragraphe suivant :

"Le prix de la présente transaction comprend en outre le droit d'acquérir auprès d'Altus Finance de ses clients et/ou de ses ayants droit, au prix de revient actualisé, la totalité des droits acquis par Altus Finance, ses clients et/ou ses ayants droit sur les mines de charbon australiennes (ex. Costaing) et de la société Sater. De plus, Altus Finance fera ses « meilleurs efforts » pour qu'Artémis acquière en 1993 les droits de l'opération immobilière dénommée Patriot et de la Compagnie d'assurances Aurora (anciennement Executive Life)." »

François Hénin n'avait pas la délégation de signature de Jean-Yves Haberer pour conclure la vente. Qu'à cela ne tienne. Le 9 novembre 1993, le président du Crédit Lyonnais rédigera, à son tour, une délégation de signature antidatée, alors même qu'il sait qu'il vit ses dernières heures à la tête de la banque. Deux jours plus tard, en effet, chassé par Edouard Balladur, Premier ministre, l'orgueilleux patron devra quitter son fauteuil sous les lazzis, laissant le Crédit Lyonnais en ruine. Au mois de mars précédent, la banque a annoncé pour 1992 une perte de 1,85 milliard de francs, la plus importante de son histoire. Malgré les 500 millions de francs de plus-values dégagées grâce à la vente d'une partie des junk bonds d'Executive Life à François Pinault.

CHAPITRE 5

Pinault fait le lit de Peyrelevade

Quelques jours après la signature de la promesse de vente des junk bonds d'Altus à Artémis, François Pinault écrit à Jean-Yves Haberer une lettre très aimable [1]. C'est une lettre de château, une figure imposée. Mais très rapidement, alors que se précise la débâcle attendue des socialistes aux élections législatives de mars 1993, les rapports entre Pinault et ses partenaires vont se dégrader. Le 19 mars, deux jours avant le premier tour, François Pinault envoie à Jean-François Hénin... une lettre recommandée avec accusé de réception. Il s'y plaint du « manquant », sur l'une des sociétés qui lui a été promise, et exige des compensations. Car Pinault a appris que le Crédit Lyonnais vient de perdre un procès à propos de la mine australienne qui ne lui appartient plus [2]. Il avait déjà été choqué

1. « Je souhaite vous réitérer par-dessus tout l'importance que j'attache à la création d'Artémis comme une nouvelle étape dans la collaboration entre le Crédit Lyonnais et moi-même, écrit François Pinault. Unir une grande institution bancaire et un groupe industriel (...) nous permettra de bénéficier pleinement des opportunités d'intervenir dans les marchés internationaux. »

2. « Il a été récemment jugé qu'Altus Finance n'était titulaire d'aucun droit sur les mines de charbon australiennes, écrit Pinault. Cette décision étant confirmée en appel, nous devons considérer qu'il existe un man-

d'apprendre que l'entreprise de traitement de déchets, en pleine déconfiture, ne valait pas tripette, tandis que le fonds immobilier était beaucoup plus petit qu'annoncé. Bref : Hénin lui a promis du vent. Ne reste que la compagnie Executive Life.

Mais Pinault, qui s'est renseigné par la bande, apprend quelques jours plus tard qu'il y a, là aussi, un sac de nœuds : tout le processus de redressement d'Executive Life est suspendu au verdict d'une cour d'appel ; surtout, on lui explique qu'Altus ne peut-être le propriétaire des actions de la compagnie d'assurances. Encore une société que le Lyonnais lui a promise alors qu'il ne la possède pas ! La coupe déborde. Furieux, Pinault écrit alors une seconde lettre à Hénin au ton tout aussi comminatoire que la première. « Il semble aujourd'hui qu'Altus Finance n'ait eu aucun droit relatif à la compagnie d'assurances Aurora [Executive Life], écrit Pinault [1] : si cela devait se confirmer, il y aurait encore un manquant dont Altus Finance devrait compensation à Artémis Finance. » Cette lettre est transmise à François Gille qui la transmettra à son tour à Jean-Yves Haberer, cette fois sans commentaire.

Est-ce un hasard ? Cette lettre est envoyée quelques jours après les élections législatives. Le premier tour a confirmé la déroute attendue des socialistes : ceux-ci n'ont remporté que 17,9 % des suffrages, un de leurs plus mauvais scores historiques, contre 43,4 % pour l'UPF et les divers droite et 12,42 % pour le Front national. Déroute confirmée au second tour : la droite se retrouve avec 484 députés, contre 67 au Parti socialiste et 24 aux communistes. Le raz-de-marée est sans précédent : jamais personne n'avait disposé d'une telle

---

quant et qu'Altus Finance en doit compensation à Artémis. » Cette lettre sera transmise par Hénin à François Gille qui l'annotera de sa main : « Ceci me paraît totalement abusif. »

1. Lettre du 6 avril 1993 de François Pinault à Jean-François Hénin.

majorité parlementaire sous la Ve République, pas même le général de Gaulle au sortir de Mai 1968. Dès le lendemain, Pierre Bérégovoy donne sa démission, remplacé à Matignon par Edouard Balladur, comme le souhaitait Jacques Chirac, « son ami de trente ans ». Les Finances sont confiées à Edmond Alphandéry, un professeur d'économie lunatique.

Tous les appuis d'Haberer se dérobent du jour au lendemain. Il réagit d'autant plus mal aux lettres de Pinault, qu'il reçoit comme un coup de poignard dans le dos – en plus du crime de lèse-majesté. Comment un client, aussi important soit-il, peut-il traiter son banquier de la sorte ? Après le lit de roses – ou le pont d'or – qu'il lui a offert à deux reprises en six mois ? Haberer est vexé. Il fait connaître aussitôt son courroux à Alain Minc, à l'époque principal conseiller en stratégie de François Pinault. Comme le patron du Lyonnais, Minc est inspecteur des Finances, major de sa promotion à l'ENA. Il a les codes et l'outrecuidance de cette caste, même si les aléas de la vie et ses propres erreurs, lorsqu'il était aux manettes, l'ont conduit à se replier – avec talent – sur son métier de conseiller (d'un certain nombre de grands patrons en même temps que de la direction du journal *Le Monde*), bien éloigné de ses ambitions initiales. Minc mesure aussitôt les risques d'une rupture, alors que le groupe Pinault est endetté, auprès de la banque, pour plus de 20 milliards de francs. Il suggère à Pinault d'appeler Haberer pour relativiser la portée de ses lettres, ce que l'industriel, calmé, fera sans tarder.

Le patron du Lyonnais prend à son tour la plume, pour acter la reculade de Pinault et lui signifier qu'il ne lui est redevable de rien [1]. C'est une sèche mise au

1. Dans sa lettre du 15 avril 1993 à François Pinault, Haberer écrit notamment : « Vous avez bien voulu me dire qu'il n'y avait pas lieu de donner suite aux lettres par lesquelles vous demandiez à Altus la compen-

point. Pas question cependant pour Haberer, de pousser, lui aussi, à la rupture : le Crédit Lyonnais n'y a pas plus intérêt que le groupe Pinault, dont les destins sont désormais étroitement liés. Aussi Hénin et Haberer font-ils savoir à Pinault que, s'il n'en est pas propriétaire, Altus dispose de plusieurs garanties pour récupérer Executive Life. C'est à ce moment-là que François Pinault apprendra l'existence des contrats de portage passés avec la Maaf et le « groupe d'investisseurs » venus là pour rendre service au Crédit Lyonnais. Il n'en a cure. Ce n'est pas son problème : seul lui importe de savoir si, sur les sociétés promises, il pourra au moins récupérer Executive Life et le fonds immobilier.

Mais Pinault désormais se méfie. Il va prendre ses précautions. En préalable à la signature, le 24 mai, de l'acte final de vente des junk bonds d'Altus Finance à Artémis, il exige de Jean-Yves Haberer une lettre le protégeant contre tous les litiges concernant la propriété et la détention des biens apportés. Hénin, au nom d'Haberer, s'exécutera en des termes qui pourraient permettre à Pinault, le moment venu, de se retourner contre l'Etat français pour se faire rembourser l'ensemble de ses préjudices [1]....

---

sation de droits manquants. » Plus loin : « Il était parfaitement connu, en décembre 1992, que certains de ces droits comportaient des aléas et la notion de manquant n'a jamais constitué une protection contre ces aléas. »

1. « Nous nous engageons à prendre à notre charge exclusive toutes les conséquences financières (y compris les frais de procédure et de conseil dans la limite du raisonnable) des éventuels contentieux relatifs à la propriété et à la détention des biens apportés nés postérieurement à la date du 1er janvier 1993 et qui découleraient de faits antérieurs à cette date, écrit Jean-François Hénin à François Pinault, le 12 mai 1993 : Nos deux sociétés se concerteront sur l'attitude à adopter, étant entendu qu'en cas de divergence, la décision l'emportant sera celle de la société Altus Finance, sauf si votre société reprenait sa liberté de décision, la présente garantie cessant alors de s'appliquer. » Haberer s'engage même à ce que « les obligations de la société Altus Finance, au titre de la présente garantie, ne seront affectées en aucune manière par une quelconque

Le fossé entre Pinault, Haberer et Hénin va s'élargir en raison d'une affaire qui montre à quel point la France, en matière de pouvoir économique, est restée une république bananière. Une affaire où François Pinault va donner la mesure de sa détermination, Alain Minc celle de son influence ; en face, Jean-François Hénin y montrera son absence d'autonomie et Jean-Yves Haberer sa soumission à ceux dont il espère qu'ils le laisseront à son poste. Jean-François Hénin a été mandaté par la Garantie mutuelle des fonctionnaires (GMF) pour vendre la FNAC, cette chaîne de magasins spécialisés dans la vente de biens technologiques et culturels qui cultive la convivialité.

En compensation de l'aide qu'ils lui ont apportée, Jean-François Hénin propose la FNAC à Gilbert Wahnich, Frank Ullmann, Gilles Silberman et Jean-Pierre Andrevon, ceux-là mêmes qu'il avait appelés au secours dans l'affaire Marland. Hénin a connu Ullmann chez Thomson, ou il jouait sur les marchés à risque, en tant que consultant [1]. Dans le passé, les « quatre mousquetaires » ont été les rabatteurs pour François Pinault. Andrevon fut même le directeur général du groupe Pinault. Les quatre mousquetaires proposent à Hénin de reprendre la FNAC avec François Pinault, avec qui ils souhaitent renouer. Mandaté par eux, Hénin va voir Pinault :

— C'est une excellente affaire à fort potentiel, que la GMF n'a pas su développer. Elle compléterait parfaitement vos activités dans la distribution.

— Sans doute, mais pourquoi irais-je m'associer avec ces gauchistes ?

---

modification de la situation juridique et/ou le changement de contrôle de la société Altus Finance ». Cet engagement sera repris dans le traité d'apport lui-même.

1. Ullmann a été auparavant, pendant sept ans, un agent du Mossad. Il a traqué pendant des années les nazis en Amérique du Sud.

Pinault plaisante. Comme à son habitude, si l'affaire est bonne, il veut la garder pour lui tout seul. Or il sait que ses anciens rabatteurs ne sont pas de taille à reprendre seuls la FNAC. Alain Minc le conforte dans cette idée. Il voit d'un très mauvais œil le retour des mousquetaires. Il avait convaincu Pinault de rompre avec eux pour entrer dans le véritable establishment des affaires, là où l'on peut gagner vraiment beaucoup d'argent, tout en se parant des plumes de la respectabilité. Mais le conseiller en stratégie a d'autres motivations. Il veut garder Pinault pour lui tout seul : c'est un excellent cheval, un gagneur, qui lui assure d'importants revenus. Il voit d'un mauvais œil l'arrivée de Jean-François Hénin à ses côtés. Aussi va-t-il se lancer dans une entreprise de démolition en règle du patron d'Altus et des quatre mousquetaires. Et assurer à Pinault qu'il lui suffit d'attendre : la FNAC tombera, comme un fruit mûr.

C'est alors que Jean-François Hénin va tenter de doubler François Pinault, son deuxième patron. Au nom d'Altus et du Lyonnais, Hénin, associé à Jean-Marc Oury, au nom de la Compagnie immobilière Phénix et de la Générale des Eaux, se porte acquéreur de la FNAC, avec une promesse de rétrocession partielle aux quatre mousquetaires. C'est une opération en or car le prix de vente est très bas [1]. Un protocole de vente est signé. Quand Pinault l'apprend, il entre dans une violente colère. Il convoque Minc. Il faut, lui enjoint-il,

1. La raison de ce prix bas est assez piquante. Jean-Louis Pétriat, patron de la Garantie mutuelle des fonctionnaires (GMF), propriétaire de la FNAC, s'était embarqué dans un projet immobilier plus qu'aventureux, avec des risques pénaux, dans l'île franco-hollandaise de Saint-Martin. Il y avait un marché secret : en contrepartie d'un prix peu élevé pour la FNAC, l'acheteur devait reprendre en parallèle ce projet immobilier. Mais Pétriat, patron papillonnant, ignorait que la GMF n'en détenait pas effectivement les titres de propriété ! Gilles Silberman, lui, le savait. Dès lors, il achetait la FNAC au prix convenu, en s'engageant à reprendre le programme de Saint-Martin. Tout en sachant que l'opération de contrepartie ne pourrait pas se faire !

faire échouer la vente. Minc va aussitôt s'y employer. Il agite tout Paris. Il téléphone à Hénin :

— Ici Alain Minc. Il faut immédiatement arrêter cette vente. Je vous interdis de signer.

— Mais qui êtes vous, jeune homme, pour m'interdire quoi que ce soit ? En plus, vous vous adressez à la mauvaise porte. Ce n'est pas moi qui signe, mais Jean-Yves Haberer.

Minc prend son téléphone, appelle Jean-Yves Haberer, major de l'ENA comme lui :

— Pourquoi faites-vous cela ? Vous êtes fou !

— Pas le moins du monde. J'ai acheté la FNAC sur la base d'un prix global de 3 milliards de francs. Elle va dégager 300 millions de bénéfices par an. Sa valorisation, calculée sur quinze ans, est de 4,5 milliards. J'ai donc fait une excellente affaire.

Minc convoque alors Hénin pour un petit déjeuner d'explication, au cours duquel il lui met le marché en main. Simple comme bonjour : ou il cède, ou son patron saute, et lui avec. De son côté, François Pinault appellera lui-même Haberer : « Nous ne nous sommes pas compris, sans doute parce qu'on vous a mal expliqué. Je veux la FNAC. C'est le complément naturel de mes activités, vous devez en être conscient. » Le patron d'Artémis enverra aussi une lettre comminatoire à Edmond Alphandéry, mettant en cause les méthodes d'Haberer au Crédit Lyonnais. Les différents épisodes de cette histoire insolite ont été racontés en détail dans plusieurs livres [1]. Jean-François Hénin donnera lui-même sa version dans la série qu'Arte a consacrée à l'affaire du Crédit Lyonnais, en affirmant, face caméra, que Minc s'était carrément prévalu de la proximité de

1. Notamment *Série noire au Crédit Lyonnais*, par Fabrizio Calvi et Jean-Michel Meurice, Albin Michel, 1999. *Le Commerce des illusions*, Stéphane Marchand, J.-C. Lattès, 1999, et *Les Intouchables,* par Ghislaine Ottenheimer, Albin Michel, 2003.

ses relations avec Edouard Balladur et son directeur de cabinet Nicolas Bazire pour exercer ce chantage. Minc démentira...

Début juillet, Pinault se découvre dans une interview aux *Echos*, où il se déclare candidat à la reprise de la FNAC. Soumis à une pression intense de Pinault, de Bercy, de Matignon, de l'Elysée, Haberer ne tardera pas à craquer. « Rien n'est signé », déclare-t-il à l'AFP. « Faux », répondent les mousquetaires, qui assignent le Crédit Lyonnais et s'adressent à la Commission des opérations de Bourse. En vain : comme toujours, la COB choisit le camp de l'establishment. Alain Minc est président de la société des lecteurs du *Monde* ; il est très proche de Balladur, mais ses réseaux vont bien au-delà. *Le Monde* publie un rapport préliminaire de la Cour des comptes où les quatre mousquetaires sont présentés comme des escrocs. Ils sont l'objet d'un contrôle fiscal, alors que Nicolas Sarkozy est secrétaire d'Etat au Budget du gouvernement Balladur. La justice elle-même, comme à son habitude, souffle dans le sens du vent. Les quatre mousquetaires sont mis en examen dans l'affaire Marland, ce qui leur interdit d'intenter un procès au Lyonnais [1] !

François Pinault et Alain Minc ont gagné la partie. Haberer a cédé : la banque conserve donc – provisoirement – la FNAC, la gardant au chaud pour le patron d'Artémis. Mais entre François Pinault d'un côté, Jean-François Hénin et Jean-Yves Haberer de l'autre, la faille est désormais géante. Pinault va congédier Hénin, sans lui payer le bonus sur les résultats d'Artémis qu'il

1. Dans le rapport définitif de la Cour des comptes, il ne restera aucune des accusations qui avaient figuré dans le rapport préliminaire, repris par *Le Monde*. Et en juillet 1998, la chambre d'accusation de Toulouse annulera les mises en examen d'Andrevon, Ullmann, Silberman et Wahnich. La caution de 10 millions de francs leur sera rendue.

lui a promis. Il est vrai que sa contribution a été négative. L'époque bénie de Thomson est bien révolue. Hénin a multiplié les erreurs d'analyse. Il a cru, par exemple, que le franc français sortirait, comme la livre, du serpent monétaire; que les politiques, de gauche comme de droite, finiraient par céder sur le franc fort, qui étouffait la croissance et nourrissait le chômage de masse. Certes, il fait partager ses choix à Pinault : Hénin n'avait pas le droit d'engager la moindre dépense sans son aval. Mais le patron d'Artémis perdra une petite fortune en jouant la dévaluation du franc qui n'a jamais eu lieu. Perdre, c'est quelque chose que François Pinault ne supporte pas. Le patron d'Altus est prié d'aller spéculer ailleurs.

Mais Pinault et Minc ont aussi décidé de lâcher Jean-Yves Haberer. Après les fausses promesses sur les mines de charbon australiennes et la compagnie Executive Life, l'affaire de la FNAC a montré à Pinault qu'il était pas un homme sûr. Minc ne dissimule pas ses intentions. « Je vais tuer Haberer, dit-il à l'encan : il ne s'en relèvera jamais. » La solidarité des inspecteurs des Finances a trouvé là ses limites. De toute façon, le patron du Crédit Lyonnais perd peu à peu tous ses appuis. La gauche a été laminée. Le suicide de Pierre Bérégovoy, le 1er mai 1993, au bord d'un canal, à Nevers, a symbolisé l'effondrement d'un certain nombre de chimères parmi lesquelles celle de la banque industrie, devenue si chère à Haberer. On commence à s'interroger sur la véracité des comptes du Crédit Lyonnais. Les pertes réelles ne se compteraient pas en centaines de millions, mais en milliards de francs.

Pour remplacer Haberer, il faut avoir un successeur sous la main. Aux yeux de Minc, un seul nom s'impose : celui de Jean Peyrelevade, alors président de l'Union des assurances de Paris (UAP), où la gauche l'a nommé en 1988. Polytechnicien, ingénieur aéronautique de formation, banquier de circonstance, il a été, en 1981, directeur adjoint de cabinet de Pierre Mauroy, à Matignon, avant de présider la Compagnie financière de Suez. Minc et Peyrelevade ont été très proches au début des années 80 : ils étaient de gauche mais se piquaient de connaître le monde de l'entreprise; ils intervenaient à tout bout de champ dans les journaux pour prôner les vertus d'un capitalisme rénové, encadré par la puissance publique; ils incarnaient l'esprit de renouveau qui allait souffler dans le vieux monde vermoulu du capitalisme de papa; ils ont beaucoup contribué à bloquer la tentation mitterrandienne de sortir le franc du serpent monétaire européen; ils défendaient les bons gestionnaires – bien peu nombreux à leurs yeux – et fustigeaient la plupart des patrons alors au pouvoir; l'argent, disaient-ils, était pour eux secondaire. Ils faisaient croire – mais peut-être étaient-ils sincères – qu'ils voulaient moraliser le système, alors qu'ils rêvaient de s'en emparer.

Mais comment faire admettre par Balladur la nomination, à la présidence du Crédit Lyonnais, d'un homme toujours catalogué à gauche, même s'il a depuis longtemps mis de l'eau dans son vin? Balladur avait pris la décision de sortir Peyrelevade de l'UAP pour le remplacer par Jacques Friedmann, un gaulliste charmant, à l'incompétence reconnue, mais tellement docile... Alain Minc, qui est passé du socialisme tempéré au balladurisme effréné, va faire un lobbying intensif auprès du Premier ministre, en lui faisant miroiter quatre avantages : marquer sa différence avec le clanisme chiraquien en nommant un patron classé à gauche; libérer l'UAP pour Friedmann; refiler le bâton merdeux à un socialiste avec, c'est le quatrième avantage, une bonne chance de redresser le Lyonnais. Car nul ne nie les compétences de Peyrelevade. Il sera temps, après, de le mettre à l'écart.

Dès octobre, Pinault sait, par Minc, que le schéma proposé a été retenu. Il croise Peyrelevade à une remise de Légion d'honneur :

— Laissez-moi vous féliciter. Nous allons être amenés à travailler étroitement ensemble.

— J'en serais ravi, mais ce n'est pas fait. De toute façon, ce ne sera pas une sinécure. Selon mes informations, le trou atteindrait 25 milliards de francs.

— 25 milliards ? Vous voulez rire. Ce n'est pas possible.

— Si, je vous l'assure. Pourquoi croyez-vous qu'ils songent à me nommer ?

C'est à ce moment-là seulement que Pinault découvre l'ampleur du désastre. Devant une telle perte, les enquêtes vont se multiplier, la presse va se déchaîner, les relations entre son groupe et le Crédit Lyonnais vont être épluchées. Il est partagé. Il n'oublie pas les faveurs dont il a bénéficié de la part d'Haberer et d'Hénin mais, en même temps, il réalise qu'il aurait pu obtenir plus s'il avait su la gravité de la situation.

Quelques jours plus tard, Bernard Tapie apprend lui aussi le prochain remplacement d'Haberer par Peyrelevade. Avec effroi : alors candidat à la mairie de Marseille, Tapie sait que ce dernier – né dans le quartier populaire de la Belle de Mai – le déteste, lui et tout ce qu'il représente. De tous les créanciers du Lyonnais, il est le plus médiatique. L'ancien ministre de la Ville s'est engagé avec la banque dans des montages acrobatiques et est endetté jusqu'au cou. Si Peyrelevade tire le tapis, il est mort. Il va s'agiter pendant trois semaines, avec le soutien de Charles Pasqua, ministre de l'Intérieur, pour laisser Haberer en place. Pasqua tentera de convaincre Edouard Balladur et Nicolas Bazire, son jeune directeur de cabinet, qu'il serait préférable de garder Haberer à la tête du Lyonnais pour y faire le ménage, car lui seul connaît tous ses engagements secrets et garde des moyens de pression sur ses clients, quitte à nommer un directeur général qui ferait, seul, marcher la boutique.

Cet argument n'est pas retenu. Haberer doit expier ses fautes. Le 11 novembre 1993, il est donc remplacé par Jean Peyrelevade. Mais comme Haberer est inspecteur des Finances, il n'est pas question de le laisser sur le carreau. Douce France. Il est donc nommé à la présidence du Crédit National...

Hénin s'en va dès le mois suivant, poussé dehors par Peyrelevade qui a une dent contre lui [1]. Là encore, pas question de le jeter à la rue. Peyrelevade autorise le Crédit Lyonnais à vendre à Hénin, au prix nominal, une petite société financière, cotée à Paris : Eaux et Electricité de Madagascar. Recapitalisée par Laurent Dassault, l'un des fils de l'avionneur, et par... la Maaf, la société investira dans l'hôtellerie au Vietnam. De surcroît, le Lyonnais prêtera 150 millions de dollars à Hénin pour acheter des parts du fonds Apollo et participer au festin, mais en bout de table. C'est un cadeau d'adieu – et peut-être le prix du silence. Assumée « naturellement » par Peyrelevade, la transaction avait été négociée avec Haberer. Hormis Hénin, Jean Peyrelevade n'écartera pas les collaborateurs d'Haberer, en tout cas pas immédiatement. Il est arrivé au Crédit Lyonnais accompagné d'un seul collaborateur, Dominique Bazy [2]. Tous deux confirment Claude-Eric Paquin pour succéder à Hénin à la tête d'Altus, avec pour

1. Quatre ans plus tôt, Thomson Finance négociait le rachat de la petite banque Stern, que présidait alors Peyrelevade, après avoir été débarqué de la Compagnie financière de Suez. Jean-François Hénin avait posé une condition à Edouard Stern, le jeune propriétaire : « On veut bien tout reprendre, mais pas Peyrelevade, c'est un con. » Stern, un rien vicieux, avait aussitôt répété le propos à l'intéressé, ce qui explique la haute estime qu'il portait à Hénin, devenu son subordonné !

2. Plus tard, Peyrelevade fera venir Pascal Lamy qui prendra peu à peu l'ascendant sur Bazy dont le territoire se rétrécira comme peau de chagrin, jusqu'à son départ.

mission de récupérer le contrôle de toutes les sociétés où la banque a mis de l'argent et de vendre celles qui permettent de dégager une plus-value.

Avec le remplacement d'Haberer par Peyrelevade, chacun pense qu'une époque se termine et qu'une autre commence. Ce n'est vrai qu'en partie. Peyrelevade n'oublie pas les conditions de sa nomination : il fera nommer administrateurs du Lyonnais trois de ses quatre grands créanciers – Jean-Luc Lagardère, Bernard Arnault et François Pinault – ceux-là mêmes qui l'ont soutenu auprès d'Edouard Balladur, réservant ses foudres pour le quatrième, Tapie, qui a tenté de faire barrage. Qui ne se souvient de la chasse au Tapie, avec caméras convoquées le jour du déménagement de ses meubles devant son hôtel particulier, avec ses nombreuses mises en examen et, pour finir, de son passage par la case prison ? Faire tomber Tapie : Jean Peyrelevade en a fait une affaire personnelle [1]. En revanche, il sera au petit soin pour ses grands créanciers administrateurs. En particulier avec François Pinault : quelque temps après son installation, Peyrelevade lui cédera la FNAC, par une « enchère » dont Artémis sera pratiquement le seul enchérisseur. Pinault achètera les 66,6 % détenus par Altus pour 1,336 milliard de francs, une somme modeste par rapport au 1,176 milliard qu'il paiera, plus tard, pour les 33,3 % encore détenus par la Compagnie immobilière Phénix ! C'est le troisième cadeau de la banque publique à François Pinault en moins d'un an [2].

Jean Peyrelevade a-t-il aussi chaussé les bottes d'Haberer et d'Hénin pour poursuivre, en toute connais-

1. Voir *Le Flambeur, la vraie vie de Bernard Tapie*, Valérie Lecasble et Airy Routier, Grasset, 1994.

2. L'affaire valait autour de 4 milliards de francs. Dominique Bazy reconnaîtra plus tard que la FNAC aurait pu être vendue plus cher s'il y avait eu d'autres acheteurs que Pinault.

sance de cause, « la plus grande fraude jamais commise par une entreprise sur le territoire américain », comme le dira plus tard, sans faire dans la nuance, Debra Yang, procureur de Californie ? C'est évidemment la question à quelques milliards de dollars, à laquelle l'accusation répondra résolument oui, justifiant en cela le refus d'accorder au Lyonnais le bénéfice du *national treatment*, en affirmant, le 16 janvier 2003, la continuité de la faute et des mensonges (voir Prologue). La mise en cause de Jean Peyrelevade reposera, en premier lieu, sur le fax qu'il reçoit à 18 h 45 le vendredi 10 décembre 1993, un mois après son installation dans le bureau présidentiel. Signé par Gilles de la Palme, un dirigeant d'Altus, il agrège trois notes confidentielles rédigées les jours précédents par les responsables d'Altus sur les liens entre François Pinault et le Lyonnais. On peut y lire : « Altus est engagé par un accord signé en décembre 1992 pour permettre à Artémis d'acquérir les actions disponibles (67 %) de la coquille de la compagnie d'assurances [Executive Life], débarrassée de ses junk bonds. Artémis va nous notifier rapidement son intention d'acquérir cette participation pour une somme de 71 Mdollars, égale au prix d'acquisition de 67 Mdollars augmenté d'un coût de portage évalué aujourd'hui à 4 Mdollars. Bien que nous ne soyons pas engagés à le faire, Artémis souhaite bénéficier d'un financement à 100 % du montant de cet actif. Pour un motif de réglementation américaine, il n'est pas souhaitable d'accéder directement à cette demande, mais plutôt de financer l'acquisition de Château Latour, par exemple [1]. »

1. Une note fait le point de la prise de contrôle d'Executive Life. On peut notamment y lire : « Au regard de la réglementation américaine sur les sociétés d'assurances, ni le Crédit Lyonnais ni nous-mêmes ne pouvons posséder ces actions (...). En conséquence elles sont/seront détenues avec un engagement à acheter et un droit de substitution par la Maaf (25 %), Alain Mallart (17 %), Fimalac (15 %) et Omnium Genève (10 %). » Plus loin : « Artémis a exprimé sa volonté d'acheter sa partici-

Ce vendredi soir, à la veille du week-end, Jean Peyrelevade lit rapidement ce fax le stylo à la main et l'annote machinalement, en gribouillant un simple « non », en face du passage qui indique un accroissement des engagements de la banque auprès de Pinault, la seule chose qui le préoccupait vraiment. C'est sa version. Preuve de son désintérêt : il rend le fax à sa secrétaire qui le renverra à l'expéditeur. Pourquoi ne pas le croire ? Mais si Peyrelevade ne s'est pas attardé sur ce fax, c'est sans doute parce qu'il connaissait déjà, pour l'essentiel, la nature des relations avec le groupe Pinault, y compris le dossier Executive Life, sous ses deux versants : les junk bonds et la compagnie d'assurances. Hénin affirme même que Peyrelevade était au courant de tout le montage, y compris le détail des portages, dès avant sa nomination et qu'il lui a proposé de tout prendre sur lui, lui assurant une protection hypothétique. Bien entendu, Peyrelevade dément. Il reconnaît simplement qu'avant sa nomination, un banquier lui a révélé les opérations de portage sur les junk bonds en le mettant en garde sur les risques de devoir les racheter à Pinault et de se mettre, de ce fait, en situation irrégulière vis-à-vis de la FED. Toujours avant sa nomination, il « convoque » François Gille, pour y voir plus clair :

— Pourquoi le Lyonnais a-t-il vendu si vite ses junk bonds ?

— Parce que la transformation de ces junk bonds en actions allait nous mettre en infraction avec la législation américaine.

---

pation à la condition qu'on lui fournisse le financement, mais ceci n'a pas encore été confirmé... Artémis a demandé, dans le cadre de l'achat de la compagnie, l'approbation du commissaire californien aux assurances. » Plus loin encore : « Il est maintenant clair que pour des raisons liées à la gestion des détenteurs de contrats d'Executive Life qui doivent choisir de clore leur police ou de la poursuivre, il sera difficile de faire des modifications aux accords de portage avant le 1er trimestre 1994. »

— Mais il n'y avait pas une telle urgence ! Avec l'accord de la FED, le Lyonnais aurait pu vendre ses junk bonds au coup par coup, de façon plus avantageuse.

— Il y avait une autre raison, reconnaît François Gille : nous avions besoin de réaliser des profits pour compenser partiellement nos pertes.

— Cette vente est-elle irréversible ? Est-elle entachée de conditions secrètes ?

— Non. Elle est pure et irrévocable.

Peyrelevade affirme que jamais il n'a entendu parler d'Executive Life, la compagnie d'assurances elle-même. Une position qu'il tiendra fermement, en dépit de nombreux éléments montrant qu'il ne pouvait pas ignorer les tenants et les aboutissants du dossier, du moins dans ses grandes lignes. Ne serait-ce qu'en raison de son importance pour la banque, de ses réseaux d'information personnels et de sa propre capacité de synthèse.

La position de déni absolu de Peyrelevade est d'autant plus inconfortable que, dès le lendemain, il va voir Pinault. Les deux hommes affirmeront plus tard qu'il s'agissait tout simplement d'une visite de politesse – un samedi ! – comme le patron du Crédit Lyonnais en a rendu à tous ses grands clients : « Nous avons parlé du Crédit Lyonnais au sens large, de ses liens avec Artémis, mais à aucun moment le dossier Executive Life n'a été abordé », diront-ils, l'un comme l'autre, à leurs accusateurs. Peyrelevade ajoutera, devant la FED : « J'ai dit à François Pinault que le niveau d'endettement d'Artémis auprès du Lyonnais était trop élevé. » Exactement le passage qu'il avait annoté dans le fax reçu la veille. Mais peut-on sérieusement croire que le dossier Executive Life n'a pas été abordé, dans ses grandes lignes, sinon dans ses moindres détails ? Il est à l'origine d'une augmentation significative de l'endettement du groupe Pinault auprès du Lyonnais jusqu'à atteindre 80 % des fonds propres de la banque ; la réunion se passe au moment où Artémis exerce son option pour acheter Executive Life, opération financée à 100 % par le Lyonnais ; et au moment où, pour des raisons fiscales, le groupe Pinault va transférer son portefeuille de junk bonds dans une société américaine opaque, enregistrée dans le Delaware : Artémis America. Peut-on imaginer que Pinault n'ait rien évoqué de tout cela avec le patron du Crédit Lyonnais, actionnaire à 25 % d'Artémis ?

Visite protocolaire d'un banquier à son premier client ? Cette version minore en outre la nature des relations entre les deux hommes. Pinault s'est non seulement démené pour faire nommer Peyrelevade à la présidence du Crédit Lyonnais : en 1996, il interviendra auprès de Jacques Chirac pour empêcher Alain Juppé de le démettre, comme le Premier ministre en avait l'intention. Plus significatif encore : après une alerte de santé, François Pinault choisira Peyrelevade parmi les régents chargés d'encadrer et former son fils François-Henri pour reprendre son groupe, au cas où il lui arriverait malheur. Peut-on imaginer marque de plus grande confiance ? Les deux hommes sont très proches. Seraient-ils du genre à s'en tenir aux généralités, sans aborder le fond d'un dossier aux enjeux si considérables ? C'est peu vraisemblable. Peyrelevade n'aurait été au courant de rien. Comment le croire ? Plusieurs anciens dirigeants de l'époque affirment que « tout le monde parlait du problème Executive Life à l'étage de direction du Crédit Lyonnais ». De fait, le lundi suivant la réception du fax et la visite à Pinault, lors d'une réunion du comité exécutif du Crédit Lyonnais, son nouveau président déclare à propos d'Executive Life : « Bazy m'a montré le papier sur Artémis. Cela me laisse rêveur. » François Gille, de son côté, a rappelé qu'Artémis doit « obtenir le financement d'un tiers » pour acquérir la compagnie d'assurances, que le Lyonnais « ne devrait rien financer à 100 % » et que son soutien à Artémis pourrait créer « un problème avec la FED [1] ».

Sous la présidence de Peyrelevade, les relations avec le groupe Pinault seront tout aussi étroites qu'à l'époque Haberer. En particulier à propos du dossier Executive Life. Dès janvier, la mauvaise habitude de rectifier les documents internes va se reproduire. A la demande de Peyrelevade et de Bazy, Clinvest, la banque d'affaires du groupe, détaille pour eux l'ensemble de l'opération. Dans le mémo qu'elle leur remet le 13 janvier, on peut lire qu'Artémis s'est engagée à acquérir des actifs « portés par différents investisseurs pour le compte d'Altus Finance ». Les portages sont détaillés, avec leurs coûts pour la banque. Il est précisé que les investisseurs sont financés respectivement par la banque Colbert et la SDBO, toutes deux filiales du Lyonnais. La note précise enfin qu'en raison du choix des assurés d'Executive Life (ils poursuivent leur contrat ou sortent en cash avec 81 % de leur mise), « il semble prudent de mettre un terme aux portages en cours seulement après le 9 février 1994 ». Or cette note sera rectifiée la semaine suivante. Le document définitif est plus évasif : « Artémis a exprimé le souhait d'acquérir les actions détenues par différents investisseurs. » Le terme de portage a disparu. Qui a exigé la rectification ? Au même moment, la direction demande à un certain Denis Lion, en charge, le malheureux, de surveiller le respect des différentes réglementations, de ne pas mettre son nez dans le dossier de la vente de la

1. Le Crédit Lyonnais contrôle 24,5 % d'Artémis mais pour satisfaire à la législation américaine, la banque accepte de ne faire entrer aucun administrateur au conseil de la société.

compagnie Executive Life, comme on lui avait demandé de le faire avec celle de ses junk bonds.

Autre tour de passe-passe : le détournement du prêt accordé à François Pinault pour acheter Executive Life. Le 18 mars 1994, le président du Crédit Lyonnais préside un comité des investissements qui approuve une ligne de crédit de 450 millions de francs à Artémis. Celle-ci est officiellement affectée au refinancement de Château Latour, alors que Pinault a déjà acheté cash ce grand cru bordelais. L'argent sera donc utilisé pour acquérir Executive Life, sans que le Crédit Lyonnais apparaisse dans les documents qui seront fournis aux Américains.

Le Crédit Lyonnais estimait alors que l'adossement à Château Latour était le moins risqué de tous, en dépit du fait qu'il accroissait l'exposition de la banque vis-à-vis du groupe Pinault.

Finalement, le crédit de 450 millions de francs sera bel et bien versé le 19 août 1994, au titre de Château Latour, quelques jours avant l'achat effectif d'Executive Life par Artémis. En faisant entrer François Pinault (comme d'ailleurs Bernard Arnault et Jean-Luc Lagardère) à son conseil d'administration, tandis que Lacharrière en est sorti, Peyrelevade s'est enfermé dans une nasse. Comment résoudre les conflits d'intérêts avec ses clients qui sont en même temps ses administrateurs, donc ses contrôleurs ? Les relations entre le Crédit Lyonnais et Pinault étaient intimes sous Haberer. Sous Peyrelevade, pourtant chantre infatigable de « la bonne gouvernance » des entreprises et promoteur des « administrateurs indépendants », elles sont devenues incestueuses.

CHAPITRE 6

Zizanie dans le village gaulois

Pendant quatre ans, de 1994 à 1998, une chape de plomb va retomber sur l'affaire. Tout au plus sait-on que François Pinault, avec l'achat des junk bonds d'Executive Life, a réussi une excellente opération, sans doute la plus belle – et la moins contestable, reconnaissent ses détracteurs – de sa carrière qui en est pourtant ponctuée. Nul ne sait que, pour avoir l'autorisation d'acheter la compagnie Executive Life elle-même, le *tycoon* français va devoir se livrer à un périlleux numéro de funambule. Et dire à ses autorités de tutelle une chose et son contraire, de chaque côté de l'Atlantique.

Car il y a un os. Un gros. Il s'appelle Forest Product International (FPI). Lorsqu'il n'était qu'un petit industriel du bois plus malin que les autres, François Pinault pratiquait, depuis Rennes, à grande échelle, l'évasion fiscale. Il n'est pas de grande fortune qui ne cache un immense crime, disait Balzac. Un crime ? Non, mais assurément un délit. Dans son ouvrage sur Pinault [1] Pierre-Angel Gay a raconté en détail comment le jeune Breton, qui importait du bois de Scandinavie, utilisait

1. *François Pinault milliardaire...*, Balland.

des sociétés étrangères qui lui appartenaient : elles achetaient le bois avant de le revendre plus cher à sa société française, au nez et à la barbe du fisc : autant d'impôts sur les bénéfices en moins du côté français et autant d'argent, pour lui, à l'étranger. Au fil des ans, l'homme d'affaires a pu se constituer ainsi une véritable fortune personnelle. Mais Pinault était, et est toujours, un entrepreneur : pas question pour lui de profiter, comme tant d'autres, de ce genre de pactole pour aller prendre une retraite dorée sur les bords du lac Léman ou pour aller chasser l'ours en Roumanie. Cette cagnotte cachée, il fallait la réinvestir en France, dans ses affaires officielles. Bref, la blanchir.

Avec la complicité active du Crédit Lyonnais – une banque publique, est-il besoin de le rappeler ? – François Pinault a donc dissimulé cette fortune dans une société de droit néerlandais, sans renoncer au plaisir du jeu de mots : pour les rares initiés, FPI devait se lire « François Pinault International ». Le droit néerlandais autorise tous les arrangements qui permettent de dissimuler les véritables propriétaires d'une entreprise. Tout est donc passé par Crédit Lyonnais Oyens Van Eeghan, une discrète filiale de la banque française, avec laquelle Pinault a passé un contrat dit de *trustee*. Un contrat en forme de chauve-souris : voyez mes ailes, j'appartiens au Crédit Lyonnais, voyez mes pattes, mon vrai propriétaire est François Pinault.

Enregistré à Curaçao, dans les Antilles néerlandaises, en partie contrôlé par des fonds d'Afrique du Sud, présidé par John Ryan, un Américain vivant en Suisse, ami de longue date de Pinault, FPI détiendra, au fil des ans, une participation dans la Financière Pinault qui évoluera, au gré des circonstances, entre 15 % et 33 %, le plus souvent autour de 25 %. En France, pendant des années, voyez mes ailes, Pinault affirmera que FPI appartient au Crédit Lyonnais. C'est ce qu'il déclarera régulièrement au fisc. Et c'est même ce qu'il signera dans le prospectus d'introduction en Bourse de son groupe, en 1988. Pourtant, nul n'a jamais pu dire que le groupe Pinault était contrôlé par le Crédit Lyonnais : le rapport de force visible entre l'industriel et sa banque ne laissait guère de doute. Personne ne peut croire que Pinault a été une marionnette d'Haberer !

Mentir au fisc et aux autorités de marché, en France, est un délit. Mais ce n'est pas un crime, comme aux Etats-Unis. Or, en 1994, le département des assurances s'inquiète du poids du Crédit Lyonnais sur François Pinault : la banque est présente à tous les étages de son groupe et lui prête des sommes colossales. L'administration californienne lui demande donc de préciser, sous serment, à qui appartient réellement FPI, propriétaire à l'époque de 33 % de la Financière Pinault. Si FPI est détenu par le Crédit Lyonnais, qui possède par ailleurs 19,5 % de la Financière Pinault, la messe est dite : le groupe Pinault est une filiale de la banque et ne peut d'aucune façon acquérir une compagnie d'assurances californienne.

Aussi, le 17 mars 1994, dans le cadre de sa déclaration écrite à la justice américaine, François Pinault se résout-il à dire la vérité : il affirme au département des assurances que FPI lui appartient personnellement, même s'il n'en a pas la propriété juridique. Il certifie, voyez mes pattes, qu'il « contrôle Forest Product International (FPI) qui possède 2 051 actions ou 32,95 % des actions de la Financière Pinault » ; que « FPI n'est pas contrôlé par le Crédit Lyonnais ni par aucune société qui lui est affiliée ». C'est un scoop, mais celui-ci devra rester dans les dossiers du département des assurances. Pinault fait en effet acter que « cette information, strictement confidentielle, est donnée exclusivement pour remplir [le formulaire] nécessaire à l'acquisition des actions [d'Executive Life] par Artémis et sera seulement transmise, à sa demande, à M. John Garamendi en tant que commissaire aux assurances de l'Etat de Californie ». De fait, la chauve-souris va rester vivante plusieurs années encore, jusqu'en 2001.

En déclarant aux Américains qu'il a le plein contrôle de FPI, François Pinault prend des risques mais il les croit limités. Il a la garantie d'une confidentialité absolue – ce qui engage l'administration américaine, y compris au plan pénal. Surtout, ses avocats lui ont assuré que ses interlocuteurs californiens se moquent de ses acrobaties fiscales françaises comme de leurs premiers cheese-cakes. Ce qui n'est pas tout à fait vrai : son attitude vis-à-vis des autorités françaises entachera sa crédibilité, vis-à-vis de l'administration et surtout, plus tard, vis-à-vis de la justice américaine. De plus, François Pinault ne peut pas imaginer que ses déclarations seront transmises à Bernard Arnault, contre lequel il est en guerre pour le contrôle de Gucci, par la société Kroll qui croisera, contre toute déontologie, ses clients et ses dossiers [1], et qu'elles viendront à la connaissance du fisc, de syndicalistes puis du grand public, l'obligeant à négocier un énorme arrangement fiscal (comme on le verra au chapitre 14).

Pour l'heure, Pinault se croit bordé. D'autant que la Financière Pinault est une société en commandite sur laquelle ni le Lyonnais ni l'Etat français ne peuvent avoir d'influence. Il ne se rend pas compte que ce statut particulier, sans équivalent en droit américain, cette

1. En juillet 1994, dans un organigramme fourni au DOI par le cabinet Akin, Gump, Strauss, Hauer & Feld, François Pinault précise qu'il contrôle à 100 % FPI... Cet aveu est cité dans le rapport « Opus » de Kroll Associates, qui raconte en détail les relations FPI-Pinault en évoquant le fait que Pinault a laissé croire pendant plusieurs années, y compris dans les documents fournis à la COB, que le Crédit Lyonnais était derrière FPI. Voir à ce sujet *L'Ange exterminateur, la vraie vie de Bernard Arnault,* par Airy Routier, Albin Michel, 2003.

muraille de Chine entre les actionnaires et le gérant, n'étant pas prise en compte par les lois californiennes et fédérales, n'aura pas la moindre incidence sur son dossier.

Quand ils veulent séparer la propriété et le pouvoir, les Américains utilisent ce qu'ils appellent le *voting trust*. C'est un écran, utilisé par exemple lorsque des entreprises étrangères achètent des sociétés qui travaillent pour la défense nationale : composé d'Américains, le voting trust gère la société et lui seul a accès aux secrets de fabrication. C'est très exactement ce que va exiger le département des assurances d'Artémis, le 31 août 1994, comme condition de son approbation au rachat des actions Executive Life détenues par les investisseurs français. Car les liens étroits, mouvants et complexes entre le Crédit Lyonnais et le groupe Pinault sont jugés suspects. La muraille doit être plus haute. Infranchissable. Le but est donc d'« isoler les actions détenues par Artémis du contrôle ou de l'influence, actuelle ou potentielle, du gouvernement français ». L'accord entre Pinault et le département des assurances stipulait que ce *voting trust* serait composé de trois personnes – les *trustees* – seules habilitées à exercer les droits de vote. Condition impérative : aucun d'entre eux ne devait être lié, de quelque manière que ce soit, au Crédit Lyonnais. François Pinault choisit donc les trois trustees d'Artémis : John Ryan, le patron de FPI, John Kellog (un ancien de chez Renault aux Etats-Unis) et... lui-même.

Pinault va alors commettre une faute, la seule qu'il reconnaîtra dans l'ensemble du dossier Executive Life. En 1993, lorsque le voting trust est négocié, une avocate au service d'Artémis remplit un formulaire où elle certifie que François Pinault n'est « ni contrôleur, ni administrateur, ni salarié » du Crédit Lyonnais. Or, le 15 juin 1994, Pinault a été nommé au conseil d'administration de la banque. Personne ne songe alors au formulaire rempli un an plus tôt. On y songe d'autant moins que l'avocate est convaincue que la cooptation de François Pinault au conseil du Lyonnais est, pour ce qui la concerne, un non-événement. Car elle a commis une erreur de traduction. Il lui fallait certifier qu'aucun des trustees n'était *officer*, *director*, ou *employee* du Crédit Lyonnais. La juriste a cru qu'on lui demandait de certifier que Pinault n'était ni cadre, ni employé de la banque. Qu'il n'en était pas salarié. Mais le mot de *director* est un faux ami. Il ne se traduit pas par « directeur » mais par « administrateur ». Alors qu'en Angleterre, on utilise plus souvent le terme de *board member*. Dérisoire ? Sans doute. Au point que plus tard, à l'heure des explications, les avocats de Pinault n'oseront même pas avancer ce problème de traduction : la domination culturelle des Américains est si prégnante que l'argument n'aurait pas été compris ou même aurait été interprété comme une basse manœuvre, une façon typiquement française de fuir ses responsabilités.

Des erreurs de traduction, ou plutôt l'usage de mots dont le sens est légèrement différent dans les deux langues, fourmillent pourtant dans ce dossier. C'est ainsi, on l'a vu, que « portage » a été traduit par *parking agreement,* un terme à la connotation négative de trucage. Au point que, dans la procédure, les Français obtiendront des Américains l'utilisation du mot portage, en français dans le texte. De même, le mot « schéma » se traduit par *scheme*, un terme qui induit l'idée d'habileté, alors qu'il est parfaitement neutre en français. Citons encore le mot *affiliate* qui ne se traduit pas par « filiale » stricto sensu, mais par « proche », de quelque façon que ce soit, jusqu'aux éventuels liens de famille ou d'amitié entre les dirigeants de deux sociétés ! Cette erreur, en particulier, sera à l'origine de plusieurs déclarations, de Pinault et des autres, qui seront qualifiées de mensonges par les Américains. A l'inverse, il n'existe pas aux Etats-Unis de dénonciateur, mais un *whistelblower* (littéralement : celui qui souffle dans le sifflet), une expression neutre et même plutôt positive, du genre « celui qui a vendu la mèche ». Ce qui en dit long sur l'implacable rapport des Américains avec la loi.

Naïveté et amateurisme français ? Sans doute. Mais il faut se replacer dans le contexte. A l'époque, personne ne perçoit le moindre problème judiciaire à venir. Le seul risque envisagé est celui d'une bureaucratie tatillonne pouvant retarder – mais pas empêcher – une opération qui a le soutien de son chef John Garamendi, le commissaire aux assurances. Les différents formulaires soumis à signature pèsent chacun plusieurs kilos. Pour les remplir, tâche fastidieuse, on fait naturellement appel aux services juridiques internes. Personne n'envisage de les faire rédiger ou même simplement revoir, avant signature, par des cabinets d'avocats spécialisés facturés à 1 000 dollars de l'heure ! Personne ne réalise que, pour un Français, se hasarder tout seul dans ce maquis juridique est aussi risqué que de parcourir la forêt de Brocéliande sans lampe de poche.

Autant l'acquisition des junk bonds d'Executive Life avait été facile, autant celle de la compagnie d'assurances elle-même va se révéler un véritable parcours du combattant pour l'ancien engagé volontaire en Algérie qu'est François Pinault. Pas question d'acheter d'un bloc les actions Executive Life détenues par la Maaf et par les personnes physiques françaises qui l'accompagnent. Car le Crédit Lyonnais veut que la prise de contrôle soit progressive. Pourquoi ? Le 11 janvier 1994, dans une note remise à Patricia Barbizet, un collaborateur d'Artémis donne l'explication : il s'agit notamment d'éviter que la transaction « ait l'air d'avoir été pré-arrangée ». Tout au long de l'année, Altus, Artémis, la Maaf, Fimalac (Marc de Lacharrière), l'Omnium de Genève et Alain Mallart vont donc s'échanger de nombreuses lettres, réviser leurs accords, prolonger plusieurs d'entre eux, modifier le montant des commissions : autant de pièces qui, réunies, constitueront une documentation accablante dont la justice américaine, plus tard, fera son miel. Ce florilège de petits arrangements entre amis se terminera le 15 mars 1995 par un accord insolite entre Artémis et la Maaf qui reste, pour quelque temps encore, à hauteur de 17 %, actionnaire d'Executive Life. Selon cet accord secret, Artémis touchera les dividendes de la compagnie d'assurances revenant normalement à la Maaf. En contrepartie, Artémis lui versera des intérêts fixes, deux fois par an : difficile de montrer plus clairement que c'est bien le groupe Pinault qui prend les risques et tient les manettes !

Ces accords, ces lettres, ces *puts*, ces *calls* font le sel des affaires. Pour le groupe Pinault, ils font partie de la vie courante de l'entreprise. Personne n'y prête grande attention car, en ce début d'année 1995, l'attention de François Pinault et de ses collaborateurs, comme celle du grand public, est entièrement focalisée sur la prochaine élection présidentielle qui, à droite, opposera au premier tour le Premier ministre Edouard Balladur à Jacques Chirac. L'ami de trente ans a trahi son mentor. Il avait promis à Chirac qu'il tiendrait Matignon pour faciliter son élection mais, grisé par le pouvoir et les flatteries d'une camarilla de jeunes gens ambitieux, rassuré par les sondages, Balladur a décidé de se présenter contre lui. Au plus bas dans l'opinion, écrasé par la suffisance des balladuriens, tourné en dérision par les Guignols de l'Info, sur Canal +, traqué par les juges et les journalistes d'investigation, Chirac est perçu comme un has been rattrapé par les affaires. Bien peu nombreux sont ceux qui croient encore à son avenir. A la différence de tant d'autres, malgré les conseils d'Alain Minc en faveur d'un soutien à Balladur, François Pinault n'abandonnera pas son ami. Il le soutiendra sans faillir, et l'hébergera même dans une maison voisine de son château de Mortemaire, dans les Yvelines, où Chirac rédigera son livre *La France pour tous* dont la couverture, ornée d'un pommier, déchaînera les sarcasmes des Guignols.

En dehors de la politique, il est un autre dossier qui préoccupe alors le patron d'Artémis : l'avenir incertain du Crédit Lyonnais. La banque annonce une perte de 12,1 milliards de francs au titre de l'année 1994. Un an plus tôt, Peyrelevade avait dû afficher une perte nette de 6,9 milliards de francs, au titre de 1993. On avait cru alors que le nouveau patron avait passé les comptes à la paille de fer, que le pire était passé. Le gouvernement avait mis en place un premier plan de sauvetage [1].

C'était un cautère sur une jambe de bois. Il a échoué. Début 1995, le Crédit Lyonnais est en quasi-faillite. Il faut prendre des mesures drastiques : il sera scindé en deux. Le 5 avril, le gouvernement Balladur crée le Consortium de réalisation (CDR), une société publique qui va récupérer toutes les créances douteuses (prêts, investissements, filiales, etc.) de la banque. Il y en a pour... 190 milliards de francs ! Le Lyonnais fournit les fonds au CDR en empruntant 145 milliards de francs à un organisme d'Etat. Edmond Alphandéry, le ministre des Finances, ose cependant affirmer, en présentant le plan de sauvetage, que celui-ci « ne coûtera pas un

1. Il ne concernait que les actifs immobiliers invendables parce que honteusement surévalués, placés dans une société ad hoc, dans lequel ont été transférés 41 milliards de francs avec une garantie publique de 15 milliards, fournis en majorité par l'Etat, avec un complément de la Caisse des dépôts et de Thomson, encore nationalisé. A quoi s'ajoutait une recapitalisation du Lyonnais de 4,9 milliards de francs.

centime au contribuable ». De quoi figurer en bonne place dans le bêtisier des hommes politiques ! Le schéma retenu est insensé, en termes d'efficacité et de défense des intérêts des contribuables. Alphandéroute – c'est le surnom dont *Le Canard enchaîné* a affublé le ministre des Finances – accepte de faire bénéficier le CDR d'une garantie étatique non plafonnée. Le schéma lui-même est vicié : il est irresponsable de transférer au CDR les parts de capital et les créances de sociétés avec lesquelles le Crédit Lyonnais est en relation de banquier à client. Plus question de gérer ces actifs de façon dynamique, en faisant pression sur ses débiteurs, dont on sait toutes les faiblesses, comme seule une banque peut le faire. Or qui, mieux que le Crédit Lyonnais, connaît l'entrelacs d'accords secrets, de promesses, de contreparties occultes qui le lient à ses partenaires ?

Un peu plus tard, sous la pression de la BNP et de la Société Générale, la Commission européenne ordonnera une déconnexion totale entre le CDR et le Lyonnais. Aucun des responsables européens et français ne mesure alors l'engrenage fatal qui consiste à confier un capharnaüm de près de 200 milliards de francs à un consortium sans passé ni âme, dont les responsables seront aussitôt suspectés de toutes les vilenies. Ceux-ci seront toujours tentés de chercher des points de chute, puisque l'objectif assigné au CDR est de se dissoudre quand tout aura été liquidé. Moyennant des décisions en leur faveur, certains de leurs interlocuteurs leur font des promesses, ce qui donne libre cours à toutes les suspicions, parfois fondées.

A la tête du CDR, le gouvernement nomme Michel Rouger, ancien président du tribunal de commerce de Paris, un homme simple et jovial, plus habile qu'il y paraît, mais par nature peu porté au conflit. De plus, la mission qui lui est confiée n'est pas claire. Doit-il traquer les escrocs qui ont gravité autour du Crédit Lyonnais ou bien essayer de récupérer le plus d'argent possible, quitte à fermer les yeux sur les fautes qui ont été commises ? Rouger optera pour la seconde attitude. De par ses fonctions antérieures, il a le sens et le goût du compromis. Et de par ses engagements maçonniques, il est porté à la tolérance. Il jouera donc la continuité : il garde Claude-Eric Paquin à la tête d'Altus, devenue CDR-Entreprises, tandis que la banque SBT-Batif devient CDR-Créances.

François Pinault est outré lorsqu'il apprend que les différentes participations détenues dans son groupe par le Crédit Lyonnais vont être transférées au CDR, que la presse appelle déjà « la poubelle du Crédit Lyonnais ». Artémis mélangée à tout un fatras de sociétés pourries ? Jamais il ne l'admettra. D'autant moins que Bernard Arnault, lui aussi administrateur, lui aussi hardiment soutenu par le Crédit Lyonnais, parviendra à racheter à temps les participations de la banque dans sa propre cascade de sociétés. Ainsi, dès le départ, les relations entre Pinault et le CDR seront mauvaises, ce qui ne manquera pas d'avoir de lourdes conséquences lorsque la justice américaine entrera en lice. Pourtant, Pinault aurait dû surmonter sa blessure d'amour-propre et se féliciter d'être jeté dans la poubelle du Lyonnais. Car le voilà dans une position de force : la banque est d'accord pour conserver ses relations commerciales privilégiées avec lui, alors que les moyens de pression dont elle disposait se sont envolés. La participation dans Artémis est désormais gelée au sein du CDR qui a mission de la vendre. Mais quel fou voudrait se porter acquéreur d'actions Artémis, pour devenir un minoritaire sans pouvoir, à côté de François Pinault ?

L'amateurisme a prévalu au sommet de l'Etat. Car dans les documents qui actent le transfert, du Crédit Lyonnais vers le CDR, de la participation dans Artémis, figurent en toutes lettres les options d'achat d'Altus sur les actions Executive Life détenues par la Maaf, et celles sur les fonds Apollo détenues par Fimalac, Euris et la Siitf. De plus, le CDR s'engage à assumer les risques civils liés à l'acquisition d'Executive Life. « En anticipant d'éventuelles poursuites et en en exonérant le Crédit Lyonnais, les plus hautes autorités de l'Etat admettaient donc l'existence d'un risque, écrivent Fabrizio Calvi et Thierry Pfister [1] : elles ne peuvent plus nier que, dès 1995, elles étaient au courant du risque encouru dans le dossier Executive Life. » Jean Peyrelevade signe le 9 mai les innombrables pages du protocole du 5 avril qui crée le CDR, y compris l'une d'entre elles où sont indiquées les options d'achat d'Altus sur la Maaf (ainsi que toutes celles concernant les fonds Apollo). Il affirmera plus tard ne pas s'en souvenir, ce qui est tout à fait probable eu égard au volume du document et au contexte de l'époque. Patricia Barbizet, elle, va se jeter dans la gueule du loup pour une affaire de queues de cerise. Il s'agit de la prolongation des promesses de vente des actions Executive Life de Fimalac à Artémis. Ni Pinault ni Lacharrière ne veulent payer les intérêts supplémentaires. Le 6 octobre, la collaboratrice de François Pinault écrit au CDR une lettre dans laquelle Altus est présenté comme « l'interlocuteur exclusif » du groupe Pinault dans l'opération Executive Life, tandis que les termes de « portage » et de « commission de portage » sont employés à trois reprises. Le destinataire est Claude-Eric Paquin. Plus tard, lorsque celui-ci sera interpellé dans l'aéroport de Miami et menacé de prison, il balancera cette lettre. Et accablera le groupe Pinault.

Mais le 7 mai 1995, François Pinault est bien loin d'imaginer un ciel si noir. Contre toute attente, quinze jours plus tôt, Jacques Chirac a devancé – de peu –

1. *Le Repas des fauves*, Albin Michel, 2000.

Edouard Balladur au premier tour. Il vient d'être élu président de la République, face à Lionel Jospin. A la grande surprise des commentateurs, la CX grise qui traverse Paris, vitres ouvertes, en s'arrêtant scrupuleusement aux feux rouges, fait un détour par la rue de Tournon, en face du Sénat. Pour y déposer Bernadette devant l'hôtel particulier des Pinault. Dans les salons, François et Maryvonne Pinault entourent Laurence Chirac et un petit cercle d'intimes pour célébrer la victoire. La France entière découvre alors la nature intime du lien qui unit le milliardaire français et le nouveau président de la République.

François Pinault va-t-il alors bénéficier de la protection de son ami président pour en tirer des avantages financiers ? C'est ce que chacun pense tout bas et que quelques-uns écriront noir sur blanc. A plusieurs reprises, on cherchera ainsi à déstabiliser Chirac à travers Pinault. Il est évident que l'homme d'affaires, sans jamais se prévaloir de lui, a souvent profité de sa proximité d'avec le Président, ne serait-ce qu'en raison de la servilité naturelle de bon nombre de clercs de la République ; mais il est beaucoup moins évident que Chirac se soit directement engagé en faveur de son ami. En tout cas, jamais au risque de se découvrir. La façon dont François Pinault a racheté la participation du CDR dans Artémis illustre la nature de ces relations, plus complexes que ce qui est généralement décrit.

Via le CDR, du jour au lendemain, l'Etat français se retrouve avec 24,5 % du capital d'Artémis, 1,5 milliard de francs dus par la Financière Pinault [1] et une ligne de crédit de 2 milliards de dollars accordée pour racheter les junk bonds d'Executive Life. Pinault veut au plus vite couper le cordon ombilical qui l'attache directe-

1. Après la prise de participation du Crédit Lyonnais dans Artémis, les 25 % détenus par la banque dans la Financière Pinault avaient été transformés en prêt.

ment à l'Etat. Ce crédit va être rapidement remboursé, par anticipation. Reste à racheter les actions et les obligations détenues par le CDR. Le 2 août 1996, François Pinault propose à Michel Rouger de reprendre l'ensemble pour 1 milliard de francs. Rouger refuse car, selon ses calculs, la valeur des seules actions Artémis se situe entre 1,9 et 2,9 milliards de francs. Il informe la direction du Trésor qu'il ne lâchera pas ses titres à moins de 2,65 milliards [1].

Un dîner secret est organisé entre les deux hommes. Ceux-ci restent fermes sur leurs positions. Michel Rouger garde un argument, que lui a suggéré Bercy :

— Si vous ne voulez pas racheter notre participation dans Artémis à un prix convenable, le CDR peut très bien rester à votre capital : voilà au moins une filiale qui nous rapportera de l'argent et ne nous causera pas de soucis.

C'est du bluff. Le patron du CDR est convaincu que François Pinault ne supportera pas l'idée d'une présence durable de l'Etat à son capital, dans ce qui est devenu la société pivot de son groupe. Mais Pinault ne se laisse pas démonter.

— Je serais ravi de vous voir rester dans le capital d'Artémis, mais je ne crois pas que ce soit l'intérêt du CDR ni de l'Etat.

— Pourquoi donc ?

— Parce que rien ne m'oblige à distribuer des dividendes. Cette société m'appartient et n'est pas cotée. Je peux très bien me contenter de gonfler sa trésorerie. Je ne vois pas très bien où serait, dès lors, l'intérêt du CDR de rester actionnaire.

Michel Rouger a compris. Pinault a le temps pour lui, alors que le CDR est pressé par l'opinion publique. On

1. Ces différences de prix s'expliquent par la façon dont on évalue le handicap de posséder une part minoritaire d'une société non cotée.

lui reprocherait vite de s'être enfermé, en tant que minoritaire, sans aucun pouvoir, dans une entreprise non cotée et, par surcroît, privée de tout revenu ! Son chantage a fait long feu.

En signe de bonne volonté, Pinault accepte néanmoins le principe d'un complément de prix évalué par la suite, en fonction des plus-values réalisées sur la vente des actifs d'Artémis – en clair, les junk bonds. Mais Michel Rouger tient bon. Il ne vendra pas à moins de 2,5 milliards.

Pour obtenir gain de cause, François Pinault alors va faire donner la grosse artillerie, en faisant pression sur tout ce qui compte à Paris – sans bien entendu prononcer le nom de son ami Chirac. En revanche, il met en avant ses relations amicales – ils font du vélo ensemble – avec Jean-Pierre Denis, ancien secrétaire général adjoint de l'Elysée, jeune homme prometteur qui s'éteindra dans le groupe Générale des Eaux. C'est un message clair pour tous ceux, ils sont nombreux, qui cherchent à anticiper les désirs du président de la République. Michel Rouger et Jean Arthuis, ministre des Finances centriste choisi par Jacques Chirac, sont soumis à une pression considérable pour accepter, telle quelle, la proposition de Pinault. Face au déferlement des interventions venues de tous les horizons, Rouger est tenté de fléchir. Jean Arthuis non. Ce pâle ministre est un ancien expert-comptable. Il a une tendance à devenir rigide dès qu'on parle chiffres. Il décide donc de vendre la participation du CDR dans Artémis à l'encan, avec une mise initiale publique de 3 milliards de francs. Mais en même temps, le 1er octobre 1996, il notifie à Michel Rouger des instructions secrètes : l'appel d'offres durera six mois maximum et le prix minimum, qui doit rester secret, sera de 1,5 milliard de francs, à quoi s'ajoutera une soulte liée à la revente des actifs détenus par Artémis – en clair, les junk bonds ; et

Pinault ne pourra refuser un acquéreur que s'il accepte d'acheter les actions au même prix que lui. Pour Jean Arthuis, ce prix est théorique. Il est convaincu de trouver des acheteurs qui obligeront Pinault à surenchérir.

Sur la base de « 3 milliards de francs à négocier », plus de 60 investisseurs potentiels seront contactés par le CDR et le Trésor, dont Bernard Arnault, qui demandera de plus amples informations. Certains d'entre eux ont même été identifiés comme des faux nez de François Pinault, qui cherche à savoir ce que le Trésor propose réellement aux candidats à la reprise. Il a lui-même refroidi les plus intéressés, écartant tout projet de coopération ou refusant toute garantie de liquidité des titres Artémis. Aussi, au bout de six mois, il faut se rendre à l'évidence : il n'y a aucun acheteur autre que François Pinault. Dans une interview au *Figaro* [1] publiée le jour même où Jacques Chirac annonce la dissolution de l'Assemblée nationale, Pinault rompt le secret et révèle le prix plancher consenti par Jean Arthuis : 1,5 milliard de francs [2]. Furieux, le ministre réagit par un coup de force : entre les deux tours du scrutin, Arthuis demande à l'EPFR, l'organisme public qui coiffe le CDR, de lui racheter sa participation dans Artémis pour 3,7 milliards de francs. Pinault entre aussitôt dans une colère noire. Il est coincé. Il attaque devant le tribunal de commerce cette « mascarade » d'un Etat qui se vend cette participation à lui-même. Les titres sont mis sous séquestre jusqu'à ce que la cour d'appel de Paris, en juillet 1998, autorise Pinault à reprendre 100 % d'Artémis pour... 4,1 milliards de francs [3].

1. *Le Figaro* du 14 mars 1997.

2. Selon Pinault, ce secret n'avait plus lieu d'être puisque aucun autre acheteur ne s'était présenté.

3. Cela reste une bonne affaire, la valeur d'Artémis étant alors évaluée (généreusement) autour de 50 milliards de francs, soit 12,5 milliards pour 24,5 %.

Cette séquence démontre-t-elle que le gouvernement s'est mis aux ordres du président de la République pour servir les intérêts de François Pinault, comme cela a été suggéré dans la presse de l'époque ? Evidemment non. On peut facilement imaginer que Chirac a souhaité que son ami soit mieux traité qu'il ne l'a été : Pinault aurait pu récupérer le contrôle intégral de son groupe pour la moitié du prix qu'il a dû finalement payer. A moins de faire un procès d'intention, on doit constater que le président de la République n'a pas forcé la main de son gouvernement sur un sujet aussi sensible. Jamais le pâle Jean Arthuis, si ravi d'être ministre, n'aurait eu la surface politique pour s'opposer à un ordre ferme venu d'en haut, relayé par Alain Juppé, avant la dissolution de l'Assemblée nationale. Entre les deux tours, lorsque l'échec était annoncé, c'est une autre histoire...

Ce bras de fer laissera cependant des traces : les relations entre François Pinault et Jacques Chirac feront l'objet d'une suspicion permanente dans les journaux français, tant et si bien que la justice américaine tentera plus tard d'en profiter en jouant sur ce thème avec l'opinion publique française ; par ailleurs, il exacerbera les tensions, voire les haines réciproques entre certains dirigeants du CDR et le milliardaire français.

Michel Rouger n'est pas vraiment partie prenante dans cette querelle. Une fois sa position arrêtée sur le prix minimum, il a laissé Jean Arthuis et les technocrates de Bercy entrer en conflit frontal avec François Pinault. Pourquoi se faire inutilement des ennemis ? En cette année 1997, l'ancien président du tribunal de commerce supporte de moins en moins la pression de l'opinion publique qui monte sur le dossier du Crédit Lyonnais. A mesure que les mois passent et qu'ils découvrent l'ampleur des pertes imputables à la gestion folle de Jean-Yves Haberer et Jean-François Hénin, ainsi que l'énormité du mensonge d'Edmond Alphandéry selon lequel tout ceci ne leur coûtera rien, les Français demandent des têtes. Haberer a été débarqué de la présidence du Crédit National – c'était le moins que le gouvernement pouvait faire, n'en déplaise au corps de l'inspection des Finances. Hénin s'est fait tout petit. Une commission d'enquête parlementaire a été créée, tandis qu'une mission a été confiée à l'inspection des Finances, à charge pour elle de démasquer tous les dysfonctionnements du Crédit Lyonnais. La tâche est confiée à une jeune inspectrice des Finances, Véronique Hespel. Quant au dossier du Crédit Lyonnais dans son ensemble, il va devenir le fonds de commerce électoral de plusieurs députés de droite, au premier rang desquels François d'Aubert, député UMP de la Mayenne, ainsi que l'étrange Charles-Amédée de Courson, député UMP de la Marne, représentant l'Assemblée nationale au conseil d'administration de l'EPFR, la société d'Etat qui coiffe le CDR et lui garantit son financement.

Michel Rouger est pris en tenaille : d'un côté, Véronique Hespel, accompagnée de son équipe de six jeunes inspecteurs des Finances, fourre son nez au cœur de ses affaires; de l'autre, Charles-Amédée de Courson critique ses choix au conseil d'administration du CDR et à l'Assemblée nationale. Le parquet ouvre une information. Rouger ne supporte plus cette ambiance d'hallali. De plus, il est débordé par ses troupes, partagées entre ceux qui sont prêts à toutes les compromissions, en contrepartie d'avantages personnels, et ceux qui veulent en découdre à tout prix avec les anciens clients du Crédit Lyonnais, les escrocs comme les autres. Enfin, peu à peu, Michel Rouger mesure les risques encourus, sur l'affaire Executive Life notamment. Le 7 mars 1996, il rencontre en secret Jacques Toubon, alors garde des Sceaux :

— Il faut absolument que tu tiennes les juges, il y a trop de risques.

— Mais tu sais bien que c'est impossible, répond Toubon. Je suis moi-même dans leur collimateur. Eva Joly cherche à m'abattre à travers ma belle-fille. Si je bouge une oreille, je suis mort.

— Je sais, mais débrouille-toi au moins pour que le parquet fasse le tri et ait une vision plus centralisée des fautifs, qu'au moins les juges ne se ruent pas en ordre dispersé.

— Tu sais bien que c'est impossible aujourd'hui. Nous, les hommes politiques, sommes totalement impuissants face aux juges.

— Alors, il n'y a plus qu'une solution, lance alors Michel Rouger : foutre le feu au Crédit Lyonnais.

Bien entendu, c'était une plaisanterie. Michel Rouger n'aurait jamais pu imaginer l'incendie, deux mois plus tard, du siège de la banque puis, par la suite, de l'un des centres où étaient stockées ses archives.

Tout ceci prend un tour carrément criminel. Rouger n'en peut plus. Plus que jamais, il veut sortir du jeu. Dès janvier 1997, il avait écrit secrètement à Jean Arthuis. Il exprimait son intention de quitter la présidence du CDR et rappelait qu'il avait été nommé « pour gérer des actifs, pas pour trouver des fautifs ». C'est le problème de fond qu'il posait à nouveau : la priorité doit-elle être donnée à la récupération de l'argent perdu ou à la punition de ceux qui l'ont pris ? La menace d'une plainte est souvent plus efficace qu'un plainte elle-même : en contrepartie d'une promesse de fermer les yeux, on peut espérer faire revenir les fonds détournés, au moins en partie. Tandis que quand la plainte est déposée, compte tenu des lenteurs de la justice, les coupables ont tout loisir de cacher l'argent à l'étranger et d'organiser leur insolvabilité. Mais l'opinion veut voir à la fois revenir l'argent volé et les têtes tomber. L'avenir montrera que les atermoiements et les contradictions ont abouti à ce que la France perde sur les deux tableaux : l'argent n'a pas été récupéré tandis que la plupart des plaintes soit se sont perdues dans les sables, soit se sont terminées par des non-lieux ou des relaxes.

Michel Rouger ne démissionnera qu'un an plus tard, le 31 janvier 1998. A cette date, Dominique Strauss-Kahn a pris la succession de Jean Arthuis au ministère des Finances. Pendant cette année, la tension politique n'a cessé de monter autour du Crédit Lyonnais. Remis, en mars 1997, au chef de l'Inspection, en pleine campagne pour les élections législatives, le rapport de Véronique Hespel est une grenade dégoupillée. Il évoque les éventuels portages et se montre d'une extrême sévérité sur la gestion passée du Crédit Lyonnais. « La réaction ne se fait pas attendre, écrivent Fabrizio Calvi et Thierry Pfister[1] : il est demandé à Véronique Hespel de s'attacher en priorité à formuler pour la fin juillet des propositions d'action et de réforme du CDR. Façon élégante de lui faire abandonner son enquête sur les événements passés que nul responsable gouvernemental ne souhaite déterrer. » Mais Véronique Hespel n'a aucune intention de voir son rapport plus ou moins enterré. Après les élections et la formation du gouvernement Jospin, elle s'agite, demande à être reçue par le parquet et par Dominique Strauss-Kahn, son nouveau ministre de tutelle; obtient l'autorisation de pouvoir élargir et approfondir son enquête; écrit alors une note de synthèse de onze pages, dans laquelle elle indique que l'achat d'Executive Life par le Crédit Lyonnais pouvait poser de sérieux problèmes légaux aux Etats-Unis. Le 27 octobre 1997, elle remet à DSK ce document qu'elle a écrit sur un papier impossible à photo-

1. *Le Repas des fauves*, Albin Michel, 2000.

copier, tant elle le juge explosif. Dans un chapitre intitulé « Les sujets qui doivent être suivis avec une attention particulière » elle évoque « les accords de portage concernant les junk bonds américains (...) en violation de la loi américaine ». DSK affirmera plus tard, devant la justice américaine, qu'il avait seulement survolé ce document, sans en mesurer toute la portée. Comme pour Peyrelevade avec son fax, le procureur ne croira pas un instant à cette histoire. Et si le ministre, in fine, passera à travers les gouttes, pour des raisons diplomatiques, le gouvernement français sera néanmoins, à travers lui, considéré comme complice de la « conjuration », ce qui permettra de refuser à la France le bénéfice du *national treatment*.

Véronique Hespel est autorisée à prolonger son enquête pendant deux mois, mais pas plus. DSK lui promet que ses conclusions seront transmises à la justice. Qualifiée par certains de ses collègues de l'Inspection des finances de « pétroleuse exaltée », cette femme – la sœur de Nicolas Beau, journaliste au *Canard enchaîné* – est une fonctionnaire atypique. Non pas parce qu'elle prend sa fonction et son rôle au sérieux – c'est le lot commun du corps de l'Inspection. Mais parce qu'à la différence de la plupart de ses collègues, elle ne comprend pas – ou fait semblant de ne pas comprendre – les non-dits et les rapports de force secrets du pouvoir en France. Ignore-t-elle que l'establishment des affaires désigne par avance les fautifs et les délinquants en exonérant ses propres membres, même s'ils ont commis les mêmes fautes ? Ne sait-elle pas que les juges ne font souvent que suivre la voie ainsi tracée ? La justice applique ainsi la maxime d'Edgar Faure, virevoltant président du Conseil sous la IVe République et ministre sous la Ve : « Le trafic d'influence est un délit lorsque son auteur n'a pas d'influence. » Véronique Hespel s'étonne que les dirigeants du CDR ne soient pas soumis à l'article 40 du Code de procédure pénale qui fait obligation aux fonctionnaires ou aux commissaires aux comptes de dénoncer à la justice les délits dont ils ont connaissance. Elle jugera trop timorées l'attitude de Dominique Strauss-Kahn, comme celle d'Elisabeth Guigou, garde des Sceaux. Convoqués à Bercy, les dirigeants du CDR sont à peine autorisés à parcourir ce texte. Pas question de prendre des notes ni d'obtenir des photocopies. Véronique Hespel se sent investie d'une mission purificatrice. Elle est convaincue que son rapport a été enterré. On en retrouvera des éléments dans la presse. Notamment dans *Le Canard enchaîné*.

Dominique Strauss-Kahn doit donner des gages à l'opinion, de plus en plus remontée. Le fusible Michel Rouger est carbonisé. Le ministre cherche une personnalité incontestée pour lui succéder. En décembre 1997, il convoque Raymond Lévy qui, atteint par la limite d'âge, avait dû abandonner la présidence de Renault en 1992. Bien que de bords politiques opposés, les deux hommes sont proches. Un peu trop, même. Ministre de l'Industrie sous le gouvernement Bérégovoy, Strauss-Kahn avait la tutelle de Renault. Après la déroute socialiste aux élections de 1993, il se retrouve sans emploi, obligé de reprendre son métier d'avocat. C'est à cette époque qu'il fait l'intermédiaire entre la MNEF et la Générale des Eaux, ce qui lui vaudra, plus tard, sa mise en examen et sa démission du gouvernement. Raymond Lévy l'aide, en embauchant sa secrétaire au Cercle de l'Industrie, un groupe de lobbying qui regroupe quelques-unes des plus grandes entreprises françaises, dont il est le président. Strauss-Kahn y disposera d'un bureau.

Strauss-Kahn aborde directement le sujet avec Lévy :

— J'ai pensé à vous pour prendre la présidence du

CDR. Votre présence à la tête de cet organisme fera taire les critiques.

— Je suis flatté de votre proposition. C'est effectivement un poste passionnant parce que difficile. Mais je ne suis pas sûr que je sois le mieux placé pour l'occuper.

— Pourquoi ? demande DSK.

— Parce que je dois vous rappeler, si vous ne le savez déjà, que j'ai été administrateur du Crédit Lyonnais à l'époque de Jean-Yves Haberer. Par ailleurs, mais c'est plus personnel, je suis proche de Pierre Despesailles, l'ancien président de la SDBO, une banque filiale du Lyonnais dont le soutien à Bernard Tapie, en particulier, est très controversé [1].

— C'est sans importance. De toute façon, je vais vous faire une confidence, répond DSK avec un large sourire : je n'ai pas d'autre candidat que vous !

— Dans ces conditions...

Le ministre explique alors à Lévy ce qu'il attend de lui :

— Il faut remettre de l'ordre dans le CDR : tout est pourri là-dedans. Il faut nettoyer les écuries d'Augias, aussi bien en interne qu'avec cette bande d'escrocs qui gravitaient autour du Lyonnais et à qui il ne faut pas hésiter à faire rendre gorge.

— Cela me convient parfaitement. Je ne vois pas d'ailleurs ce que je pourrai faire d'autre.

Raymond Lévy remplace officiellement Michel Rouger le 31 janvier 1998. Le communiqué de Bercy, diffusé à cette occasion, est explicite : « Lorsqu'une infraction pénale apparaît, une plainte doit être déposée. Lorsqu'un doute existe, le parquet doit être saisi. » L'affaire Executive Life n'aurait pas été évoquée entre

1. L'amitié surprenante entre le sulfureux Despesailles et le rigoureux Lévy a des origines lointaines – et légitimes : traqué par les nazis, le jeune Lévy a été caché et protégé pendant la guerre par la famille Despesailles.

DSK et Lévy. Une discrétion surprenante, alors que le problème des junk bonds figure dans le document actant le transfert des actifs entre le Lyonnais et le CDR ; que Michel Rouger s'était rendu compte des dangers particuliers de ce dossier ; et surtout que DSK a vu le rapport de Véronique Hespel et qu'il l'a montré aux précédents dirigeants du CDR.

Il faudra attendre quelques mois pour que Raymond Lévy comprenne qu'il avait dans les mains une grenade dégoupillée.

DEUXIÈME PARTIE

Le temps des délateurs

CHAPITRE 7

« Rono » mord la main qui l'a nourri

Jusqu'au printemps 2004, la plupart des articles sur l'affaire Executive Life commençaient par le même récit, à quelques variantes près, dans ce qui était devenu une manière de version officielle : en juillet 1998, un homme d'affaires français entre subrepticement dans l'immeuble du 101 Second Street, à San Francisco. Il a rendez-vous avec l'avocat Gary Fontana, du cabinet Thelen, Reid & Priest, qui défend les assurés de la compagnie d'assurances californienne, pour dénoncer auprès de lui les conditions de son acquisition par le Crédit Lyonnais. Il vient raconter son histoire par cupidité : aux Etats-Unis, tout dénonciateur d'un délit peut toucher jusqu'à 15 % des dommages et intérêts qui seront infligés aux coupables. Le 17 février 2004, *Le Monde* attaque ainsi la saga qu'il consacre à l'affaire : « Gary Fontana hésite. L'avocat californien a du mal à y croire. L'histoire est trop belle pour être vraie. En face de lui, un homme d'affaires français accuse : "Le Crédit Lyonnais et ses alliés français ont volé les Etats-Unis en réalisant illégalement des plus-values de plusieurs milliards de dollars. Ils ont sciemment contourné et violé la législation américaine afin de mettre la main sur le portefeuille de junk bonds d'Executive Life." En ce mois de juillet 1998, celui que nous appellerons M. X (son nom ne sera jamais divulgué) est venu spécialement à San Francisco pour se venger. »

Depuis 1998, tous les protagonistes de l'affaire ont tenté de savoir qui se cachait derrière le mystérieux « M. X », alias « le délateur », alias « Rono », le sigle hermétique sous lequel l'homme d'affaires français s'est enregistré dans le Delaware – un paradis fiscal au cœur des Etats-Unis – pour toucher le denier de Judas. Rien à attendre des services de l'Etat, ce qui en dit long, au passage, sur les capacités d'investigation de la DGSE et sur le retard pris par la France en matière d'intelligence économique. Car la liste des suspects n'est pas longue. Il faut avoir connu les montages, sans en avoir bénéficié. Et surtout être doté d'une bonne dose de cynisme, associé à un sens patriotique peu développé.

L'identification du délateur nourrit les conversations des dîners en ville parisiens. Chacun y va de son hypothèse. Le nom le plus souvent cité est celui de François Marland, l'homme qui a mis en relation Jean-François Hénin et Jean-Claude Seys, le patron de la Maaf. Mais il a bénéficié de telles largesses de la part d'Hénin que n'importe quel esprit sensé – à commencer par Hénin lui-même – ne peut pas l'imaginer assez tordu pour mordre la main qui lui a tant donné. Alain Mallart est lui aussi suspecté, mais pourquoi aurait-il été dénoncer une opération à laquelle il était partie prenante ? Pour éviter d'être poursuivi ? Même accusation larvée à propos de Marc Ladreit de Lacharrière, en dépit de la prudence légendaire et de la droiture affichée dont cet aristocrate aimable a su faire un fonds de commerce. Les regards se portent plus logiquement sur ceux qui ont eu à se plaindre, à un moment ou à un autre, du Crédit Lyonnais. S'agit-il de Denis Lion, le cadre de la banque dont Jean Peyrelevade tentera de faire un bouc émissaire, comme l'ont suggéré Fabrizio Calvi et Thierry Pfister [1] ? Ou bien de Gilles Silberman, l'un des quatre mousquetaires qui visait la FNAC et s'est fait coiffer par Pinault ? Silberman rêvait de participer au festin des junk bonds, connaît parfaitement les Etats-Unis et aurait pu être averti, par Hénin, du dessous des cartes. On cite aussi le nom de Clément Vaturi. L'hôtelier avait toutes les raisons de vouloir se venger du Crédit Lyonnais et de François Pinault, qui lui a soufflé les junk bonds sous le nez. Pinault qu'il retrouvera plus tard, pour son malheur : Clément Vaturi a été condamné à deux ans de prison avec sursis pour émission de fausses factures au Crédit Lyonnais. Il s'agissait de la rénovation de l'immeuble de la CFAO, vendu, au plus haut de la bulle immobilière, par Pinault au Lyonnais. La banque avait confié à Vaturi le soin d'en faire un palace. Mais, en raison du krach boursier, le projet avait capoté. Pour rentrer dans ses frais, Vaturi avait envoyé une fausse facture au Lyonnais. Autant dire que la simple évocation des noms de Pinault et du Lyonnais lui donne de l'urticaire.

Condamné en 1997, aurait-il voulu se venger en 1998 ? C'est ce qu'on susurre à Paris. Seul problème : rien ne dit qu'il connaissait les portages. En avril 2004, un nouveau nom est lancé : celui de Jean-Michel Tissier, ancien patron de Stardust, une société de location de bateaux de plaisance soutenue par Altus, qui n'a jamais digéré son éviction en 1995. « Jean-Michel Tissier inonde actuellement les rédactions de critiques contre son ancien partenaire », écrivent *Les Echos*. S'il n'a pas été partie prenante de l'affaire Executive Life, « il est possible qu'il en ait entendu parler par les gens d'Altus, avec qui il était en contact », affirme le journal économique [2].

1. *Le Repas des fauves*, Albin Michel, 2000.

2. *Les Echos* du 15 mai 2004. Ainsi lâché, le nom de Tissier ne manque pas de vraisemblance. En 1995, au plus fort de la querelle qui

Cette dernière rumeur, sinon les précédentes, a été lancée par le vrai délateur. Celui-ci est saisi de panique. Il a compris qu'il allait être démasqué et a allumé ses derniers contre-feux. Depuis quatre ans, les avocats de François Pinault et du CDR ont multiplié les procédures pour connaître le nom de la balance qui risque de coûter des milliards à la France. Pour se donner des cartouches dans la procédure civile : dès qu'ils en connaîtront l'identité, peut-être pourront-ils disqualifier ou, éventuellement, retourner un personnage que l'on imagine prêt à tout pour de l'argent. Le 7 juin 2004, les avocats du CDR ont déposé auprès du juge une « motion » demandant que « M. X » soit entendu comme témoin dans le cadre des procédures civiles. Cette demande devait être débattue devant le juge le 28 juin. En se basant sur un arrêt ancien de la Cour suprême des Etats-Unis, ils ont découvert que « la protection du dénonciateur n'est pas absolue (...). Quand la révélation de l'identité d'un informateur ou de la nature de ses déclarations est essentielle pour la résolution juste d'un cas et pour l'assistance de la défense, le secret doit être abandonné ».

Alors que la décence aurait conduit n'importe qui dans la même situation à se cacher dans un trou de souris, François Marland choisit *Paris-Match* pour faire son outing, dans un long entretien. Panache ou inconscience ? Rien de tout cela : calcul et protection. Tout a

---

l'oppose à Altus, Tissier et l'avocat franco-américain François Chateau, déjà identifié en mai 2004 comme l'avocat du délateur, travaillaient sur un dossier commun, celui du *Défi français* de Marc Pajot dans l'America's Cup, à San Diego. Un projet de 200 millions de francs dans lequel Tissier avait, officiellement, essuyé un manque à gagner de 20 millions, faute d'être parvenu à vendre l'espace publicitaire sur le spinnaker. Une rumeur a couru à l'époque : cette opération aurait permis à Edouard Balladur de nourrir sa campagne présidentielle. François Chateau a été le consultant de Marc Pajot pour la partie américaine de son défi. Il est logique de penser que le patron de Stardust ait pu être l'un des premiers à avoir attiré l'attention de François Chateau sur le montage Executive Life.

été verrouillé. L'article a été apporté par Patrick Amaury, un journaliste pigiste free lance. Les négociations avec Alain Genestar, le directeur de la rédaction, ont duré deux mois. En contrepartie du scoop, *Match* a accepté les conditions posées par Marland et Amaury : étaler l'interview sur dix pages, agrémentée de larges photos avec femme et enfants. L'article est illustré de clichés de tous les acteurs de l'affaire Executive Life. Ceux-ci ont été choisis par l'interviewé : aux Pinault, Black, Fontana, Hénin, Barbizet, s'ajoute étrangement celle, inattendue en pareille compagnie, de Marc Bourragué, magistrat à Montauban, ancien substitut du procureur à Toulouse, dont « François Marland considère qu'il lui doit d'avoir été emprisonné à tort en 1994 », affirme la légende.

Match a surtout accepté de publier telle quelle l'interview de Marland-la-balance sans article de présentation, sans commentaire et sans la moindre mise en perspective. Elle est simplement coiffée par une chronologie sommaire intitulée : « L'affaire Executive Life et monsieur X ». Certains, au sein de la rédaction, se sont étonnés de ce traitement de faveur accordé à un aussi sombre personnage. Pas d'angélisme : dans tous les journaux, il arrive que l'on négocie des scoops en contrepartie d'une présentation positive de celui qui l'a transmis. Mais, pour un scoop de cette ampleur, Alain Genestar a poussé le bouchon très loin. La semaine suivante, sous le titre « François Marland, portrait d'un golden boy en ombre et lumière », sous la plume de François Labrouillère et Olivier O'Mahony, deux vrais journalistes, *Match* rectifiera heureusement le tir.

D'emblée, Marland triche sur la raison pour laquelle il prend publiquement la parole. « C'est pour moi un acte de clarification » qui ne correspond à « aucune stratégie, à aucun intérêt », affirme-t-il, en précisant : « mon anonymat étant strictement protégé par une ordonnance de la justice américaine, j'aurais pu continuer à vivre dans le secret». En réalité, François Marland est acculé. Il sait qu'il va être démasqué officiellement au cours des semaines qui suivent. Le 2 mars 2004, contraint à témoigner sous serment, à New York, dans le cadre de la procédure civile, son avocat franco-américain François Chateau, a encore tenu bon : « A moins que ma langue ne fourche, je ne vous livrerai pas ce nom», a-t-il dit, s'efforçant, au cours d'une audition de sept heures trente, d'être le plus évasif possible. Mais Marland sait que Chateau peut craquer d'un jour à l'autre. L'avocat tient à sa respectabilité : conseiller du commerce extérieur de la France, secrétaire de la section Nord-Est des Etats-Unis, il est membre du conseil d'administration du Lycée français de New York, qu'il a d'ailleurs lancé dans des opérations immobilières contestées. François Chateau, dont la famille est apparentée à celle des Bettancourt, actionnaires de L'Oréal, a dû reconnaître, sous serment, qu'il était lui-même financièrement intéressé à la condamnation des Français, « aux côtés de M. X ». Il est, lui aussi, partie prenante à la société Rono, inscrite le 5 février 1999 dans l'Etat du Delaware, en vue de toucher le prix de la délation, aux côtés de son client. Son nom est désormais publiquement associé à celui de François Marland, un M. X de plus en plus transparent : j'ai notamment rappelé dans *Le Nouvel Observateur* qu'ils ont fait leurs études de droit ensemble et que Marland est client de Chateau depuis 1994. Au-delà de François Marland, « le deus ex machina de la délation pourrait bien être François Chateau lui-même », écrivais-je alors, expliquant que l'avocat « aurait fédéré ses informateurs et centralisé leurs informations, pour mieux les vendre [1] ».

1. *Le Nouvel Observateur* du 25 mars 2004.

Cet article affole François Chateau. La lumière crue sur son rôle éclaire ses contradictions d'avocat binational. Côté américain, son rôle d'informateur nuisible aux intérêts français peut le servir. Mais le voilà grillé aux yeux de son pays d'origine, de ses clients français et de beaucoup de ses proches. Or François Chateau a le goût des affaires. En 1997, après avoir fait du lobbying pour abandonner la limitation à deux litres maximum de l'embouteillage de l'eau minérale en Europe, il a créé, avec l'appui de la famille Wertheimer (propriétaire de Chanel), la société Chateaud'eau qui installe des fontaines dans les entreprises et certains lieux publics avec des bouteilles en plastique de 5 gallons (18,90 litres) [1]. Au Lycée français de New York, on le regarde d'un œil différent. Des parents d'élèves se disent prêts à enquêter sur les opérations immobilières bizarres qu'il a initiées. La pression devient insupportable : Chateau ne veut pas porter seul plus longtemps le chapeau. Il demande à Marland de lever lui-même le voile.

En se découvrant dans *Match*, Marland poursuit un double objectif : se rendre moins antipathique et distiller des éléments qui visent à conforter la position de la partie civile – donc la sienne – dans la procédure. Que dit-il ? « Oui, je suis celui que l'on a appelé monsieur X, celui qui, en 1998, a pris la décision de contacter la justice américaine pour l'informer d'une fraude commise contre ses lois par certains dirigeants du Crédit Lyonnais et d'Altus, la filiale de la banque. » Il explique être sorti de son silence dans « un acte de clarification » et parce que « depuis quelques mois, je dois, avec ma famille, affronter un climat de menaces, d'agressions qui visent aussi mes avocats ». Marland se décrit – sans rire – comme un « intermédiaire bénévole », lorsqu'il a mis en rapport Jean-François Hénin

1. La société a été revendue à Suez, qui l'a elle-même cédée à Danone.

et Jean-Claude Seys, oubliant les 160 millions de francs que celui-ci lui a accordés dans son arbitrage avec le Crédit Lyonnais. Il affirme qu'un document signé entre Altus et la Maaf avait pour titre : « Contrat de portage ». Il ajoute : « L'opération se révélait être un très bon deal pour la Maaf, puisque le Crédit Lyonnais, via Altus, prêtait l'argent à la mutuelle pour acheter Executive Life », lui garantissant un prix de rachat préétabli, une couverture en cas de problème et une rémunération. Marland donne un petit cours de droit : un contrat de portage, selon lui, est illégal s'il permet « la mise en place de stratagèmes frauduleux servant à contourner une loi ».

Le délateur se présente comme « un homme blessé mû par la vengeance ». Sa décision de dénoncer à la justice américaine le montage mis en place par Hénin est, selon lui, « une réponse à une action totalement injuste intentée par certains dirigeants du Crédit Lyonnais et leurs sbires à mon encontre ». Il affirme avoir décidé de passer à l'acte en juillet 1998, quand il a été visé par une poursuite émanant du CDR, « dirigé par d'anciens salariés de la banque » : « C'était la deuxième fois que ces hommes s'attaquaient à moi, puisqu'en 1994 j'avais déjà été accusé par eux, à tort, mis en examen et jeté en prison comme un criminel », explique-t-il. Il revient longuement sur ces onze jours passés dans une prison toulousaine, affirmant qu'il en ressort avec une « détermination inflexible » due aux « larmes de [son] père » à sa première visite. Il reconnaît néanmoins ne pouvoir être comparé à Nelson Mandela, son modèle.

« Je ne traverse pas la période la plus sereine de ma vie mais j'assume », écrit François Marland. Il faut décrypter son texte pour y discerner l'ombre d'un vague mea culpa. Il concède ne pas avoir imaginé, en 1998, que l'affaire prendrait une telle ampleur : « J'ai voulu punir des hommes et c'est tout un système qui est ébranlé. » Aussi reconnaît-il du bout des lèvres qu'il a fait une erreur : « Lorsque je constate les dégâts provoqués par la gestion cataclysmique de ce dossier par des irresponsables ou des incapables, je me dis que je ne le referais sûrement pas. »

Dans une pauvre tentative de réhabilitation, Marland dément avoir dénoncé les montages pour s'enrichir : « Il y a bien longtemps que je sais que je ne toucherai pas aux bénéfices de cette affaire pour mon usage personnel, ni familial (...). Ma motivation n'était pas financière. » Les « profits réalisés seront intégralement réinvestis dans des fondations ou des œuvres caritatives, humanitaires et humanistes, que je souhaite créer ou soutenir durant les dix prochaines années », ajoute-t-il. Plus c'est gros, plus ça passe : tous ceux qui l'ont fréquenté assurent pourtant que l'altruisme est une vertu qui lui est parfaitement étrangère. Ce dont témoigne la réalité de son parcours, bien différent de son vibrant plaidoyer pro domo.

Après ses études de droit à Paris, où il fréquente François Chateau, François Marland devient avocat. Il fait des stages dans plusieurs cabinets parisiens mais ne parvient pas à s'y intégrer, « en raison d'un caractère bien particulier », affirme, sans plus de précision, l'associé de l'un d'entre eux [1]. Il s'inscrit donc au barreau de Bruxelles en tant que membre d'un barreau étranger.

1987 est pour lui une année charnière : il a 33 ans, épouse Jane, une ancienne top model américaine originaire du Nouveau-Mexique, avec laquelle il aura trois enfants, cesse d'exercer son métier d'avocat, se met à son compte avec 300 000 francs et achète une

1. Devenu depuis un ténor du barreau, Olivier Schnerb s'étonne de la réintégration tardive de Marland par le conseil de l'Ordre, après son exclusion due à ses ennuis judiciaires.

entreprise, la première d'une « grosse centaine ». Comme tant d'autres à la même époque, il ne cesse de faire ses emplettes à la barre du tribunal de commerce, achète, vend et crée de bric et de broc un groupe de distribution en gros qui réalise, selon lui, jusqu'à 8 milliards de francs de chiffre d'affaires, en 1992. Pour mener ses opérations, il emprunte sans limite à Altus, à la SDBO, à International Bankers, autres filiales du Lyonnais, à la banque Louis Dreyfus (où exerçait alors son « frère » Jean-Claude Seys), au GAN, aux AGF, etc. Et à la Midland Bank, dont Claude-Eric Paquin présidait alors la filiale française. Marland n'a pas de difficultés à obtenir des crédits : il n'hésite pas à faire des cadeaux à ses banquiers et parfois à les embaucher. C'est ainsi qu'en juillet 1993, il fera indirectement profiter Jean-Claude Seys et Claude-Eric Paquin de ses largesses, à travers une société de maillots de bains dont leurs femmes sont actionnaires, sous leur nom de jeune fille.

Le plus engagé est bien entendu Jean-François Hénin, même si lui n'est pas suspecté par la justice d'avoir touché de l'argent, à titre personnel, de ses clients : Altus a prêté à Marland plusieurs centaines de millions de francs, dont 100 millions en participation au capital de Marland Distribution. Tout cela n'était qu'un château de cartes. On a vu comment Hénin s'était fait rouler dans la farine, avec un arbitrage rendu par Jean-Claude Seys aux termes duquel Altus a dû payer à Marland 160 millions de francs pour une entreprise dont la banque devra déposer le bilan quelques mois plus tard. Dans son interview à *Match*, Marland affirme que la banque a « insisté » pour lui racheter son groupe. Dans *Les Echos* [1], Jean-Pierre Aubert lui répondra sobrement, car le successeur de Raymond Lévy à la

1. *Les Echos* du 22 juin 2004.

présidence du CDR s'est engagé auprès de la justice pénale américaine à ne pas agir contre « l'informateur » : « François Marland est venu supplier Altus de lui reprendre son entreprise, en situation financière délicate [1]. »

Aujourd'hui âgé de 50 ans et plus en forme que jamais, Marland affirme qu'il a été emprisonné à tort, en 1994. Mais il oublie de dire qu'il ne l'avait pas été sur le fond, mais pour outrage à magistrat. Le juge d'instruction Laurent Nion n'avait pas l'intention, à son arrivée, de le placer en détention provisoire. Il est vrai, en revanche, que la procédure engagée contre lui, Haberer, Hénin et les quatre mousquetaires, à Toulouse, par le substitut Marc Bourragué s'est terminée par un non-lieu.

Bourragué n'est pas un inconnu : c'est lui qui a été gravement mis en cause, en même temps que Dominique Baudis, dans l'affaire Alègre par deux prostituées qui ont accusé le magistrat de viol, d'actes de torture et de barbarie ainsi que de complicité de crime. Infondée, cette accusation n'est pas tombée du ciel : elle a été relayée par des gendarmes et des journaux parce que le substitut s'était fait de nombreux ennemis à Toulouse, où il était le seul magistrat du parquet en charge des affaires financières. En opposition frontale avec les élites locales – il a fait notamment condamner Jean-Michel Baylet, le patron de *La Dépêche* – il a été accusé d'avoir versé dans la mégalomanie. De fait, parce que la société Escoulan, qui a fait couler Marland,

1. Aubert contredit Marland sur plusieurs autres points. Marland affirmait que le CDR avait envoyé à la justice américaine des « archives regorgeant de preuves et de documents précieux ». Aubert répond : « Le CDR n'a fait qu'envoyer à la Réserve fédérale les pièces que celle-ci lui demandait. » Marland évaluait « à près de 200 millions de dollars » le montant des honoraires versés par le CDR à White & Case. Pour Aubert, le chiffre « est plus de deux fois inférieur ». Soit près de 100 millions de dollars tout de même...

est située à Toulouse, il a tenté de récupérer pour lui seul tous les scandales du Lyonnais, espérant être le premier à faire condamner Marland, en même temps qu'Haberer, Hénin, Paquin, les quatre mousquetaires, etc. Mais la procédure ne tenait pas : Marland a été mis en examen pour complicité de banqueroute, alors que son groupe n'était pas encore en faillite !

Le juge Jean-Pierre Zanoto et le parquet de Paris feront finalement entendre raison à Bourragué. Le dossier est rapatrié à Paris où le non-lieu est prononcé. Un non-lieu de pure forme : Marland sera remis en examen sur des bases plus solides à Paris, où son affaire sera instruite par le juge Philippe Courroye, qui a remplacé Jean-Pierre Zanoto. Plusieurs procédures étaient encore en cours en janvier 2005. Mais un arrêt du 24 janvier 2001 de la cour d'appel de Paris, qui se prononçait sur le montant de la caution de 15 millions de francs exigée de François Marland, montre parfaitement quelle était la réalité de ses pratiques. Le dénonciateur des portages était un expert en la matière ! « Il avait obtenu la valorisation de son groupe par des engagements de rachat (...) sous couvert d'opérations de portage, ayant pour but un enrichissement personnel », écrit la cour. La méthode est rustique : le groupe Marland vend des sociétés à un homme de paille installé à Genève, ce dernier les revend au groupe avec une plus-value qu'il reverse à François Marland en cash ou via des sociétés panaméennes. Sur chaque opération, l'intermédiaire prend une commission de 4 % des sommes ainsi détournées. Ces allers-retours avaient lieu « dans un laps de temps quelquefois très court » lui permettant « de réaliser des plus-values pour un montant de plusieurs dizaines de millions de francs, opérations pour la plupart financées par Altus, destinées à faire croire à la prospérité du groupe », écrit la cour d'appel. Une opération portant sur la société Euridis a permis « à Mme Marland de réaliser en quelques jours une plus-value de 30,4 millions de francs ». Enumérant divers montages de cette nature, la cour a considéré « qu'il existe des motifs sérieux faisant présumer que [François Marland] a commis les abus de biens sociaux qui lui ont été reprochés ». Elle l'a débouté de sa demande de révision de sa caution de 15 millions de francs. Dans l'attente d'un jugement sur le fond, François Marland est, bien entendu, présumé innocent.

La Cour des comptes évalue à 1,5 milliard de francs ce qu'a coûté François Marland au Crédit Lyonnais. En mai 1997, dans un document interne, le CDR dénonce un « pillage » et une « délinquance organisée » au sujet de l'affaire Escoulan. Initiateur des plaintes, le CDR limite à 900 millions de francs le préjudice causé par Marland, celui-ci ayant, selon lui, détourné à son profit près de 400 millions. La justice tranchera. Mais contrairement à ce que croyait Jean-François Hénin, le délateur de l'affaire Executive Life a bel et bien mordu la main qui lui a tant donné.

Au-delà de la plaidoirie, « l'interview » de François Marland à *Match* recèle une affirmation, anodine en apparence, en réponse à une question téléguidée : où et quand avez-vous rencontré pour la première fois Gary Fontana ? Réponse : « Sur la terrasse d'un café du port de San Francisco, à Embarcadero Center, en août 1998. Je lui ai raconté mon histoire (...). François Chateau, mon avocat à New York, avait préparé ce rendez-vous. [Il] avait tout de suite identifié en Gary Fontana un bon interlocuteur. » La date du premier rendez-vous, août 1998, n'est pas innocente. Car s'il peut être prouvé que la justice américaine ou la partie civile ont été informées de l'existence des contrats de portage avant le 15 juin 1998, François Pinault est blanchi. Mieux : si Gary Fontana avait connaissance des contrats de portage et des montages financiers prétendument illicites dès 1994, comme des indices le laissent croire, c'est tout le versant civil de l'affaire Executive Life qui se retrouve prescrit.

Explication : la clôture définitive du plan de redressement d'Executive Life n'a été signée que le 15 juin 1998, entre le département des assurances et Nolhga, le fonds de protection des assurés de Californie, d'un côté et de l'autre, Artémis, la société propriétaire. Avant cette date, tous les dommages et intérêts devaient être payés par Nolhga. Après, ils sont à la charge d'Artémis. La société de François Pinault reçoit même 75 millions de dollars pour solde de tous les contentieux éventuels qui ne seraient pas venus à la connaissance du département des assurances et de Nolhga. Pendant le mois précédant la signature, les Américains ont procédé à un audit au terme duquel ils devaient informer Artémis de toute réclamation nouvelle. Ce 15 juin, ils ont donc certifié n'être informés d'aucune autre contestation que celles déjà actées... D'où le soupçon qui pèse sur Nolhga, Garamendi et Fontana : informés plus tôt des déclarations de François Marland, ils auraient délibérément attendu que le 15 juin soit passé pour faire état de ce nouveau contentieux, afin d'en faire porter la charge à François Pinault. Celui-ci a porté plainte contre eux, sur ce point, dès 2002. Aussitôt, les Américains ont demandé au juge Matz, en charge de la procédure civile, de rejeter cette plainte, mais le juge les a déboutés. Si elle était avérée, cette dissimulation non seulement exonérerait Pinault, mais elle vaudrait à leurs auteurs des inculpations de « crime de fraude et félonie », celui-là même qu'ils reprochent aux Français !

Or la réunion au cours de laquelle Nolhga informe le département des assurances de la contestation de Gary Fontana sur la base des révélations de François Marland (alors M. X) a lieu officiellement le 23 juin 1998, huit jours seulement après la date couperet. Il faudrait donc croire que l'information est tombée par hasard le lendemain du 15 juin et que la réunion a été organisée sur-le-champ... Les révélations de Marland à Fontana ne peuvent, de toute façon, avoir été formulées pour la première fois en juillet 1998, comme l'affirmaient tous les récits de l'affaire, et encore moins en août, comme le dit le délateur dans son interview.

Il y a plus troublant encore. Dans son audition sous serment du 2 mars 2004, François Chateau, interrogé sans relâche par les avocats de François Pinault, a fini par lâcher une bombe : il a reconnu avoir disposé d'informations sur les contrats de portage dès 1994 mais que celles-ci étaient « floues », alors qu'elles sont « devenues beaucoup plus précises » début 1998. Poussé dans ses retranchements, il reconnaît enfin que les contrats de portage entre le Crédit Lyonnais, la mutuelle Maaf et différents investisseurs privés étaient connus de la partie américaine et de lui-même « en janvier ou février 1998 » et même qu'il en avait été alerté, de façon évasive, dès 1994, date à laquelle M. X est devenu son client. Or ce témoignage en corrobore un autre, recueilli deux ans plus tôt : celui de Tony Buonaguro, un ancien dirigeant de Nolhga. Dès le 29 janvier 2002, Buonaguro a affirmé, lui aussi sous serment, lui aussi poussé dans ses retranchements, qu'il avait été informé « en février 1998, par [l'avocat Steve] Anderson, d'une fraude possible en relation avec le plan de redressement d'Executive Life » et « d'accords secrets entre le Crédit Lyonnais et la Maaf ».

Autre soupçon : François Chateau a été l'associé de plusieurs cabinets d'avocats américains avant de rejoindre celui où exerce Gary Fontana. Les termes de ce rapprochement ont-ils tenu compte de l'apport, par François Chateau, de la mine d'or potentielle que constituait le témoignage de son client François Marland ? C'est ce que cherchent à savoir les avocats d'Artémis.

Car, depuis l'origine, Gary Fontana, plus de deux mètres sous la toise, cherche à tirer un profit personnel de la reprise d'Executive Life et de ses junk bonds par les Français. Ce géant débonnaire âgé de 57 ans, au crâne lisse et au regard pétillant, est un redoutable procédurier. Bon basketteur, il a été formé dans les meilleures universités américaines, en particulier à la Cornell University où il obtient, en 1968, avec félicitations, un diplôme d'économie, puis à la Yale Law School. Républicain bon teint, lui aussi membre des *Skull and Bones*, il est passé par la Maison-Blanche sous la présidence de Gerald Ford, en 1977 et 1978. Spécialiste en Californie du droit des assurances et de l'application des lois antitrust, il trône au 17e étage d'un immeuble de San Francisco, d'où il domine la baie et le pont du Golden Gate. Avocat des parties civiles, le département des assurances est son plus gros client. Il touchera 13 % des sommes récupérées, jusqu'à 150 millions de dollars. Au-delà, le tarif est dégressif. Il a déjà facturé 60 millions de dollars d'honoraires. Pour qu'il rentre dans ses frais, l'amende civile doit atteindre 500 millions de dollars. La loi américaine lui accorde un droit de veto sur une éventuelle transaction (inférieure à 560 millions de dollars) entre le commissaire aux assurances et les Français. Il réclame 3,4 milliards de dollars dont plus de 1 milliard à Pinault.

Fontana suit l'affaire depuis ses tout débuts. Il est le premier à s'opposer à la reprise des junk bonds et de la compagnie Executive Life par les Français. Dès février 1994 – dispose-t-il déjà d'informations fournies par Marland, via Chateau ? – il s'agite pour faire reconnaître par la justice californienne le préjudice causé à ses clients, compte tenu de leur revalorisation rapide des junk bonds. Il réclame une soulte comprise entre 300 millions et 1 milliard de dollars, suscite des articles dans la presse américaine qui accusent John Garamendi d'avoir fait preuve de légèreté. Ce qui ne l'empêchera pas, plus tard, de devenir son avocat ! Mais le soufflé retombera vite. Et, comme on l'a vu, Fontana perdra en première instance et en appel devant la justice californienne.

En revanche, à partir de l'été 1998, Gary Fontana sent que son heure est venue. Comme c'est la pratique aux Etats-Unis, l'avocat va démarcher ses clients potentiels. Avec François Chateau, Richard D. Barger et Steven Anderson [1], ils sont quatre avocats qui connaissent les dessous de l'affaire au gré des fusions successives de leurs cabinets. Ils adressent alors à Nolhga leurs offres de service « sur la base des informations et de l'aide apportées par M. X ». Ils sont précisément informés par Marland et Chateau de ce qui se passe en France autour du Crédit Lyonnais. Le mémo qu'ils adressent le 30 septembre 1998 au fonds de solidarité des assurés de Californie insiste sur le fait qu'ils sont en position de force : l'affaire, écrivent-ils, « pourrait compromettre la privatisation du Crédit Lyonnais » réclamée par les autorités européennes et « provoquer sa faillite ». Il est indiqué que d'autres personnes que le délateur et les protagonistes « ont une connaissance intime des contrats de portage et des autres circonstances et sont prêtes à coopérer avec Nolhga sous certaines conditions ». « La stratégie à développer en accord avec Nolhga pourrait provoquer un règlement rapide ». Plus loin, Marland et Chateau sont ouvertement mis en cause : « L'affirmation selon laquelle il est probable que le Crédit Lyonnais acceptera un accord rapide est fondée sur l'assistance active de

1. Gary Fontana (San Francisco) et François Chateau (New York) sont associés du cabinet Thelen, Reid & Priest ; Richard D. Barger (Los Angeles) et Steven Anderson (New York) de Barger & Wolen.

M. X et son avocat. » Ceux-ci « connaissent parfaitement la situation politique et la pagaille qui entoure le Crédit Lyonnais, ils connaissent les acteurs de ce drame et ont une vision claire de la façon dont Nolhga peut les forcer à signer un accord (...). Notre recommandation est (...) d'écrire une lettre au Crédit Lyonnais deux ou trois semaines après que nous aurons les documents et les informations de M. X (...). Si Nolhga nous permet de le faire, nous délivrerons immédiatement la lettre de réclamation aux personnes appropriées en France et nous entamerons les discussions. »

On ne peut être plus clair : Gary Fontana, François Chateau et François Marland sont convaincus que le Crédit Lyonnais va transiger en quelques semaines et que personne ne se souciera plus d'eux. Si les mots ont un sens, cette démarche, vue depuis la France, peut être qualifiée de chantage ou de tentative d'extorsion de fonds. Délation discrète, transaction rapide, beaucoup d'argent vite gagné : pourquoi se gêner ? Et pourtant, rien ne se passe comme prévu. Non pas que le Crédit Lyonnais refuse de transiger. C'est Nolhga et le département des assurances, lui aussi sollicité, qui ne donnent pas suite, dans un premier temps. Garamendi n'a pas voulu bouger. Peut-être par peur, se sachant impliqué, d'ouvrir la boîte de Pandore ?

Il a fallu attendre le 18 février 1999 : le commissaire aux assurances républicain Chuck Quackenbush, qui a battu John Garamendi aux élections de novembre 1998 et vient d'entrer en fonction, porte alors lui-même plainte pour « fraude » contre le Crédit Lyonnais, le CDR et la Maaf, accusés d'avoir spolié l'ancien propriétaire d'Executive Life, c'est-à-dire l'administration américaine. Il n'y va pas par quatre chemins : « Des individus dépravés et leurs associés sont venus en Californie avec des intentions frauduleuses, afin de contourner les règles établies pour protéger les assurés et consommateurs innocents, affirme Quackenbush dans un communiqué tout en nuances. Bien que les faits aient eu lieu sous un autre mandat de commissaire, je vais m'assurer que les financiers étrangers qui ont perpétré ce plan vont payer et que les manipulateurs n'auront plus jamais l'idée de contourner l'autorité de l'Etat. » Le commissaire réclame tout simplement l'annulation de la vente des junk bonds d'Executive Life à Altus, le versement des dommages et intérêts, ceux-ci étant triplés en raison de la fraude (*punitive damages*), ainsi que le remboursement de tous les profits réalisés à partir des « actes frauduleux et déloyaux ». Sa démarche est claire : le républicain veut avant tout régler ses comptes avec son prédécesseur démocrate, John Garamendi. Pour lui, cette affaire, qui d'un coup devient publique, tombe à pic [1].

Comment Quackenbush s'est-il décidé ? Sa plainte est indépendante des démarches entreprises par Gary Fontana, qui n'en est même pas informé. A tel point que, la veille, désappointé de ne pas être entendu à Los Angeles, Gary Fontana a accompagné François Marland à Sacramento, la capitale de la Californie, où il a déposé une autre plainte devant le procureur de cet Etat, comme le permet l'organisation fédérale de la justice aux Etats-Unis. Une plainte de dépit, devenue secondaire, et que le procureur de Californie gardera sous le coude pendant deux ans et demi.

On le sait aujourd'hui : Chuck Quackenbush s'est réveillé à la lecture des documents qui ont été transmis à son administration par Artémis et ceux qui l'ont été à la Réserve fédérale (FED) par le Crédit Lyonnais. Comment les Français ont-ils pu ainsi se tirer dans le pied ?

---

1. Le 20 février, Pascal Riché écrit dans *Libération* : « La banque pressait le gouvernement d'avancer la publication du décret de privatisation. Mais dans la nuit de jeudi à vendredi, un vieux fantôme est venu tirailler les souvenirs de la banque publique. »

CHAPITRE 8

Des montagnes de documents traversent l'Atlantique

Tout a commencé le 18 novembre 1998, au cours d'un conseil d'administration d'Aurora (nouveau nom d'Executive Life), sous la présidence de John Ryan, l'ami discret de François Pinault, qui gère pour lui une partie de sa fortune. Gilles Erulin, l'homme de l'assurance chez Artémis – Patricia Barbizet est restée à Paris – apprend des administrateurs américains qu'une enquête préliminaire a été lancée sur les portages organisés par Altus, avant le rachat d'Executive Life par Artémis. Le seul bénéficiaire des contrats de portage encore présent dans le capital de la compagnie est SunAmerica, dont le représentant assiste au conseil. Personne ne s'attarde sur le sujet. Le compte rendu du conseil en fait une mention sibylline : « M. Frankel, l'avocat de la compagnie, a fait un rapport sur certains litiges légaux couverts par l'exemption des relations avocat-client. » Revenu à Paris, Erulin cherche ce qu'il y a dans les archives d'Artémis où tout le monde a oublié ces contrats passés entre des tiers et qui datent de plus de six ans. Il en retrouve quelques-uns, ceux qu'Altus avait transmis à Artémis, à sa demande, entre novembre et décembre 1993. En particulier les premiers contrats signés entre Altus et la Maaf. Erulin les feuillette. Il est soulagé : aucune pièce ne porte la signature de qui que ce soit d'Artémis. En accord avec Patricia Barbizet, il décide alors de les transmettre, comme demandé, au département des assurances de Californie qui a autorité sur Executive Life et donc sur Artémis. Pas question de refuser, ni de faire obstruction à la justice, d'autant moins que personne, dans le groupe Pinault, ne se sent concerné. Mais pas question, non plus, d'envoyer ces documents sans l'autorisation du Crédit Lyonnais.

Le 30 décembre 1998, Patricia Barbizet appelle donc la direction générale de la banque. Tout le monde est en vacances. Elle tombe sur l'un des directeurs, un certain Jacques Téveneau :

— Je vous appelle car il y a un problème.

— Que se passe-t-il ?

— L'avocat américain du commissaire aux assurances de Californie nous demande un certain nombre de documents sur l'affaire Executive Life. Nous en avons retrouvé un certain nombre. Voyez-vous un inconvénient à ce que nous les transmettions ?

— Je n'en sais rien. Il faut que je demande à Jean-François Verny, le secrétaire général, qui suit cette affaire depuis le début. Il sera là lundi.

— Il nous faudrait une réponse rapide.

Dès son retour de vacances, le lundi 4 janvier 1999, Verny rappelle Patricia Barbizet :

— De quoi s'agit-il ?

— Des différents contrats de rachat des actions d'Executive Life à la Maaf et aux investisseurs associés. Il nous est difficile de ne pas les transmettre. La question est de savoir s'il n'est pas judicieux pour vous de produire ces pièces vous-même.

— Je vais demander à Peyrelevade et je vous rappelle.

Informé de la démarche, Peyrelevade aurait répondu d'emblée à Verny : « Si c'est vrai qu'Altus a contourné la réglementation américaine, ils étaient fous ! » La demande provoque un débat interne dans la direction, tranché par le patron. Le 6 janvier, Verny rappelle Barbizet :

— Fournissez vous-même les documents qui vous sont demandés.

— Et vous, que comptez-vous faire ? Ne faut-il pas nous coordonner ?

— Nous, nous allons informer le CDR, comme nous en avons l'obligation légale en cas de contestation juridique, explique Jean-François Verny, sans la moindre inquiétude apparente.

Peu après, Jean-François Verny appelle François Lemasson et lui explique la situation. Le président du directoire du CDR déboule aussitôt dans le bureau de Raymond Lévy :

— Il semble qu'il y a un problème avec Executive Life.

— Ah bon, répondra Lévy pour tout commentaire.

Pour le président du conseil de surveillance CDR, il s'agit d'un contentieux comme un autre. Il y en a tant !

Le même jour, mais plus tard en raison du décalage horaire, Jean-François Verny téléphone à Rodgin Cohen, partenaire de Sullivan & Cromwell, l'avocat du Crédit Lyonnais et d'Altus en 1990, quand tout a démarré. C'est l'homme du dossier junk bonds.

— Que faire ?

— Cette affaire est grave, répond Cohen. Il n'y a qu'une chose à faire. Il faut prévenir la FED.

Le Crédit Lyonnais demande un conseil à son ancien avocat, alors qu'il l'a abandonné au bénéfice de White & Case. L'avocat new-yorkais réagit dans l'instant. Pas question de prendre le moindre risque pour quelqu'un qui ne vous paye plus. Des conseils ? Au lieu d'en donner, de laisser un peu de temps à la banque pour se retourner, de définir avec elle une stratégie, Cohen va choisir son camp. Ce n'est pas celui du Crédit Lyonnais. Mais celui de l'Amérique. Veste retournée, sans la moindre hésitation, dès le lendemain, l'avocat prévient Virgil Matingly, patron des services juridiques de la FED. Il téléphone dans la foulée à trois autres représentants de la FED [1]. A tous, il dit la même chose : « Je n'ai pas eu le temps de me plonger dans mes dossiers mais je pense que j'ai fait de fausses déclarations parce qu'on ne m'a pas dit la vérité. » Et il ajoute : « J'ai été trahi par le Crédit Lyonnais. » Trahi par le Crédit Lyonnais ? C'est à voir. Il est sûr, en revanche, que le Crédit Lyonnais a été lâché par Rodgin Cohen.

L'attitude de Cohen fournit l'exemple parfait de l'avocat qui se retourne contre son client pour ne pas être accusé de complicité. Cohen, l'un des plus grands pontes américains en matière de droit bancaire, ne peut laisser supposer qu'il a participé de façon active au contournement de la loi, dans un contexte bienveillant que, six ans plus tard, tout le monde a oublié. Lorsqu'en 1999 la FED découvrira qu'Altus ne possédait pas « moins de 25 % » mais plus de 50 % des fonds qui contrôlaient Apollo, elle interrogera Cohen sur « ses déclarations inexactes ». Celui-ci rejettera la faute sur Altus. Ni lui ni son cabinet ne seront inquiétés. Et leurs noms ne seront même jamais cités dans l'acte d'accusation, masqué derrière le très pudique « the New York law firm ». C'est un élément déterminant : le Crédit Lyonnais et Altus ont été dénoncés et accusés par leurs propres avocats et ne pourront plus jamais se sortir du guêpier.

Après avoir prévenu la FED, Rodgin Cohen prépare

1. A Thomas Baxter au bureau de la FED à Washington, à Kathleen O'Day et Sarah Kelsay au bureau de la FED de New York et à son département bancaire.

un mémo à destination du Lyonnais dans lequel il reconnaît sa démarche. Sa mise en garde est sévère : « Vous risquez de perdre votre licence aux Etats-Unis. » Il suggère fermement aux dirigeants de la banque de montrer leur bonne volonté en commençant par remplir un rapport d'activité suspecte [1].

Dès le 15 janvier, Artémis transmet les contrats de portage qui étaient stockés dans ses archives. Plus tard, François Pinault sera accusé d'avoir délibérément informé les Américains, en contrepartie d'un traitement privilégié – une immunité – pour lui et pour son entreprise. Les dirigeants d'Artémis assurent qu'ils n'ont rien demandé ni rien obtenu en échange de cette livraison d'archives dont ils n'ont, à l'époque, pas mesuré l'impact auprès du département des assurances. Le calendrier plaide pour eux : en janvier 1999, aucune plainte n'a été déposée, aucun procureur n'a été désigné et une négociation d'impunité est donc impossible.

Peu après, se conformant aux suggestions de Rodgin Cohen, le Crédit Lyonnais prévient lui-même la FED qu'il y a un problème avec des contrats de portage. Il fait part à l'autorité de tutelle des banques des doutes que lui inspire, sur ce dossier, la conduite des dirigeants d'Altus et du Crédit Lyonnais en 1991 et 1992, « conduite qui vient de lui être révélée ». Trop tard pour paraître sincère. Mais décisif : c'est l'élément déclenchant qui conduit la FED a lancer une enquête administrative, à récolter elle aussi tous les documents détenus par la banque et par le CDR, et à transmettre le dossier complet au parquet de Los Angeles.

---

1. Depuis le 1er janvier 1996, le *Suspicious Activity Report* (SAR) rend obligatoire, pour les banques étrangères soumises au *Bank Holding Company Act*, de remplir un rapport dès qu'est suspectée une violation criminelle des règles fédérales. Cette nouvelle disposition s'accompagne d'une suppression de plusieurs obligations du BHCA, dont celles-là mêmes pour lesquelles le Crédit Lyonnais a été poursuivi et condamné. Ce qui n'est pas le moindre paradoxe de cette affaire...

Sauf pour Artémis, propriétaire d'Executive Life, directement placée sous la tutelle du département des assurances, un autre choix était possible, aux dires mêmes de plusieurs avocats américains : *shut up* (la fermer). Car il existe une loi française qui interdit à un citoyen ou à un résident de témoigner devant une juridiction étrangère contre les intérêts d'une société française. C'est à ce titre que Jean-François Hénin et Jean-Claude Seys, plus tard, seront priés de garder le silence. Et c'est encore à ce titre, lorsque l'affaire sera réglée, que François Marland pourra être poursuivi. Une telle attitude aurait bien évidemment mis hors d'elles les autorités judiciaires et administratives américaines, ainsi que les parties civiles. Mais les Français se seraient retrouvés dans une confrontation directe, à armes égales : c'était la loi américaine contre la loi française. Et les Américains auraient été privés de toutes les pièces et de la plupart des témoignages qui leur ont permis de faire plier les Français. Il aurait fallu un vrai courage politique de la part du gouvernement. Il aurait aussi fallu que l'Etat et les protagonistes prennent la mesure des dangers encourus et adoptent une stratégie concertée, sinon commune. Ce qui n'a jamais été le cas.

En ce début d'année 1999, Pinault est toujours convaincu de n'avoir rien à se reprocher. Il se croit extérieur à l'affaire. De plus, il prépare en secret son offensive pour racheter Gucci, le géant italien du luxe, au nez et à la barbe de Bernard Arnault, le président de LVMH, son rival. Executive Life, qui a fait sa fortune, est devenue le cadet de ses soucis. Le Crédit Lyonnais, de son côté, se croit protégé par sa coupure juridique d'avec le CDR, créé justement pour faire écran sur des dossiers comme celui d'Executive Life. Quant à Peyrelevade, il croit faire partie du club des grands banquiers occidentaux et pense qu'à ce titre, jamais la FED n'ira lui chercher des poux dans la tête. Le milliardaire et le banquier vont donc l'un et l'autre se placer en retrait, laissant le consortium présidé par Raymond Lévy seul en première ligne. Or le CDR n'est pas armé pour mener un tel combat et Lévy n'est pas l'homme de la situation. Bardé de certitudes, il est plus porté à punir les fautifs qu'à sauver les actifs. Il reste obsédé par la mission que lui a confiée Strauss-Kahn : nettoyer les écuries d'Augias. De plus, il connaît mal et n'apprécie guère les Américains. Sa première décision, en tant que président de Renault, a été de solder au plus vite la périlleuse aventure américaine de la Régie. En décidant de vendre en quelques semaines American Motors, la filiale de Renault, à Chrysler, il a même jeté le bébé – la superbe marque Jeep – avec l'eau du bain. Aussi va-t-il se reposer entièrement sur le cabinet d'avocat White & Case, qui a le mérite d'avoir sorti le Crédit Lyonnais d'un bien mauvais pétrin, déjà face à la justice américaine, dans la sombre affaire de la Metro Goldwyn Mayer, comme on le verra plus loin.

Dès qu'il est saisi, le 16 janvier, White & Case conseille aussitôt au CDR de transmettre tous les documents demandés, à l'exclusion de ceux qui sont protégés, comme la correspondance entre les avocats et leurs clients. Le cabinet se sait la cible du parquet de Californie, qui a tous les moyens de faire pression sur lui. Le CDR n'a pas l'idée de prendre un avocat français pour tempérer la fougue de White & Case et faire éventuellement le tri préalable entre ce qui doit être transmis et ce qui ne doit pas l'être. Une solution qui aurait permis de protéger White & Case en répartissant les rôles entre le gentil et le méchant, selon la vieille technique policière qui veut qu'au cours d'une garde à vue, il y a toujours un fonctionnaire pour vous secouer et un autre pour vous offrir un sandwich. Autre illusion du CDR : comme il appartient à l'Etat et qu'il ne dispose d'aucun bien aux Etats-Unis susceptible d'être saisi, il croit qu'il est à l'abri de toute menace et qu'il ne court aucun risque, quand bien même il serait condamné.

Dès le 20 janvier, le CDR commence à transmettre des liasses de documents à White & Case. D'emblée, dans le plus grand secret, Reinhart Dammann, représentant du cabinet à Paris, rencontre Jean-François Hénin et les dirigeants d'Artémis pour se faire une opinion et dégrossir le dossier. Cet Allemand, marié à une Française et qui vit à Paris, pilotera le dossier du début à la fin. Il sera naturellement porté à adopter le point de vue des Français, ce qui provoquera de nombreux conflits avec ses supérieurs américains, inquiets de voir leur crédit entamé de l'autre côté de l'Atlantique pour une affaire qui pour eux n'est qu'une parmi d'autres.

Le 26 janvier, Dammann se rend à New York avec de hauts responsables du Crédit Lyonnais et du CDR pour rencontrer Rodgin Cohen. La rencontre a lieu dans une grande salle de conférences qui donne sur le port face à la statue de la Liberté. Sullivan & Cromwell est l'un des rares cabinets d'avocats qui est resté downtown Manhattan, à côté des Twin Towers qui défient le ciel. Rodgin Cohen est un petit bonhomme doté d'un impressionnant pedigree. Président de l'énorme firme Sullivan & Cromwell, il est spécialisé dans la réglementation des acquisitions pour les institutions bancaires, il a travaillé sur la première OPA lancée par une banque étrangère sur une américaine et a participé au règlement de la plupart des grandes faillites bancaires. Il conseille les plus grandes banques américaines et étrangères exerçant une activité aux Etats-Unis [1]. Mais voilà que, devant Reinhart Dammann et ses accompagnateurs

1. Membre du Board of Advisors de la *Banking Law Review*, du National Board of Contributors de l'American Lawyer Newspaper Group, Rodgin Cohen sera célébré le 26 avril 2002, comme le roi des fusions bancaires par le magazine *American Lawyer*.

français, cette grosse tête a soudain perdu la mémoire. Il affirme qu'il ne se souvient pas d'avoir été informé des contrats de portage. Il ne se souvient même pas d'avoir écrit aux dirigeants du Crédit Lyonnais pour les mettre en garde à propos de leurs bavardages qui risquaient de braquer la FED. En revanche, il annonce à ses interlocuteurs ébahis que la FED ne se limite pas au rachat de la compagnie d'assurances mais veut enquêter aussi sur celui des junk bonds, « à cause de la présence de Leon Black avec lequel le Crédit Lyonnais n'aurait jamais dû s'associer ». Il leur fait la morale, affirmant qu'International Advisor, le joint-venture entre Black et Altus, n'aurait jamais dû voir le jour. Que dans le club des grands banquiers, il y a des règles du jeu non écrites et même d'autres, non dites, et que celles-ci ont été transgressées par le Crédit Lyonnais.

Cette entrevue est un désastre. Il n'y a rien à attendre de Rodgin Cohen qui est passé dans le camp ennemi. Dès son retour à Paris, Reinhart Dammann décrit, dans trois notes classées « strictement confidentielles », le champ de mines posé par la justice américaine sous les pieds du Crédit Lyonnais. Le cabinet s'étonne de « l'attitude adoptée par les dirigeants d'Altus depuis 1991 qui, probablement conscients des infractions commises, n'ont pas cherché à régulariser la situation, mais à la dissimuler ». « Altus et ses dirigeants semblent avoir enfreint la législation américaine en matière d'assurances ; par ricochet, le Crédit Lyonnais a été induit à faire de fausses déclarations auprès des autorités bancaires américaines (...). Les infractions commises pouvant caractériser des délits continus, les condamnations pécuniaires pourraient théoriquement dépasser 2 milliards de dollars. D'autre part, [on peut craindre] un retrait sanction de [sa] licence bancaire aux Etats-Unis. » Les neuf candidats américains écartés de la reprise d'Executive Life peuvent également réclamer

« entre 2 et 4 milliards de dollars ». Enfin, les dommages et intérêts accordés aux victimes pourraient « faire l'objet d'une augmentation significative à caractère punitif pouvant entraîner un triplement de leur montant ». « Tout porte à croire, ajoute White & Case, que le commissaire aux assurances et les autres autorités concernées aux Etats-Unis, dont le parquet fédéral, vont désormais porter leurs investigations aussi loin que possible. »

Curieuse stratégie qui consiste à diaboliser d'emblée les anciens du Lyonnais, donc à avouer une faute au lieu de la contester. White & Case indique que le commissaire aux assurances de l'Etat de Californie sait absolument tout depuis le 15 janvier et propose une solution pour sortir de la situation : se dépêcher de tout raconter au parquet de Paris pour se faire mettre en examen en France, interdisant ainsi aux tribunaux américains d'ouvrir une information pénale pour des faits similaires. Une suggestion à laquelle les dirigeants du CDR et du Crédit Lyonnais ne donnent pas suite sur le moment. Malgré les mises en garde, ils croient encore que l'affaire va s'éteindre d'elle-même.

La direction du Crédit Lyonnais est tout entière concentrée sur sa prochaine privatisation. Si elle minore l'orage qui gronde au-dessus de la Californie, c'est parce que celui-ci peut inquiéter les pouvoirs publics et les marchés. Le 19 février, elle diffuse un de ses communiqués lénifiants propre à braquer les autorités judiciaires américaines : « Le Crédit Lyonnais a été informé, il y a quelques semaines, que les autorités américaines de tutelle du secteur de l'assurance disposeraient d'éléments tendant à montrer que des déclarations inexactes ou incomplètes auraient été faites, en 1991-1993, par Altus Finance et plusieurs sociétés qui sont intervenues dans le rachat d'Executive Life, indique la banque. La direction du Crédit Lyonnais a immédiatement fait prévenir les autorités bancaires américaines de l'existence de cette interrogation et leur a fait savoir que la banque ferait toutes recherches pour éclairer les faits avec le maximum de transparence. Altus Finance, ancienne filiale du Crédit Lyonnais, n'appartient plus au groupe depuis 1995. La banque n'assume donc pas les risques éventuellement encourus par cette société. » Pour être exact et complet, le communiqué aurait du préciser « risques civils ». Car il n'a jamais été question que le CDR assume les risques pénaux de l'ancien Crédit Lyonnais. Et encore moins du nouveau !

Or, trois jours plus tard, à la plainte au civil du commissaire aux assurances et à l'enquête administrative lancée par la FED pour voir dans quelle mesure la réglementation bancaire a été contournée, se superpose bel et bien une procédure pénale. Un procureur est désigné : Jeffrey Isaacs. Ce n'est pas un hasard. Celui-ci instruit depuis 1995 l'affaire de la MGM et le soutien abusif du Crédit Lyonnais aux escrocs Giancarlo Parretti et Flavio Fiorini. Mais il a été contrecarré par ses supérieurs pour des raisons diplomatiques, liées aux bonnes relations de l'administration Clinton avec la France. Habilement manœuvré, en outre, par le Crédit Lyonnais et le cabinet White & Case, Isaacs a dû signer contre son gré, en octobre 1998, quatre mois plus tôt, le principe d'un règlement amiable, très favorable à la banque française. Il doit encore en négocier les détails, une procédure qui durera jusqu'en juin. Ce règlement devra encore être tenu secret jusqu'à l'arrestation en Italie de Giancarlo Parretti, en octobre. Mais, au cours de son enquête, Isaacs a rencontré à plusieurs reprises le juge suisse Paul Perraudin. Il s'est rendu à Rotterdam pour éplucher les comptes de la filiale hollandaise du Crédit Lyonnais. Il a découvert là-bas les dessous nauséabonds de la banque et « sa culture du pot-de-vin ». Cette nouvelle affaire qui tombe du ciel est inespérée. Il tient sa vengeance contre le Crédit Lyonnais, cette banque française publique, à ses yeux entièrement corrompue, mais assez influente pour l'avoir fait plier. Et qui l'a humilié. Cette fois, personne ne pourra l'arrêter !

CHAPITRE 9

Le procureur Isaacs humilié à Hollywood

Si la collègue de Jeffrey Isaacs n'était pas partie en congé de maternité, peut-être l'affaire Executive Life n'aurait-elle jamais vu le jour. Car c'est ainsi qu'Isaacs a hérité, en 1995, de la première affaire qui l'a opposé au Crédit Lyonnais, au sujet de ses liens avec la Metro Goldwyn Mayer (MGM). Son opiniâtreté a fait le reste. Une procédure était en cours depuis 1990 après l'ouverture, par la Security and Exchange Commission (SEC), le gendarme de Wall Street, d'une enquête sur l'acquisition de la MGM par Giancarlo Parretti au milliardaire Kirk Kerkorian, pour 2 milliards de dollars. Créée en 1928 par Louis B. Mayer, la MGM a eu sous contrat tous les grands noms du cinéma américain, de Greta Garbo à Paul Newman, en passant par Clark Gable, Fred Astaire, Cary Grant, Katharine Hepburn, etc. Dépassé par les autres majors d'Hollywood, le vieux lion rugissant s'est doucement assoupi. Mais il a de beaux restes, notamment un catalogue de plus de 4 100 films, dont *West Side Story*, les séries de la Panthère rose, des James Bond et des Rocky, des films à Oscar comme *Rain Man*, sans oublier de nombreux grands classiques datant de l'époque d'après-guerre où il était le leader incontesté d'Hollywood. A commencer par *Autant en emporte le vent*, tourné dans ses studios ! La MGM n'a cessé de passer de main en main, permettant à Kerkorian de faire des allers-retours juteux. Propriétaire depuis 1969, il l'a vendue à Ted Turner en 1986 puis l'a rachetée pour la revendre à Parretti.

L'irruption de l'Italien stupéfie tous les observateurs. Comment l'ancien garçon de café au casier judiciaire bien rempli a-t-il pu payer ? La presse s'interroge, la SEC enquête et se rend rapidement compte que Parretti a multiplié les fausses déclarations dans les rapports qu'il a présentés pour décrire les conditions de son acquisition. Il apparaît rapidement que c'est la filiale hollandaise du Crédit Lyonnais qui lui a prêté la totalité de la somme. Contre le versement de pots-de-vin à certains de ses dirigeants, apprendra-t-on plus tard. Jean-Yves Haberer et François Gille sont-ils au courant ? Inquiets des conséquences de l'enquête de la SEC, les deux principaux dirigeants de la banque demandent à leurs avocats, du cabinet White & Case, de tout faire pour la freiner. Très vite, la situation financière de la MGM va se dégrader. Parretti n'y connaît rien, installe Valentina, sa fille de 21 ans, comme directrice financière, investit dans des nanars et mène un train de vie d'enfer : jet privé, maison à Beverly Hills de 10 millions de dollars entièrement financée par le Lyonnais, mais aussi rémunération de jeunes « artistes », couvertes de bijoux, qui n'ont jamais vu une caméra de leur vie mais égayaient ses après-midi. L'entreprise part à vau-l'eau. Dès 1991, elle est pratiquement en faillite. Le Crédit Lyonnais accepte alors de la renflouer à nouveau. « La banque procéda ainsi pour éviter une enquête d'un syndic de faillite qui aurait appris la complicité du Crédit Lyonnais dans les délits du financier italien », écrit un journal américain [1]

1. *American Investors*, 11 novembre 2003.

Utilisant une clause de ses accords avec Parretti, le Crédit Lyonnais conditionne l'octroi du nouveau prêt à la prise de contrôle des actions de la société, qui avaient été offertes en caution. Aux abois, Giancarlo Parretti s'enfuit en Italie, tandis que le Crédit Lyonnais, en 1992, se retrouve propriétaire d'une des plus grandes compagnies d'Hollywood, ce qui la place – déjà ! – en infraction manifeste avec la loi. Mais ça ne dérange guère les si sourcilleuses autorités américaines. Il est vrai que la présence du Lyonnais évite la faillite et que l'injection de capitaux frais arrange tout le monde. Au total, cette affaire va coûter à la banque plus de 15 milliards de francs, sans commune mesure avec ce que les junk bonds lui ont rapporté !

La stratégie de White & Case sera simple : il faut se présenter en victime de Giancarlo Parretti et de son associé Flavio Fiorini, désignés comme les seuls responsables, et accréditer l'idée que le Crédit Lyonnais a été trompé du début à la fin. La banque et la MGM attaquent Parretti au civil et font pression sur le FBI et le parquet de Los Angeles pour engager contre lui des poursuites pénales. Le parquet ouvrira son enquête mais il ne se passera rien ou presque, jusqu'en 1995. En raison de l'indolence de la magistrate en charge du dossier mais aussi parce que la justice américaine ne se met véritablement en branle que si elle pense avoir une bonne chance d'aboutir – elle est toujours à la recherche du meilleur rapport coût-efficacité, une notion parfaitement étrangère pour la majorité des juges français. Or la MGM n'a pas été mise en faillite et l'ampleur des pertes provoquées par Parretti est difficile à évaluer. Le Crédit Lyonnais poursuit déjà son ex-protégé au civil. En outre, Parretti s'est réfugié en Italie où on aura toutes les peines du monde à venir le chercher.

En 1995, Jeffrey Isaacs, l'un des 250 procureurs adjoints du parquet de Los Angeles, récupère un dossier croupion puisque réduit aux seules conditions de l'acquisition de la MGM par Parretti. Il n'a que 34 ans et vient de remporter son premier gros succès : il a fait tomber Steven Jones, une grosse pointure de l'immobilier, pour financement frauduleux. D'origine juive new-yorkaise, Isaacs a fait ses études de droit à l'université du sud de la Californie (UCLA) et s'est installé sur la côte Ouest, intégrant un cabinet d'avocats où il s'est spécialisé dans le droit pénal des affaires. Mais il s'y sent bridé et, plus attiré par le pouvoir que par l'argent, il se fait engager, en 1992, par le parquet. Aux Etats-Unis, entre juge, procureur et avocat, on passe facilement d'un métier à l'autre, mais rarement dans ce sens-là. Isaacs veut faire carrière. Parmi les procureurs, ceux qui ont des capacités et des ambitions supérieures à la moyenne se divisent en deux catégories : la plupart aspirent à passer dans le privé, comme avocats d'affaires ou comme conseillers juridiques, où ils seront largement mieux rémunérés ; mais les autres, incorruptibles, deviennent de véritables inquisiteurs. Isaacs fait partie de cette dernière catégorie. « Il était convaincu qu'il aurait accès aux cas de crimes en col blanc les plus sophistiqués avec les pouvoirs considérables que l'on reconnaît à un juge fédéral », confirme Laurie Levenson, une ancienne consœur de Los Angeles citée par Bruna Basini [1].

Toujours célibataire, Jeffrey Isaacs vit modestement, déjeune d'un hamburger, d'une salade arrosés d'un Seven Up dans les fast-foods du Pit, le sous-sol d'une galerie marchande proche du palais de justice. Il fréquente une salle de sport pour se tenir en forme, est abonné aux concerts de l'Orchestre philharmonique de

1. *L'Expansion*, décembre 2003.

Los Angeles, consacre le peu de temps libre qu'il s'octroie à la lecture, aussi bien de romans que d'essais. Les actes d'accusation qu'il rédige sont écrits au scalpel, d'une grande clarté et d'une redoutable efficacité. Il lui arrive de travailler le soir et le week-end. « C'est au travail qu'il s'épanouit, courtisant même sur place, selon la rumeur », écrit de façon allusive Bruna Basini.

Isaacs a la réputation d'un coupeur de cheveux en quatre. Plusieurs avocats qui se sont heurtés à lui évoquent un « maniaco-dépressif à l'intelligence aiguë mais dévoyée ». Tous reconnaissent qu'il n'a aucun courage physique, n'affronte pas ses interlocuteurs face à face. Il parle d'une voix égale, sans un mot plus haut que l'autre, affiche toujours une grande courtoisie. Lorsqu'ils ne le connaissent pas, les avocats qui sortent de son bureau assurent généralement que « la réunion s'est très bien passée ». Jusqu'à ce qu'ils reçoivent, un peu plus tard, des courriers d'une violence froide. En 1998, au cours d'une de ses rares interventions publiques, il affirmera : « Je ne poursuis pas une affaire si je ne suis pas moralement convaincu de la culpabilité de l'accusé. Je suis un perfectionniste. »

Lorsqu'il prend en charge le dossier du financement de l'achat de la MGM, le jeune procureur est perplexe. Le dossier présenté par White & Case est accablant pour Giancarlo Parretti. En quelques jours, avant une échéance de versement de fonds à Kerkorian, il a demandé 23 fois de l'argent à sa banque sous des prétextes différents pour un total de 50 millions de dollars – le financement de son jet privé ou une rémunération exceptionnelle pour Charles Bronson, entre autres. Les demandes ont été falsifiées, avec des signatures découpées dans d'autres documents, collées, photocopiées et faxées à la banque. Mais il n'arrive pas à imaginer que le Crédit Lyonnais Nederland ait pu être aveugle à ce point.

Et puis, le déclic. Le voisin de bureau d'Isaacs avait enquêté sur deux producteurs d'Hollywood, Bruce McNall et David Begelman, ce dernier ayant été condamné pour vol qualifié à la fin des années 70. En mai 1983, ils sont en quête de financement. A Cannes, pendant le festival, McNall, dont le yacht est mouillé dans la baie, a été vu glissant de l'argent dans une enveloppe à Frans Afman, banquier qui prêtait aux producteurs de cinéma pour le compte du Crédit Lyonnais Nederland. McNall et Begelman avaient obtenu leur prêt. McNall sera condamné pour avoir corrompu ses banquiers cette année-là et les dix qui suivirent. Les 267 millions de dollars obtenus du Lyonnais, mais aussi de la Bank of America et d'autres, lui auraient permis de financer des films mais aussi d'acheter les Kings, l'équipe de hockey de Los Angeles, ainsi qu'une collection de pièces de monnaie rares.

Les deux procureurs échangent leurs informations. Pourquoi tous les brigands sont-ils abonnés au guichet du Crédit Lyonnais Nederland ? Ce ne peut être une coïncidence. Isaacs est convaincu que les filous ont des complices au sein de la filiale hollandaise de la banque française. Mais à quel niveau ? Il se plonge dans la procédure civile qui oppose le Crédit Lyonnais à Kirk Kerkorian, en conflit à propos de la prise de contrôle de la MGM par Parretti. Il apprend que les avocats du milliardaire américain ont obtenu des preuves que les prêts du Crédit Lyonnais Nederland ont été accordés en contrepartie de pots-de-vin. Ceux-ci n'ont pas été versés à des employés subalternes. Ses soupçons se portent en particulier sur Georges Vigon, qui avait dirigé le Crédit Lyonnais Nederland et était devenu directeur au siège, à Paris, en charge des prêts accordés par la banque en Europe, au Moyen-Orient et en Afrique tout en gardant la haute main sur le financement des producteurs de cinéma d'Hollywood. En dépit de leur passé judiciaire chargé, Vigon avait prêté à Parretti et Fiorini 2 milliards de dollars pour acheter le groupe Cannon (spécialisé dans les films de série B) puis la MGM. En décembre 1988, les deux Italiens ont versé à Vigon et à deux de ses collègues des enveloppes contenant des certificats d'actions d'une petite société que Cannon s'apprêtait à acquérir. Puis Parretti, Vigon et sa famille s'en allèrent passer les vacances de fin d'année à Bora Bora dans le jet privé de l'Italien. Celui-ci lui offrit aussi des tableaux, un Picasso et un Miró qui se révélèrent être des faux.

Isaacs se demande alors quelle était l'implication de Jean-Yves Haberer et de François Gille, tous deux membres du conseil de surveillance du Crédit Lyonnais Nederland. Question légitime, posée d'ailleurs avec insistance dans les journaux français. Ceux-ci s'étonnent de la complaisance du Crédit Lyonnais vis-à-vis de sa filiale mais n'obtiennent jamais de réponse. Haberer et Gille ne pourront pas dire qu'ils n'ont pas été alertés ! Jusqu'à la Banque centrale des Pays-Bas qui, en 1989, inquiète des engagements du Crédit Lyonnais, a exigé d'Haberer qu'il limite à 200 millions de dollars ses prêts aux Italiens. Le patron du Crédit Lyonnais répondit, en substance, que tout était sous contrôle.

Cette passivité reste un mystère. Tout a été dit de Jean-Yves Haberer. Qu'il a été aveugle, arrogant, prétentieux, muré dans ses certitudes, que ses erreurs de jugement ont coûté des milliards d'euros aux contribuables français. Il a été accusé, jugé et condamné pour présentation de faux bilans et distribution de dividendes fictifs. Mais personne ne l'a suspecté, en France, d'avoir été lui-même corrompu, de s'être illégalement enrichi aux dépens du Crédit Lyonnais. Alors quoi ? Voulait-il que sa filiale hollandaise joue, auprès du siège, le même rôle qu'il assignera un peu plus tard à Altus : faire tout ce que la banque ne peut ou ne veut pas faire ? Faisait-il une confiance aveugle à ses collaborateurs ? Était-il devenu à ce point paranoïaque qu'il interprétait toutes les critiques extérieures comme faisant partie d'un complot contre lui ? La question reste ouverte.

Une question que ne se pose pas encore Jeffrey Isaacs. Il cherche les faits, les preuves. Pendant trois ans, il va nourrir son dossier. Il engage des frais considérables, accumule les voyages entre Los Angeles, Paris, Genève et Rotterdam. Il affirme avoir parcouru plus de 500 000 km en avion entre la côte Ouest et la côte Est et en Europe pour retrouver les témoins et accumuler les preuves. Il croit, il espère pouvoir coincer Parretti et Fiorini, mais aussi Georges Vigon, François Gille et, pourquoi pas, Jean-Yves Haberer en tant que président du conseil de surveillance du Crédit Lyonnais Nederland. Mais il va se heurter à une contre-offensive inattendue des Français.

Celle-ci passe d'abord par la revente de la MGM par le CDR, héritier de cette participation, à... Kirk Kerkorian, avec en préalable l'arrêt de l'action civile entre la partie française et le milliardaire américain, ce qui va priver le procureur d'une source d'information décisive. Tout se passe dans les règles. Devant un grand jury, Kirk Kerkorian abandonne sa demande de 750 millions de dollars et en accorde au contraire 150 au CDR. Dûment mis en garde, le milliardaire n'a pas voulu s'engager dans un conflit juridique avec le CDR, c'est-à-dire avec l'Etat français. D'autant qu'il va se porter candidat au rachat de la MGM, pour la troisième fois en seize ans.

Cette revente de la MGM va donner lieu à un psychodrame politique, avec intervention du chef de l'Etat, dont la France a le secret. Fin mai 1996, Michel Rouger reçoit Jacques Pilhan, l'ancien conseiller en communication de François Mitterrand, devenu celui de Jacques

Chirac. Pilhan se présente comme son émissaire et annonce immédiatement la couleur : « La MGM doit rester dans le giron français, le Président et sa fille y attachent beaucoup d'importance. » Il lui suggère de faire affaire avec un autre acheteur désigné, un Français vivant à Londres où il dirige la filiale du groupe Philips. Mais ce dernier se découvre. Il lâche dans la presse qu'il a l'accord des Français pour acheter la MGM pour 1,3 milliard de dollars. Michel Rouger, qui avait fait des offres à 1,6 milliard de dollars, voit celles-ci s'envoler. Le CDR a perdu 300 millions de dollars en quelques heures. Malgré la pression d'enfer de Jacques Pilhan, au nom de Jacques et de Claude Chirac, Michel Rouger refusera pourtant la solution de Philips, qui voulait une garantie de passif, au profit de Kerkorian, qui n'en demandait pas.

Le 6 juillet, Michel Rouger réunit à Paris un conseil d'administration de la MGM à l'hôtel Crillon, pour l'avertir du retour probable de Kerkorian. Il a invité tous les administrateurs, avec leurs épouses, à dîner chez l'Ami Louis, un restaurant parisien typique, très prisé par les Américains, entièrement loué pour l'occasion. Il faut dire que le conseil d'administration de la MGM est un peu particulier : Francis Ford Coppola y côtoie Henry Kissinger. En sortant, à 1 heure du matin, en attendant ses deux Mercedes, dans la rue du Vert Bois, aux airs de coupe-gorge, l'ancien secrétaire d'Etat de Richard Nixon se fera d'ailleurs chambrer, en anglais, par trois types ivres qui sortent de chez Anaïs, un petit restaurant argentin voisin. Kissinger, lui aussi éméché, engagera la conversation avec eux, au grand dam de sa femme et de ses gardes du corps.

Selon les règles fixées par la banque Lazard et J.P. Morgan, l'accord doit être conclu le 16 juillet à 14 heures, heure de Los Angeles. Dans les jours qui précèdent, Rouger cherche à se couvrir. Pas moyen :

Jean Arthuis est en Birmanie, Chirac au Gabon avec sa fille. Rouger va dîner au Récamier, passe encore des coups de fil, en vain. Dix minutes avant 23 heures, il se lance, appelle Los Angeles : « Allez-y, c'est vendu. » Cette décision vaudra au président du CDR une volée de bois vert. Jean Peyrelevade, dont le fauteuil était alors branlant, a écrit à Juppé et à Chirac pour critiquer l'opération. *Le Monde* a pris le relais en se retrouvant soudain, une fois n'est pas coutume, dans le même camp que la famille Chirac ! Sans compter Jacques Pilhan, Jean Peyrelevade, le député François d'Aubert et quelques autres : cette convergence hostile contre Rouger comptera beaucoup dans sa décision de jeter l'éponge. A ses yeux, le CDR était mort, ce jour-là, en tant qu'entité indépendante.

A elle seule, la vente de la MGM n'aurait pas pu empêcher Jeffrey Isaacs de poursuivre sa propre enquête pénale et de crucifier le Crédit Lyonnais et ses dirigeants, en même temps que Parretti et Fiorini. Mais d'autres obstacles vont s'accumuler devant lui. Il a d'abord été privé d'un témoin décisif : en août 1995, appelé à témoigner, le producteur David Begelman s'est donné la mort dans une chambre d'angle du Century Plaza, un palace de Los Angeles. Ensuite, le dossier a été habilement nettoyé avant d'être envoyé aux Etats-Unis. Sur un fax compromettant, « accord » est utilement devenu « projet d'accord », tandis que Pierre Martinez, un ancien patron de la brigade financière devenu salarié du Crédit Lyonnais, débusquait un trucage dans un fax de Kerkorian. Surtout, par un certain nombre de manœuvres habiles, le cabinet White & Case va ligoter le jeune procureur. Ses supérieurs hiérarchiques, à Los Angeles, ont tous été écartés les uns après les autres. La première, Nora Manella, a été obligée de se récuser car son père a été pris comme avocat par Bruce McNall. Le second, Richard Drooyan, fut surpris à jouer au tennis avec un avocat impliqué dans l'affaire et lui aussi récusé. La supervision du dossier a donc été transférée de Los Angeles à Washington, plus à même, a estimé le département de la Justice, d'en mesurer les implications diplomatiques – on est alors sous la présidence de Bill Clinton. Il est confié au directeur de la répression des fraudes, Joshua Hochberg, nommé en 1997, pour les besoins de la cause, procureur fédéral de Los Angeles par intérim.

En juin 1998, son enquête bouclée et transmise à ses supérieurs, Jeffrey Isaacs se rend à Washington pour y rencontrer Hochberg. Celui-ci lui fait part de sa décision :

— Après l'étude de l'excellent dossier que vous avez constitué, nous vous autorisons à réunir le grand jury et à engager les poursuites pénales contre Giancarlo Parretti et Flavio Fiorini pour fraude sur les titres, blanchiment d'argent et différents autres délits. Nous allons demander leur arrestation et leur extradition.

— Et quelle est votre décision concernant le Crédit Lyonnais ?

— Nous avons estimé qu'il n'était pas judicieux de poursuivre cette banque et ses dirigeants, qui semblent avoir été eux-mêmes roulés par les deux escrocs, même si ceux-ci ont bénéficié de complicités internes à la filiale hollandaise. Nous pensons que ces complicités ont été limitées.

Isaacs est pris de court :

— Mais Jean-Yves Haberer et François Gille étaient au conseil de surveillance de cette filiale !

— Certes, mais ceci n'est pas suffisant, répond Hochberg. En outre, il y a des considérations diplomatiques dont nous devons tenir compte. Le Crédit Lyonnais est une banque d'Etat et ses dirigeants sont désignés par le gouvernement français. Nous ne pouvons mettre en péril nos relations avec la France sur la seule base des informations que vous avez recueillies. J'en suis désolé pour vous.

Jeffrey Isaacs est furieux. Mais il n'a pas le choix. Il cache sa rage et demande :

— Que me conseillez-vous ?

— Il vous faut négocier un règlement dans lequel le Crédit Lyonnais devra reconnaître, au moins, un défaut de surveillance de ses employés.

Le procureur retourne à Los Angeles, bien obligé d'exécuter les ordres qui lui ont été donnés. Des négociations sont engagées avec White & Case, qui se sait en position de force. Les bases d'un accord entre le parquet de Los Angeles et le Crédit Lyonnais sont rédigées et signées à la mi-octobre 1998, mais celui-ci ne sera définitivement conclu, devant un juge, qu'en juin 1999. Avec une clause qui exige la confidentialité, par les deux parties, jusqu'à l'arrestation en Italie de Giancarlo Parretti, qui interviendra en octobre suivant. Le Crédit Lyonnais est condamné à la somme dérisoire de 4 millions de dollars, juste de quoi payer les frais de justice.

Isaacs ne s'avoue pas battu très longtemps. Car il a de la chance : peu après son retour de Washington, le procureur est informé des accusations de François Marland sur les conditions de reprise d'Executive Life. Très logiquement, il demande et obtient d'être chargé de ce nouveau dossier qui concerne à nouveau le Crédit Lyonnais, sur lequel il enquête depuis plus de trois ans. Il pense tenir sa vengeance et, pour cela, va mettre au point une tactique très élaborée. En novembre 1998, il se rend à Paris, avec son équipe, pour y rencontrer notamment le juge Zanoto, officiellement dans le cadre de l'affaire MGM, alors que celle-ci est réglée et qu'il est déjà en chasse sur Executive Life. Il revient en février 1999, toujours pour rencontrer Zanoto (celui-ci ne sait toujours pas que l'affaire MGM est conclue et

Isaacs ne le lui dit pas !). Le juge lui transmet les documents en sa possession sur le Crédit Lyonnais. Au cours de l'été, Zanoto se rend en Californie où il rencontre Isaacs à plusieurs reprises. Les deux magistrats échangent leurs informations. Délibérément, Isaacs ne parle jamais à Zanoto de l'affaire Executive Life. Ce qui ne l'empêchera pas de s'étonner plus tard que, pas une seule fois, son homologue français n'ait abordé de lui-même ce sujet. La confiance règne ! Lorsqu'il apprendra en 2001 que Véronique Hespel avait donné son rapport critique à Dominique Strauss-Kahn et que le ministre, selon ses déclarations à la FED, l'avait passé à Zanoto, il en conclura que, soit le juge, soit le ministre, ont menti. De toute façon, Isaacs est convaincu que les pouvoirs publics français, y compris la justice, se sont délibérément tenus à l'écume des choses. Il n'a jamais compris que les fautes imputées au Crédit Lyonnais, majeures dans le système américain, étaient mineures vues depuis la France, où les arrangements avec la loi, voire son contournement, ne dérangent pas grand monde.

En janvier 1999, Jean Arnaud de Lasa, au CDR, choisit White & Case pour défendre les intérêts du consortium dans l'affaire Executive Life. Il sait que ce cabinet d'avocats a obtenu un accord favorable au Lyonnais sur le dossier MGM et pense qu'il est le mieux placé pour traiter celui-là. C'est une erreur majeure. Agiter le chiffon rouge au nez d'Isaacs n'est peut-être pas le meilleur moyen de défense. Toujours est-il que cette affaire rapportera au cabinet près de 100 millions de dollars.

Quand il apprend que le Lyonnais repart au combat avec White & Case, Jeffrey Isaacs jubile. Le voilà face à la même banque et au même cabinet d'avocats, ceux-là qui l'ont ligoté et ridiculisé aux yeux de ses collègues du parquet. Une défaite d'autant plus cuisante qu'Isaacs s'était déjà fait un nom. En particulier à partir de 1997, lorsqu'il a fait condamner pour corruption l'ancien gouverneur de l'Arizona, Fife Symington. Pour arriver à ses fins, il a épluché 700 cartons de documents et interrogé 300 personnes. Tout cela pour rien à cause de la grâce que lui accordera Bill Clinton. Cela permet néanmoins à Isaacs de se donner l'image du jeune procureur pugnace, bridé par le monde politique. Un fonds de commerce solide : le rejet des élites touche alors les Etats-Unis comme la France. C'est le phénomène mondial des années 90. Mais, à la différence de ce qui se passe en France, la presse est beaucoup plus partagée. C'est ainsi qu'Isaacs se fera traiter de « chien du dépotoir » dans un article de l'*Arizona Daily Star*. Ceci le conforte dans son aversion du monde politique et de la presse. Il reste distant avec les médias américains [1]. Il est presque inconnu au journal bible des hommes de loi américains *The American Lawyer*. Il refuse de se faire photographier. Tant et si bien que la presse française, pendant des années, publiera, sous son nom, les photos d'un avocat homonyme, âgé de 62 ans !

Isaacs a été battu, mais il ne le reconnaît pas. Au lendemain de l'arrestation en Italie de Giancarlo Parretti, il chante même victoire : « En relation avec l'arrestation de Giancarlo Parretti et de Florio Fiorini, le département de la Justice annonce aujourd'hui qu'il a passé un accord avec l'institution bancaire française qui a fourni les fonds aux deux hommes d'affaires italiens accusés d'une fraude de 1,5 milliard de dollars », affirme le parquet de Californie le 12 octobre 1999, dans un communiqué de victoire [2].

---

1. C'est l'hebdomadaire britannique *The Economist*, hostile à tout ce qui est français et nationalisé, qui aura la primeur de la plupart des informations utiles à l'accusation.

2. Dans cet accord entre le Crédit Lyonnais, le CDR et le gouvernement des Etats-Unis, signé le 7 juin 1999 mais qui n'a pas été révélé jusqu'à l'arrestation de Parretti et Fiorini, le Crédit Lyonnais et le CDR admettent :

Ce communiqué titré : « Le Crédit Lyonnais reconnaît avoir joué un rôle dans une fraude de 1,5 milliard de dollars », passe largement inaperçu en France. La sagesse, pour le Crédit Lyonnais, eût été d'en prendre simplement acte. Mais c'est mal connaître la fierté toute méridionale de Jean Peyrelevade. La réponse ne se fait pas attendre. La banque publie dès le lendemain son propre communiqué sous le titre : « Le Crédit Lyonnais a été mis hors de cause par la justice américaine dans l'affaire MGM ». C'est règlement de comptes à OK

— que le Crédit Lyonnais "n'a pas contrôlé de façon adéquate les activités du CLBN [Crédit Lyonnais Nederland] dans ses prêts aux groupes Parretti et Fiorini" ;

— "qu'un cadre du Crédit Lyonnais et deux anciens cadres du CLBN" ont accepté des cadeaux de valeur de Parretti et de Fiorini, et ont été associés de façon trop étroite avec [eux]" ;

— "qu'il y a une preuve substantielle qu'au moins un ancien cadre du CLBN s'est compromis dans des malversations intentionnelles avec Parretti et Fiorini qui ont pu violer les lois des Etats-Unis" ;

— "qu'il y a une preuve crédible qu'au moins un ancien cadre du Crédit Lyonnais a approuvé et/ou ratifié de telles actions, en sachant (ou en évitant délibérément de savoir) que l'ancien cadre du CLBN s'était engagé dans des malversations intentionnelles avec Parretti et Fiorini".

"Le Crédit Lyonnais avait précédemment maintenu, au cours de plusieurs procédures légales et dans une audition devant l'Assemblée nationale française, qu'il avait été trompé par Parretti, Fiorini et Kirk Kerkorian, le propriétaire de MGM, et que ses cadres n'étaient pas responsables des pertes importantes de la banque dans l'affaire MGM."

"Le Crédit Lyonnais doit payer 4 millions de dollars aux Etats-Unis et risque des pénalités additionnelles de 10,5 millions de dollars s'il rompt certaines clauses de l'accord. Celui-ci autorise la banque française à accorder un crédit de près de 2 milliards de dollars pour permettre le retour à la rentabilité de la MGM dans l'intérêt de ses créanciers, actionnaires et porteurs d'obligations. Dans le cadre de l'accord, le Crédit Lyonnais coopère avec le gouvernement des Etats-Unis dans son enquête sur Parretti et Fiorini. Parce que le traité d'extradition entre la France et les Etats-Unis ne permet pas l'extradition de citoyens français vers les Etats-Unis, le cas des cadres du CLBN concernés sera soumis aux autorités françaises pour une enquête et d'éventuelles poursuites en France."

"Dans l'accord, le Crédit Lyonnais affirme qu'il « accepte la responsabilité et regrette la conduite de l'ancien management du CLBN [ainsi que] toutes les conséquences aux Etats-Unis que son comportement et son défaut de contrôle auraient pu provoquer" ».

Corral. Et la conclusion du communiqué du Crédit Lyonnais sonne comme une provocation : « Le Crédit Lyonnais ne se reconnaît aucun rôle dans une fraude de 1,5 milliard de dollars [1]. » Est-il bien habile de crier victoire et de s'attaquer publiquement à un procureur dont on sait parfaitement, à cette date, qu'il enquête sur l'affaire Executive Life ?

Publiquement défié, Isaacs fera une affaire personnelle de la condamnation du Crédit Lyonnais et de Jean Peyrelevade lui-même, l'homme qui ne veut jamais rien reconnaître, jamais rien céder. Le procureur adjoint affirme ouvertement, dans les couloirs du 11e étage de l'immense bâtiment du palais de justice de Los Angeles, familier aux téléspectateurs de séries policières américaines, qu'il « finira bien par faire condamner et payer les Français ». Pour y parvenir, il utilisera tous les moyens possibles, allant jusqu'à déposer sous scellés un acte d'accusation, approuvé par un grand jury, pour contraindre les accusés, sous menace de publication, à

---

1. Voici le communiqué diffusé le 13 octobre 1999 par le Crédit Lyonnais : « La presse américaine fait état d'un accord conclu entre le CDR et le Crédit Lyonnais d'une part, et le bureau du Procureur Fédéral des Etats-Unis pour le district central de Californie d'autre part, sur le dossier MGM. Cet accord intervient à l'issue de l'instruction judiciaire ouverte dès 1991 à l'initiative de la MGM sur demande du Crédit Lyonnais à l'encontre de MM. Parretti et Fiorini. Dans le cadre de l'instruction, le parquet fédéral de Los Angeles s'est interrogé sur le rôle joué par les anciens dirigeants du CLBN dans cette affaire. A l'issue de son enquête, le parquet fédéral a décidé de ne pas mettre en cause le CLBN, le Crédit Lyonnais ou leurs représentants. Aux termes de l'accord intervenu, le CDR et le Crédit Lyonnais apportent à hauteur de 4 millions de dollars une contribution aux frais considérables qu'a dû exposer le parquet fédéral pour conduire son enquête qui aboutit aujourd'hui aux inculpations de MM. Parretti et Fiorini.

Principale victime de l'escroquerie perpétrée par MM. Parretti et Fiorini, le Crédit Lyonnais, comme il l'a fait à Genève et à Paris, a prêté son concours aux autorités judiciaires américaines pour que les responsabilités, dans ce dossier, soient clairement établies. Dans ces conditions, le Crédit Lyonnais, qui ne se reconnaît aucun rôle dans une fraude de 1,5 milliard de dollars, s'étonne des termes du communiqué publié par le parquet américain. »

reconnaître leur culpabilité et à payer des amendes et des dommages et intérêts considérables. Une méthode jusque-là réservée à la mafia, utilisée pour contraindre les accusés à coopérer, sans précédent dans la sphère des délits économiques.

CHAPITRE 10

A Los Angeles ou à Canossa ?

A la différence de l'Amérique, réputée ouverte et libérale, la France passe pour être un pays centralisé, étatiste, où tous les protagonistes, privés comme publics, travailleraient de concert. Or, dans cette affaire, c'est un peu le monde à l'envers : face à la stratégie pugnace et coordonnée du procureur Jeffrey Isaacs au pénal, de l'avocat Gary Fontana au civil et de la FED, les Français vont réagir en ordre dispersé. Pendant quatre ans le CDR, le Crédit Lyonnais, la Maaf, les quatre ministres des Finances qui se sont succédé, ainsi que François Pinault, Marc Ladreit de Lacharrière et tous les hommes d'affaires mis en cause à titre individuel, n'auront en tête que la défense de leurs propres intérêts, souvent divergents avec ceux du voisin, sans se coordonner et, le plus souvent, sans s'informer de leurs démarches respectives. Quant aux ministres responsables, de droite comme de gauche, ils n'ont cessé de sous-estimer le danger et de se convaincre qu'une bonne négociation diplomatique finirait bien par régler le problème, le moment venu. A cet égard, Dominique Strauss-Kahn et Laurent Fabius ont fait preuve d'une même légèreté puisqu'ils étaient aux affaires dans la période cruciale et qu'ils sont restés les bras croisés, quand ils n'ont pas joué contre leur camp.

Dès qu'ils sont informés des infractions aux lois fédérales et californiennes commises par Altus, sept ans plus tôt, le procureur, l'avocat et la FED lancent leurs enquêtes. Il s'agit, en droit américain, d'accumuler le plus grand nombre possible de documents et de témoignage pour établir les faits. Face à eux, les Français vont réagir avec une docilité confondante. Sans doute influencés par les feuilletons télévisés, ils se croient dans une série B. Ils sont convaincus qu'en coopérant activement, ils démontreront leur bonne foi et seront payés de retour. Cette stratégie sera clairement exprimée dans une note de White & Case, datée du 20 décembre 1999 : l'essentiel est de « tout mettre en œuvre pour préserver cette licence [du Crédit Lyonnais] ; c'est pourquoi il a été décidé que le CDR devait répondre, sans restriction, à l'ensemble des demandes formulées par la Federal Reserve. Eu égard à la gravité des infractions et afin de contenir, autant que faire se peut, le montant de l'amende, il a été jugé opportun d'adopter une démarche totalement transparente et coopérative vis-à-vis de la Federal Reserve. Cette présentation des faits, qui a été préparée minutieusement et en toute transparence, répond à une particularité du système américain qui impose à la personne sous investigation, et partant à ses avocats, de répondre aussi complètement et objectivement que possible, à l'ensemble des questions soulevées par l'autorité qui conduit l'enquête. En d'autres termes [il s'agit] de participer à l'instruction du dossier effectuée par la Federal Reserve, c'est-à-dire, au premier chef, à la mise en évidence des faits. Il fallait surtout éviter que la Federal Reserve découvre elle-même des faits embarrassants au cours de ses propres investigations, ce qui n'aurait pas manqué de se produire compte tenu de l'évidence des infractions et des multiples sources d'informations disponibles, notamment aux Etats-Unis ».

En vertu de quoi White & Case a envoyé à la FED, dès le mois de mai 1999, près de 22 000 pages de documents, annotées de « CDR-Entreprises 000 000 1 » à « CDR-Entreprises 000 021 875 », que le CDR lui avait transmises. Le Crédit Lyonnais a fait de même : c'est ainsi que lettres, mémos, contrats, fac-similés, sont partis par caisses entières aux Etats-Unis. Ils sont photocopiés, mais à peine lus et triés. Le Crédit Lyonnais et le CDR ne coordonneront même pas leurs envois. Ne serait-ce que pour vérifier la cohérence des documents transmis. Jean Peyrelevade, entre autres, en fera les frais : une version vierge du fax qui lui a été adressé le 10 décembre 1993 sera transmise par le Crédit Lyonnais à la FED, alors que le CDR enverra à Gary Fontana une copie du même fax, mais annotée de sa main (voir chapitre 15). Sans doute les Français espéraient-ils noyer les Américains sous une masse d'informations. Pouvaient-ils imaginer que la FED étudierait une à une chaque pièce, identifierait celles qui lui manquent, détecterait les contradictions et informerait le parquet de Californie des fruits de son travail, à chaque étape ?

Tandis que le parquet de Californie et la FED, aidés de traducteurs assermentés, vont passer des milliers d'heures à éplucher les tonnes de documents mis à leur disposition, le procureur va s'efforcer d'accumuler des témoignages à charge. Pour tirer les premiers fils, il va être avantagé par une énorme erreur des dirigeants du Crédit Lyonnais qui vont lui servir, comme sur un plateau, un informateur imprévu.

Septembre 1999. Pendant tout le week-end, le banquier a ruminé son malheur. Le samedi, il a renouvelé son ordonnance de calmants et de tranquillisants. Le dimanche, il a fait son marché, et le soir il a regardé, prostré, le film de TF1. Le lundi matin, il a rejoint son petit bureau relégué dans une vilaine banlieue au nord-est de Paris. Ancien inspecteur général du Crédit Lyonnais, le bureau qu'il occupait quelques mois auparavant, au siège du boulevard des Italiens, avait fenêtre sur rue. Il était membre de la direction, on le surnommait Antigone : Denis Lion était prêt, disait-on, à mourir pour sauver la vertu de la banque. Mais il a été rétrogradé au poste de chargé de mission à la direction des achats. Un poste qui n'existe pas. Un placard. Il n'a pas de secrétaire, pas d'ordinateur, seulement un téléphone. On ne lui demande même pas de venir. Mais il met un point d'honneur à respecter les horaires de tous. Il a peur, aussi, d'être poussé à la faute. Il craint que ses anciens collègues ne cherchent le moindre prétexte pour le licencier.

Toute la matinée, il a regardé au loin décoller et atterrir les avions de l'aéroport Charles de Gaulle. Il a repoussé l'échéance à chaque prochain décollage. Il a pleuré, désespérément seul. Il a pensé à sa famille, à sa réputation. La mort l'aspire. Elle seule pourra réhabiliter sa mémoire, elle seule placera Jean Peyrelevade et ceux qui l'entourent devant leurs responsabilités. Elle seule lui apportera le calme. A midi, il se décide, va chercher un verre d'eau et avale tous ses médicaments. L'effet n'est pas immédiat. Il vacille. Le téléphone sonne. C'est sa femme, qui a appelé par hasard. Il lui tient des propos incohérents. Elle s'affole, raccroche, appelle le standard. Un garde de sécurité se précipite dans le bureau de Denis Lion. Il délire, à demi conscient. Ambulance, hôpital : il sera sauvé. Mais il restera sous traitement. Denis Lion est un homme brisé. En 2002, répondant à *L'Express* qui publiait un dossier consacré au harcèlement moral et titré « Voyage chez les placardisés », il raconte : « Privé de travail mais astreint aux horaires de bureau, le placardisé tourne vite en rond. Il lit le journal, joue aux cartes, appelle son plombier, paie ses factures... L'essentiel est de tuer le temps [1]. »

Denis Lion était un parfait bouc émissaire. Il a été choisi à la fin du mois d'avril précédent. Le procureur californien et l'avocat du commissaire aux assurances voulaient un coupable. Il fallait absolument leur donner des gages, avant la privatisation du Crédit Lyonnais, qui obsède ses dirigeants. Pourquoi pas lui ? Il a travaillé sur les premiers montages litigieux, ceux qui concernaient l'achat des junk bonds. Il faisait partie de la direction, notait les propos des uns et des autres, rédigeait les comptes rendus et les mémos, suivait François Gille dont il était, d'une certaine manière, le script. Son caractère, sa timidité, sa fragilité psychologique ne le pousseront pas à la rébellion, estime le DRH. Jean Peyrelevade se laisse convaincre. Lion était assez haut dans la hiérarchie pour que l'opération soit crédible. Mais assez bas et assez marginal pour que sa déchéance n'éclabousse personne à la direction générale. On le désignera, on dira qu'il était le seul dirigeant de la banque au courant, hormis Jean-François Hénin et Claude-Eric Paquin qui, eux, œuvraient chez Altus.

Le 12 mai 1999, deux mois avant sa privatisation, la direction du Crédit Lyonnais diffuse un communiqué dans lequel elle reconnaît qu'« au moins un dirigeant encore employé par le groupe était informé des faits » allégués par la justice américaine [2]. Le même jour,

---

1. *L'Express* du 24 octobre 2002.

2. « Le Crédit Lyonnais considère, sur la base des informations actuellement disponibles, que ce problème implique certains anciens dirigeants d'Altus et du groupe, affirme le communiqué de la banque. Les investigations menées par le groupe ont aussi révélé qu'au moins un dirigeant encore employé par le groupe était informé des faits (...). Ayant conduit la partie essentielle de cette enquête interne, le groupe ne s'attend pas à découvrir d'autres employés qui auraient été informés d'une information de cette nature. »

Denis Lion apprend de la bouche du directeur des ressources humaines qu'il est désigné comme le seul cadre de la banque ayant eu une connaissance précise des montages litigieux et qu'il va, « dans son propre intérêt », être « momentanément éloigné »; que cette décision est prise dans le cadre des négociations avec la FED sur le dossier Executive Life, en accord avec elle; qu'il doit la comprendre et l'accepter, car « elle est prise dans son intérêt et celui de la banque ». Denis Lion est assommé. Cinq jours plus tard, il écrit à Jean Peyrelevade, à Jean-François Verny, ainsi qu'à Pascal Lamy, l'ex-directeur de cabinet de Jacques Delors à Bruxelles, appelé pour devenir le n° 2 de la banque, pour leur demander des explications. Sans réponse précise sur les raisons de son éviction, il écrit à nouveau à Peyrelevade, le 15 juin. Cette fois, il s'insurge contre le sort qui lui est fait. Et affirme : « Je ne suis intervenu d'aucune manière dans le montage et le portage d'Executive Life ».

En réponse, Peyrelevade convoque Denis Lion, qu'il reçoit en compagnie du DRH, le 2 juillet. Le bouc émissaire a perdu 15 kg. Ses mains tremblent, il n'arrive pas à s'exprimer clairement. Il s'énerve :

— Pourquoi me désignez-vous ainsi ? C'est un choix arbitraire, vous le savez bien.

– Ceci nous dépasse l'un et l'autre. Sachez que nous n'avons aucune défiance à votre égard. C'est la FED qui nous a demandé de vous éloigner un moment.

— Un moment ?

— Notre banque est actuellement au centre de tous les regards, avec la privatisation en cours et cette affaire Executive Life. Bien qu'elle ne nous concerne pas, il faut être, pendant les semaines qui viennent, très prudent. Mais j'ai des informations en provenance de la FED. Je peux vous assurer que la page de la privatisation tournée, tout va s'arranger aux Etats-Unis. La meilleure solution pour tout le monde est que vous preniez vos vacances tranquillement. A la rentrée ou peu après, vous retournerez à votre poste à l'inspection.

Déstabilisé, mais toujours profondément respectueux de l'autorité, Denis Lion n'ose pas exiger un engagement écrit de son patron. Il se lance néanmoins :

— Comment puis-je en être sûr ?

— Soyez sans crainte. Je vais vous l'écrire, à vous et à votre épouse.

Ce qui sera fait. Ce qui montre bien à quel point Peyrelevade et ses conseillers ont sous-estimé à la fois les capacités de réaction de Lion – et surtout de sa femme – et l'usage qu'il fera de ses lettres, après sa tentative de suicide ratée. Lion va, en effet, se rebeller. La désignation du bouc émissaire dans les entreprises, choquante dans son principe, mais jadis efficace, est devenue contre-productive. Car les juges ne se laissent plus berner, comme au temps du scandale du Patrimoine Foncier, au début des années 70 [1]. Et les salariés, même de caractère faible, n'acceptent plus d'être sacrifiés sur l'autel de l'entreprise.

Denis Lion ne sera jamais réintégré. Il n'arrivera même plus à entrer en contact avec la direction générale. Il ne lui reste qu'à attaquer le Crédit Lyonnais aux prud'hommes, pour harcèlement moral. Il réclame la réintégration dans son poste d'origine, la publication par le Lyonnais de son dossier personnel et le payement de ses arriérés de salaire, y compris les bonus. Le

1. Afin d'éviter d'être eux-mêmes inquiétés, pour avoir soutenu en toute connaissance de cause un escroc notoire, les dirigeants de la banque Neuflize & Schlumberger avaient désigné un jeune fondé de pouvoir, Philippe Lecasble (feu mon beau-père), à la vindicte publique. Celui-ci sera finalement innocenté, au terme de plusieurs procès. Là encore, sa femme jouera un rôle décisif. Notamment en racontant toute l'histoire dans *L'Argent des autres*, un best-seller qui deviendra un film. Les deux histoires se ressemblent à la différence – de taille ! – près qu'à l'époque, aucun juge n'aurait jamais osé s'attaquer aux patrons d'une haute banque protestante.

procès a lieu le 18 mai 2001. Au début de l'audience, Lion bredouille :

— Monsieur le président, le Crédit Lyonnais m'a impliqué dans un dossier, celui d'Executive Life, en me faisant jouer le rôle de bouc émissaire.

— On ne va pas plaider tout ça ! répond le président du tribunal.

Et pourtant, on s'y plongera bien. Enfermé dans son action injuste et irréfléchie, le Crédit Lyonnais a peine à se défendre. Son avocate affirme que Lion a été écarté de son poste, non pas pour le sanctionner, mais pour le protéger. Elle révèle qu'en juin 1999, il a écrit à Peyrelevade qu'il « comprenait sa décision ». Lion rétorque qu'il était entendu qu'elle serait « temporaire ».

Lion réclame son dossier :

— J'en ai besoin pour me défendre car je suis convoqué par un tribunal français fin juin, qui agit sur commission rogatoire de la justice américaine.

Hors de la salle d'audience, Denis Lion est plus explicite : il va devoir décrire devant la justice américaine les montages qu'il a supervisés en 1992 et 1993 et dire s'ils visaient à violer ou contourner les lois américaines. Il s'étonne :

— Le Crédit Lyonnais veut que je sois assisté, pour cette audience, par le cabinet White & Case. C'est un conflit d'intérêts évident. Le Crédit Lyonnais continue à faire pression sur moi.

— C'est une demande qui me met effectivement mal à l'aise, lâche l'avocate.

Deux jours plus tard, Denis Lion affirmera à *Libération* [1] : « Je ne compte pas en rester là. Je vais écrire au procureur américain pour qu'il ordonne au Crédit Lyonnais de cesser de me harceler. » La banque s'est placée dans une nasse. Elle comptait sur la faiblesse

1. *Libération* du 20 mai 2001.

psychologique de Denis Lion : elle s'en est fait un ennemi radical. Pour occuper son temps, l'ancien chef de l'audit s'est même lancé dans l'aide juridique aux salariés. Il assure plusieurs fois par mois une permanence dans une union locale CGT !

Persuadé de perdre, face à Lion, le Lyonnais cherchera à gagner du temps. Après plusieurs manœuvres dilatoires, parmi lesquelles une plainte déposée contre l'avocat de Lion, la banque finira tout de même par être condamnée, le 5 mai 2003, pour avoir « porté atteinte à la dignité, violé les droits civils, affecté la santé physique et morale de Denis Lion et compromis sa carrière ». Les prud'hommes lui accorderont 100 000 euros de dommages et intérêts et ordonneront sa réintégration à son poste antérieur, avec rappel de salaires. La peine sera alourdie en appel, en mars 2004, à 150 000 euros. Mais Denis Lion devra encore faire appel au juge de l'exécution des peines, puis à un huissier pour obtenir son dû.

En s'attaquant ainsi à un subalterne, en s'acharnant sur lui, Jean Peyrelevade et ses avocats ont commis une erreur magistrale. En mai et juin 1999, furieux du traitement qu'il subit, devant des collègues, Lion affirme vouloir aller aux Etats-Unis pour « faire exploser le dossier Executive Life », affirment Fabrizio Calvi et Frédéric Laurent [1]. Ils en déduiront que c'était lui le délateur initial, avant, bien sûr, que François Marland se soit découvert. En réalité, Denis Lion n'a pas pris d'initiative. Il n'a fait que répondre aux questions du procureur. Il n'empêche que d'un collaborateur docile, Peyrelevade et ses conseils ont fait un nouveau dénonciateur, d'autant plus volubile que sa faiblesse de caractère et son état psychologique le conduisent naturelle-

1. *France-Etats-Unis, 50 ans de coups tordus*, Albin Michel, février 2004.

ment à devancer les désirs de ses interlocuteurs : Gary Fontana et Jeffrey Isaacs sauront parfaitement tirer parti de lui. L'avocat lui aurait garanti le payement de tous ses frais d'avocat en France et aux Etats-Unis. Il lui aurait même fait signer un « contrat de protection et de garantie » avec l'Etat de Californie sous le pseudonyme de Martin. L'Etat aurait payé ses primes et se serait engagé à le rembourser « de toute perte d'emploi ou réduction de rémunération du fait de [sa] coopération ».

Face à Fontana, Lion va charger aussi bien François Pinault que le Crédit Lyonnais. Il affirme qu'en 1992, François Gille lui avait demandé de suivre le dossier Executive Life « en veillant strictement à éviter toute confusion entre les intérêts du Crédit Lyonnais et ceux de François Pinault, celui-ci ayant tendance à considérer que sa banque avait le devoir d'assurer et de consolider sa fortune ». Interrogé par Fontana sur la reprise de la compagnie d'assurances et de ses junk bonds, il répond : « Je pensais que ces accords étaient si déséquilibrés en faveur du groupe Pinault que l'on pouvait s'interroger, mais ce n'est pas mon domaine de compétence, sur les conséquences juridiques voire pénales d'un tel déséquilibre de ce protocole. »

Quant à Isaacs, il entendra plusieurs fois l'informateur tombé du ciel, en France et aux Etats-Unis, y compris devant le grand jury où Denis Lion accablera le Crédit Lyonnais et ses dirigeants : « Peyrelevade était quelqu'un de cynique, il n'élevait pas la voix mais se comportait comme un tueur froid », dira-t-il devant les jurés en leur tirant, aux dires d'un participant, les « larmes des yeux ». Et il réitérera devant eux ce qu'il avait dit à Isaacs : « Je n'étais pas à un poste suffisamment élevé pour être protégé et pas suffisamment bas pour être ignoré, mais je peux vous affirmer que tous les hauts dirigeants de la banque étaient au courant des portages organisés par la banque ; tout le monde en parlait dans les couloirs, c'était un secret de Polichinelle. » Lâché à Paris, Lion est devenu témoin à charge à Los Angeles. Il cite quinze noms de dirigeants du Crédit Lyonnais au courant du portage sur Executive Life : « C'était connu de tous, c'était une information officielle », déclare-t-il sur procès-verbal.

Cette déposition nourrira le dossier d'Isaacs qui, dans son acte d'accusation, écrira : « Peyrelevade provoque la démission de l'auditeur en chef du Crédit Lyonnais de son poste, sous le faux prétexte que la FED aurait demandé son déplacement (...) et donne son aval à la diffusion, en France, d'un communiqué mensonger. » Les Américains n'oublieront pas leur informateur : dans l'accord final signé entre le FED et le Lyonnais, un paragraphe stipule que la banque s'engage à employer Denis Lion pendant cinq ans. Ce qu'elle oubliera de lui signifier et que je lui apprendrai moi-même... Entendu le 20 juin 2003, à Paris, par le juge Palau, au titre de témoin à charge contre le groupe Pinault et le Crédit Lyonnais, dans le cadre de la procédure civile, Denis Lion, plus tremblant que jamais, affirme « vivre dans la peur », dit qu'il « évite de prendre des notes » par crainte des « officines d'espionnage » du secrétaire général de la banque.

Le retournement de Denis Lion est exemplaire : d'un côté, on y découvre les maladresses – sans parler du cynisme – des dirigeants du Crédit Lyonnais, qui sous-estiment gravement la pugnacité de leurs adversaires américains et croient que ceux-ci vont se satisfaire d'un bouc émissaire de ce calibre ; de l'autre, on voit comment le procureur d'un côté, l'avocat du département des assurances, de l'autre, ont habilement profité de l'erreur des dirigeants du Crédit Lyonnais pour obtenir un témoignage à charge. C'est désormais leur obsession : nourrir leurs dossiers en obtenant des informations des Français. Pour y parvenir, ils vont utiliser tous les moyens de pression imaginables, maniant tantôt la carotte, tantôt le bâton, tantôt les deux à la fois.

C'est ce qui s'est passé avec Claude-Eric Paquin, qui a succédé à Jean-François Hénin à la tête d'Altus. En juillet 1999, la juge Eva Joly l'a déjà mis en examen pour abus de biens sociaux. Et, fidèle à son habitude, elle l'a envoyé en prison avant de partir en vacances, pour ne l'interroger et le libérer qu'à la rentrée. Il est vrai que les apparences sont contre lui. Entre 1993 et 1995, Altus avait autorisé un découvert de 60 millions de francs à un homme d'affaires libanais qui est parti à la cloche de bois, sans rien rembourser. Or, Paquin a acheté un chalet qui a été financé pour moitié par un prêt de 3 millions de francs fourni par le Libanais en question, via les îles Vierges. Mais au procès, en mars 2004 – dix ans plus tard ! –, il s'avérera qu'il s'agissait d'un vrai prêt, portant intérêt, dont Paquin remboursait les échéances. Celui-ci bénéficiera d'une relaxe, délivrée par le juge Michel Desplan. Le parquet a fait appel.

Un an et demi après son incarcération, le vendredi 22 décembre 2000, Claude-Eric Paquin se rend à Miami pour participer au conseil d'administration d'une société immobilière. A la douane, on lui dit de passer à côté pour un contrôle de routine. L'officier lui pose des questions. Une demi-heure plus tard, il sort de l'aéroport. Le lendemain samedi, ses bagages enregistrés pour son vol retour, il attend dans la salle d'embarquement d'American Airlines lorsqu'il est encadré par deux costauds qui lui montrent leur insigne du FBI :

— Etes-vous monsieur Paquin ?

— Oui, mais que voulez-vous ?

— Vous êtes convoqué par le procureur Isaacs, à Los Angeles. Nous sommes chargés de vous accompagner auprès de lui.

— Maintenant ? Mais je ne peux pas ! Je suis attendu à Paris.

— Vous avez le choix, lui disent les deux agents du FBI. Soit vous annulez votre départ, nous récupérons vos bagages et vous vous rendez avec nous à Los Angeles, aux frais de la justice américaine. Soit vous prenez votre avion pour Paris, mais vous vous engagez devant nous à vous rendre plus tard à la convocation du procureur. Dans ce cas, le voyage sera à vos frais.

— Et si je ne viens pas ?

— Si vous ne tenez pas votre engagement, le procureur nous a chargés de vous dire qu'il lancera un mandat d'arrêt international contre vous.

Paquin est interloqué. Il décide de rentrer à Paris. Au début de l'année, le juge Zanoto lui avait bien transmis un avertissement du procureur Isaacs signifiant qu'il avait identifié une trentaine de personnes, dont lui, comme « cibles potentielles » (un terme à mi-chemin entre ceux de témoin et de mis en examen, selon la terminologie française). Mais Paquin n'avait pas pris cela au sérieux.

Cette fois-ci, c'est grave. Paquin va mettre quatre mois pour trouver un avocat américain. Tous sont trop chers et le CDR, qu'il a quitté, prend prétexte de sa mise en examen par Eva Joly pour ne pas honorer son engagement de prendre à sa charge ses frais de justice. Finalement, c'est Jeffrey Isaacs qui lui trouvera son avocat, Tom Bierner, un copain à lui, ancien magistrat. Paquin s'étonne : le procureur semble vouloir tout faire pour lui faciliter les choses. Est-ce un piège ?

Paquin va se rendre en Californie du 3 au 10 juin 2001. Auparavant, il est allé voir François Pinault et a appelé les dirigeants du CDR et du Lyonnais, qui l'accusent publiquement de malversation et l'ont fait jeter en prison. Ces derniers lui disent simplement : « Prenez vos responsabilités. » Il voyage en classe touriste : il est loin le temps d'Altus, celui des vols en Concorde ou en première classe ! Tom Bierner l'attend à l'aéroport et le conduit directement dans l'immeuble du FBI où on leur donne accès à leur partie du dossier. Les Américains savaient déjà que le CDR et White & Case avaient refusé de communiquer à Paquin les éléments qui le concernaient. Le lendemain, l'un de ses avocats français, William Bourdon, les rejoint. Paquin voulait sa présence pour qu'on ne l'accuse pas, à Paris, d'avoir tout balancé. Paquin s'attendait au pire : il va découvrir la face positive de la justice américaine. Après le bâton, la carotte. Rien à voir avec la rue du Château-des-Rentiers, les bureaux miteux de la brigade financière, les menaces, la garde à vue sans sommeil au milieu des prostituées et des drogués, qu'il a connus à Paris. La première rencontre se tient dans une grande salle de réunion, attenante au bureau du procureur. Immense table en bois, fauteuils en cuir, moquette bien entretenue, on dirait un conseil d'administration. Autour de la table, une dizaine de personnes : trois du bureau du procureur, trois du FBI, trois de la FED et un stagiaire. Formalisme et politesse : le procureur propose à Paquin de faire venir une Française, qui travaille avec lui, s'il y a des problèmes de traduction. Ce n'est pas la peine : d'autant qu'à ce stade de la procédure, il n'est pas nécessaire d'être précis. Rien de ce que vous dites ne peut être retenu contre vous. Rien n'est signé. En cas de problème, la parole des avocats vaut celle du procureur ou du FBI. La discussion, presque à bâtons rompus, durera quatre jours. On apporte les plateaux-repas. Aimable, Isaacs demande à Paquin s'il veut des cornichons et des oignons dans son hamburger.

Paquin sera tout aussi bien traité lorsqu'il retournera aux Etats-Unis où, pendant deux semaines, du 26 avril au 11 mai 2002, il répondra à nouveau aux questions du procureur, de la FED et du FBI. Désormais, pour éviter les frais d'hôtel, il est hébergé par son avocat, à 100 km au sud de Los Angeles. Tous les matins et tous les soirs Paquin fait le chauffeur tandis que Bierner discute avec lui et passe ses coups de fil : autant d'heures que l'avocat ami d'Isaacs ne lui facture pas. Jeffrey Isaacs va offrir à Paquin le même traitement de faveur pour son passage devant le grand jury, en décembre 2002. Son billet (en classe touriste) a été payé par la justice américaine. Arrivé à Los Angeles le dimanche 15 décembre, le procureur met à sa disposition pendant tout le début de la semaine une salle de conférences où il peut consulter le dossier à sa guise. Le jeudi, Jeffrey Isaacs consacre l'après-midi à le préparer à son passage devant le grand jury. Il lui pose des questions et lui suggère les réponses qui feront le meilleur effet devant les citoyens américains. Paquin se demande ce que cela signifie, quand Debra Yang passe la tête :

— Jeffrey, peux-tu venir un instant ?

Isaacs s'excuse, sort de la pièce trois minutes et revient en éclatant de rire :

— Vous voulez savoir ce qu'elle m'a dit ?

— Bien sûr !

— Elle a reçu un coup de fil du Département d'Etat qui lui demandait s'il était possible de repousser à plus tard votre passage devant le grand jury. Ils sont devenus fous, à Washington !

Vraie saynète ou coup monté ? Debra Yang et son procureur adjoint étaient en tout cas manifestement ravis de souligner l'indépendance du parquet de Californie vis-à-vis du pouvoir fédéral, en espérant que leurs propos seraient rapportés, coupant ainsi en France tout espoir d'aménagement diplomatique.

Le lendemain, vendredi 20 décembre 2002, c'est le passage devant le grand jury. Isaacs pose des questions à Paquin. Celui-ci réalise que ce sont exactement les mêmes que la veille. Il donne donc les réponses attendues. A sa grande surprise, les représentants des jurés posent eux aussi des questions pertinentes, coordonnées avec celles du procureur. Il apprendra plus tard qu'Isaacs a organisé avec eux des séances à blanc au cours de laquelle le procureur leur a indiqué les bonnes questions à poser. Et découvrira une particularité méconnue de la justice américaine : alors que les grands jurys populaires, chargés de valider tous les actes d'accusation et de prononcer les inculpations, ont été créés pour contrebalancer la toute-puissance des procureurs, ceux-ci en ont fait de simples chambres d'enregistrement.

Dans le box des accusés, Paquin comprend qu'il participe à une véritable mise en scène, montée dans un seul but : compromettre le Crédit Lyonnais, François Pinault mais surtout le cabinet White & Case. Le procureur souhaite ainsi obtenir d'un juge la levée de la confidentialité de la correspondance entre ce cabinet d'avocats et son client, le CDR. Isaacs explique donc tranquillement au grand jury qu'il avait jeté son dévolu sur Claude-Eric Paquin en raison des informations accablantes sur lui transmises par White & Case. Mais que celles-ci étaient sans fondement ! Il précise avoir reçu dans un premier temps des documents tronqués et orientés et n'avoir découvert la vérité qu'après avoir exigé et obtenu leur version intégrale. Le procureur va accabler le cabinet d'avocats pour sa duplicité et exonérer Paquin, qui n'en revient pas : le grand jury l'applaudit ! Il reviendra le lendemain à Paris entièrement blanchi, avec une lettre du gouvernement des Etats-Unis, qui s'engage à ne pas le poursuivre sur ce dossier.

CHAPITRE 11

Pinault négocie en solo

Six mois avant son passage devant le grand jury, en juillet 2002, Paquin avait été convoqué à Londres, par Jeffrey Isaacs. La « conversation » avait exclusivement porté, cette fois-là, sur les relations entre Altus, les investisseurs de la Maaf et Artémis, la holding du milliardaire français. Toujours à Londres, François Pinault, Patricia Barbizet et quelques autres dirigeants d'Artémis avaient eux-mêmes été interrogés par le procureur, les jours suivants. Paquin les avait prévenus. Au lendemain de sa première rencontre avec Isaacs, il était allé voir Pinault pour lui dire qu'il était une des cibles principales et pour lui expliquer la stratégie du procureur : se saisir des personnes physiques les unes après les autres, en commençant par la périphérie, leur faire peur, accumuler les informations avant de s'attaquer au centre de la spirale, en l'occurrence François Pinault.

Dès mars 1999, celui-ci a vu venir le coup. Propriétaire final d'Executive Life et de ses junk bonds, il a vite compris les risques encourus. Alors qu'il n'est pas dans la procédure et que son nom n'est encore cité nulle part, il prend deux avocats, l'un pour le pénal et l'autre pour le civil. Ce dernier, Bob Weigel, appartient au cabinet californien Gibson, Dunn & Crutcher, qui conseillera George W. Bush lors du décomptage des votes en Floride lors de l'élection de novembre 2000 et dont l'un des dirigeants est l'un des plus gros contributeurs à sa campagne de 2004.

Rien ne se passe pourtant jusqu'en décembre. Bob Weigel appelle alors Patricia Barbizet :

— Le parquet de Californie nous a fait savoir qu'il souhaiterait vous entendre, ainsi que François Pinault. Accepteriez-vous de venir témoigner ?

— Dans quelles conditions ?

— Comme témoin. Mais en cas de refus, le parquet n'exclut pas de vous poursuivre.

Pas question de se soustraire à une justice quelconque, surtout pas américaine, alors que les dirigeants d'Artémis sont convaincus qu'ils n'ont rien à se reprocher. François Pinault et Patricia Barbizet acceptent donc d'aller témoigner. En contrepartie, le parquet leur assure que rien de ce qu'ils diront ne pourra être retenu contre eux. Pourquoi Isaacs propose-t-il cet accord ? Il pense qu'Artémis est périphérique mais que Pinault et Barbizet sont au courant de tout et qu'ils forment un excellent point d'entrée pour obtenir des informations et des témoignages compromettants sur Altus et le Lyonnais. Mais les négociations, bien engagées, vont vite s'interrompre. Jeffrey Isaacs se dit trop occupé, invoque des délais, devient évasif. Puis il dit à François Pinault : « Je ne suis plus très sûr de passer un accord avec vous. »

Est-ce parce que c'est à ce moment que White & Case dit partout que tous les malheurs du Lyonnais et du CDR sont venus des pratiques personnelles d'Hénin et de la main invisible de Pinault, que la vraie cible devrait être Artémis ? Ou bien est-ce parce que, le 21 janvier 2000, Chuck Quackenbush a élargi à François Pinault sa plainte au civil ? Le revirement du commissaire aux assurances républicain est dû à la révélation publique, gênante pour lui, qu'Executive Life a financièrement soutenu (à la hauteur modeste de 10 000 dollars) sa campagne de 1998, alors qu'il est lui-même menacé d'assignation par ses adversaires politiques. Quackenbush est accusé d'avoir autorisé les compagnies d'assurances à donner 12,8 millions de dollars à des fondations privées, ponctionnés sur les dédommagements aux victimes du tremblement de terre de Los Angeles en 1994. Or une partie de ces fonds a servi à financer des entreprises de relations publiques proches ; sa propre femme en aurait profité. La polémique enfle. Le 7 mai 2000, un éditorial du *Los Angeles Times* sera même titré : « Démissionnez, monsieur Quackenbush [1] ! » Celui-ci pratique la fuite en avant. Il demande la « restitution des profits illicites ». Mais il se rend vite compte que les profits sur les junk bonds ont été répartis entre le Lyonnais et Artémis et que, sur la compagnie d'assurances elle-même, le Lyonnais n'a pas gagné un sou. D'où la tentation de récupérer l'argent dans la *deapest pocket*, la poche la plus profonde.

Les discussions des dirigeants d'Artémis avec le parquet ne seront néanmoins interrompues que pendant deux mois. Elles reprendront en mai, ce qui prouve, aux yeux de François Pinault, que le parquet n'est pas véritablement sûr de lui. Un autre élément entre en ligne de compte : Jeffrey Isaacs est impressionné, à titre personnel, par le milliardaire français, ami de Jacques Chirac. Il n'a guère envie de l'attaquer de front, au risque de faire capoter tout son dossier, comme dans le cas de la MGM. Conscient de cette position privilégiée, plus inquiet des risques civils que pénaux, François

1. La démission de Chuck Quackenbush interviendra le 28 juin suivant. Il sera remplacé par le juge Harry Low qui devient commissaire aux assurances intérimaire, jusqu'aux élections de 2002.

Pinault va négocier avec le procureur son immunité conditionnelle pour lui, pour Patricia Barbizet et pour Artémis, en contrepartie de son témoignage et de celui de sa collaboratrice directe. Il l'obtiendra début juin 2000. C'est pour lui une grande victoire, qu'il gardera secrète... pendant trois ans. Ministre des Finances de Jean-Pierre Raffarin, Francis Mer l'apprendra, par la presse, au printemps 2003 !

En contrepartie de cet accord d'immunité partielle, François Pinault et Patricia Barbizet se sont engagés à coopérer activement avec la justice. Le 16 juin, Patricia Barbizet se rend donc au siège de la FED, à New York, où elle retrouve Jeffrey Isaacs, Jonathan Polk (pour la FED), leurs adjoints et leurs avocats. Patricia a été réveillée à 4 heures du matin par un coup de fil furieux de François Pinault, suivi de beaucoup d'autres. Car le jour même, à Paris, la juge Eva Joly a entrepris de perquisitionner le siège d'Artémis, dans le cadre d'une enquête préliminaire sur un sombre dossier [1]. Tout est réglé à l'avance.

Avant la réunion de New York, les avocats d'Artémis ont déblayé le terrain. Patricia Barbizet est interrogée les deux jours suivants. Sa position est constante : François Pinault et elle savaient qu'il y avait des portages, à la fois sur les junk bonds et sur la compagnie d'assurances, mais ils n'avaient jamais imaginé qu'ils pouvaient être illicites ; ils ne savaient pas si le Crédit Lyonnais en avait informé la FED et le département des

1. Il s'agit du dossier Dapta-Mallinjoud, une société de meubles auvergnate, reprise par deux anciens cadres de Pinault, qui avait dû déposer son bilan après le rachat, en 1992, à Pinault, d'activités à un prix manifestement surévalué de plusieurs centaines de millions de francs. Après la sentence d'un tribunal arbitral, Pinault dut payer 220 millions de francs pour régulariser a posteriori la situation. Malgré cet accord et en dépit des délais de prescription, Eva Joly s'était emparée de ce dossier qu'elle espérait médiatiquement prometteur mais qui se terminera par un non-lieu.

assurances, de quelle manière et à quel degré. Ils ne s'y sont pas intéressés car ils pensaient que cela ne les concernait pas. Pinault et elle raconteront la même histoire, relativement anodine : ils affirment n'avoir jamais fraudé les lois fédérales et californiennes et encore moins en concertation avec le Crédit Lyonnais. Face à eux, ni Isaacs ni Jonathan Polk ne montrent la moindre agressivité. Les questions sont techniques : qui était administrateur de quoi, à quel moment, quelles étaient les relations personnelles et professionnelles entre Hénin et Haberer, entre les dirigeants du Lyonnais et ceux d'Artémis, entre tous les protagonistes, quelles étaient les participations respectives, à quel moment et pourquoi elles ont été modifiées, etc. On s'étend sur la façon dont se traitent les affaires en France, comment intervient le gouvernement dans les entreprises publiques et comment s'exprime son influence dans les entreprises privées, quelle est la nature juridique des portages, quelles sont les pratiques financières habituelles. Il n'y a aucun piège : manifestement, Isaacs cherche d'abord à glaner des informations, à comprendre. Patricia Barbizet et ses collaborateurs quitteront New York rassérénés. Ce qui se passe à Paris les inquiète plus. Car la perquisition tapageuse d'Eva Joly au siège d'Artémis a provoqué une agitation médiatique à leurs yeux très mal venue.

Une deuxième session aura lieu début septembre 2000, cette fois-ci à Washington, dans les bureaux de Gibson, Dunn & Crutcher, les avocats d'Artémis. C'est encore une particularité de la justice américaine, qui fait preuve d'un pragmatisme inconnu en France : les lieux importent peu. Aussi bien au civil qu'au pénal, pendant tout le déroulement de l'affaire Executive Life, les réunions se tiendront indifféremment à Los Angeles, à Paris, à Londres, à Washington, à la FED, chez les avocats, dans les palais de justice, au gré des contraintes, des desiderata, des emplois du temps ou des moyens financiers de chacun. Ce qui n'obère en rien la rigueur des débats. Pour participer à cette deuxième session, François Pinault a pris son Falcon 900 personnel tandis que Patricia Barbizet a emprunté un vol régulier. L'un et l'autre sont entendus dans des pièces séparées. Protégé par son immunité, François Pinault se montrera, cette fois-ci, particulièrement froid et lapidaire. Il pense en avoir fini avec les risques pénaux. Il a le sentiment de perdre son temps.

De fait, François Pinault et Patricia Barbizet seront oubliés par l'accusation jusqu'au début de l'année 2002, date à laquelle les dirigeants d'Artémis voient revenir le parquet de Californie sur le thème : « confirmez-nous que Peyrelevade était au courant de la triche et qu'il l'a poursuivie ». Manifestement, l'histoire qu'ils ont racontée à Isaacs n'est plus assez excitante. Mais le procureur s'est privé de son principal moyen de pression en leur accordant l'immunité, derrière laquelle Pinault et Barbizet s'abritent. Plus question de collaborer. Isaacs est furieux.

En avril, François Pinault et Patricia Barbizet sont appelés à témoigner à New York. Pinault n'est pas entendu sous serment. Il est interrogé, avec traducteur, par Jeffrey Isaacs dans les locaux de son avocat Gibson & Dunn, sur Park Avenue. Pinault, d'un regard et d'une phrase, sait être aussi chaleureux que froid. Ce jour-là, il est glacial, répond par monosyllabes, défie ouvertement son interlocuteur. Isaacs n'ose pas l'affronter directement. Il va chercher à faire exploser le noyau Artémis, jusque-là uni. Il tentera ainsi de faire parler tous ses collaborateurs, à commencer par Patricia Barbizet. Mais aussi plusieurs autres : John Ryan, Emmanuel Cueff, ancien secrétaire général d'Artémis, les juristes Marie-Christine de Percin et Gilles Pagniez ainsi que Gilles Erulin, responsable des activités d'assurances.

Le même jour, Patricia Barbizet est appelée à témoigner, sous serment, à New York, dans les locaux de la FED. Les avocats ont annoncé, par anticipation, le contenu de ses déclarations, qui ne diffèrent pas de son premier témoignage. Une réunion a lieu avant le témoignage. Isaacs attaque d'emblée :

— Cela ne nous convient pas : il nous faut une déclaration plus à charge contre le Crédit Lyonnais et Jean Peyrelevade.

— Il ne peut en être question, répondent les avocats : Mme Barbizet ne peut aller au-delà de ce qu'elle a déjà déclaré. Parce que c'est la vérité.

La discussion tourne à l'aigre. Isaacs cherche alors à isoler Patricia Barbizet et à déstabiliser ses conseils :

— Est-il normal que Mme Barbizet ait les mêmes avocats que François Pinault et Artémis ?

— Cela n'a posé aucun problème jusqu'à présent.

— Alors ne perdons pas notre temps. Si Mme Barbizet ne modifie pas ses déclarations, j'en tirerai les conséquences en ce qui concerne l'immunité qui lui a été accordée, à titre conditionnel, en contrepartie d'un témoignage sincère. Je suis désolé de vous avoir dérangés pour rien. Cette réunion est annulée. Mais dites à votre cliente que je lui suggère de prendre un avocat autonome, qui lui donnera de meilleurs conseils.

Le message est entendu. Trois semaines plus tard, Patricia Barbizet va prendre son propre avocat, Steve Miller, associé de Howrey & Miller. Elle le rencontre pour la première fois chez Christie's, la maison d'enchères qui appartient à François Pinault. L'avocat prend son rôle très au sérieux. Alors qu'elle était accompagnée des deux Gilles (Pagniez et Erulin), il lui demande de s'entretenir seul à seule avec elle. Il les considère comme des *black brothers* qui obligent Patricia à épouser les intérêts d'Artémis. Plus tard, l'avocat se modérera mais continuera à ne voir l'affaire que sous l'angle des intérêts personnels de sa cliente. Ce qui ne l'empêche pas d'être payé par Artémis, comme toutes les personnes privées du groupe Pinault.

Une nouvelle réunion entre Jeffrey Isaacs, François Pinault et Patricia Barbizet (toujours entendus séparément) et les représentants de la FED est programmée du 4 au 7 juillet 2002, cette fois-ci dans les bureaux londoniens de Gibson & Dunn.

Là encore, avant la réunion, Isaacs attaque d'emblée :

— Si Mme Barbizet maintient sa version des faits, dit-il à son avocat, je vous indique que je détiens dans mon dossier des éléments qui me permettront de l'accuser de parjure et d'obtenir d'un juge l'annulation de son immunité conditionnelle.

— Nous avons bien compris. Je vous prie de bien vouloir me laisser le temps de m'entretenir avec ma cliente.

Parjure. Le mot a été prononcé. En accord avec les autres avocats de Pinault et d'Artémis, Steve Miller conseille à Patricia Barbizet de refuser de témoigner sous serment. Ce qu'elle dira elle-même, quelques instants plus tard, à Isaacs. Celui-ci est sidéré. Son ego dilaté en prend un coup. Il considère qu'il a été trahi. Ce refus de témoigner lui permettra de faire casser par un juge l'immunité de Patricia Barbizet, non pour parjure – ce qui aurait été beaucoup plus grave – mais pour refus de témoigner. Isaacs va prendre en grippe la jeune femme. Il va élaborer une théorie stupide (dont il n'est sans doute pas dupe, mais elle seule permet de protéger Pinault, tout en faisant pression sur lui) selon laquelle le patron n'était au courant de rien tandis que sa collaboratrice agissait dans son dos ! Son attitude semble receler une part de misogynie : c'est une femme, elle finira bien par craquer.

Pinault, Barbizet, Lion, Paquin : début 2001, le procureur constitue patiemment son dossier d'accusation.

Pour confondre le Crédit Lyonnais, le CDR et le cabinet White & Case, le plus utile serait de recueillir les témoignages des principaux protagonistes de la « conspiration » : Jean-Yves Haberer, François Gille, Dominique Bazy, Jean-François Hénin et Jean-Claude Seys en particulier. Accusés de « crimes », tous connaissent les risques qu'ils courent s'ils mettent le pied aux Etats-Unis. Tous vont cependant être approchés, plus ou moins directement. Avec Haberer, les démarches sont sans espoir. L'ancien président du Crédit Lyonnais remâche sa rancœur, mais il reste un fonctionnaire, au service de l'Etat. Les pressions les plus fortes vont être exercées sur François Gille et Jean-François Hénin. Celui-ci est d'abord approché par Gary Fontana, l'avocat du département des assurances qui a promis à Quackenbush de récupérer les milliards que les Français ont à ses yeux indûment gagné. Il lui a donné rendez-vous dans un cabinet d'avocats à Paris, au printemps 1999. Il n'y va pas par quatre chemins :

— Je cherche un témoin et une poche profonde. La poche profonde, vous vous en doutez, c'est François Pinault. Et le témoin, c'est vous !

Jean-François Hénin ne donnera pas suite. Le 11 novembre suivant, il reçoit un coup de massue. Son avocat américain, Brian Sun, un ancien supérieur d'Isaacs, lui indique qu'il a rencontré l'un des adjoints du procureur, accompagné d'un représentant de la FED. Les deux hommes lui ont annoncé que son client était la cible principale de l'enquête, qu'il encourait vingt ans de prison et 700 millions de dollars d'amende, mais que les charges pourraient être réduites s'il acceptait de coopérer activement à l'enquête. Le 9 février 2000, la menace est réitérée. Isaacs affirme à l'avocat d'Hénin qu'il sera poursuivi aux Etats-Unis et que ses biens pourront être saisis dans le monde entier, y compris en France ; mais qu'il serait intéressé par ses propos sur

Jean-Yves Haberer, François Gille, Dominique Bazy, Jean Peyrelevade, ainsi que sur François Pinault ; et qu'il pourrait être exonéré, en tout ou partie, de sa responsabilité pénale, s'il acceptait de les mettre en cause. La proposition sera réitérée et précisée quinze jours plus tard : Isaacs promet cette fois-ci à Brian Sun que s'il charge ses anciens supérieurs et partenaires, il peut garantir à Hénin qu'il « pourra voyager partout dans le monde, sauf aux Etats-Unis ». En quelques mois, les vingt ans de prison se sont transformés en simple bannissement. On tape sur la viande pour l'attendrir.

En décembre, la démarche devient officielle : Jeffrey Isaacs écrit à Seys pour la Maaf, à Hénin pour Altus et à Bazy pour le Lyonnais. Il leur propose un entretien « moins formel qu'un procès-verbal à la française » chez lui, à Los Angeles, avec la promesse qu'ils « ne seraient pas arrêtés durant leur voyage aux Etats-Unis ».

Jean-François Hénin recevra, parallèlement, des appels du pied de Gary Fontana, et ce jusqu'en février 2002. L'avocat du département des assurances lui offre de prendre en charge « tous ses frais en contrepartie d'une déclaration contre les dirigeants du Crédit Lyonnais ». Hénin comprend même qu'on est prêt à lui verser de l'argent. Mais il refuse obstinément d'écouter ce genre de sirènes. Il est l'un des seuls qui n'a jamais eu foi, à aucun moment, en la justice américaine sur ce dossier. Il fait partie de ces Français qui n'admirent pas l'Amérique. Voire la méprisent. Il est convaincu de la duplicité de Jeffrey Isaacs, de la cupidité de Gary Fontana, de l'hypocrisie de la FED ; qu'ils utiliseront tous les moyens à leur disposition pour faire payer les Français, si possible en les humiliant. Jean-François Hénin ne veut pas se jeter dans la gueule du loup. Mais il a aussi d'autres motivations. En dépit de ses erreurs, de ses maladresses et peut-être du grain de folie qui l'a poussé à franchir les bornes, ce chrétien militant a besoin de pouvoir se regarder dans la glace. Il n'est pas fait du même bois que François Marland. Pas question, pour lui, de dénoncer quelque Français que ce soit, même en contrepartie d'une clémence relative et hypothétique de la part du procureur américain.

Il a bien du mérite. Car depuis la chute d'Haberer, le Mozart de la finance est devenu un véritable paria. On lui impute tous les déboires du Crédit Lyonnais, on le suspecte de malversations, on l'accuse de tout. Et surtout, on veut, à Paris, lui faire porter le chapeau de l'affaire Executive Life. La stratégie a été élaborée à l'automne 1999 par White & Case, avec le soutien de Raymond Lévy, président du CDR. Dans ses notes de synthèse, White & Case insiste lourdement sur les « portages organisés », écrit le mot « infraction » et désigne ouvertement Hénin comme « coupable ». Toutes ces notes finiront dans les mains de la justice américaine, parce que le procureur, grâce à la manipulation de Paquin, obtiendra de la juge fédérale Carla Woehrle que soit levée, le 13 juin 2002, la confidentialité de la correspondance entre le Crédit Lyonnais et ses avocats, en raison de « la gravité du crime » commis. La même juge refusera, neuf mois plus tard, de lever le secret des correspondances entre François Pinault, Artémis et leurs avocats.

Dès lors, tout est consommé. Le procureur fera son miel de la note du 20 novembre 1999, particulièrement explicite : « Pour appréhender les revenus provenant de son portefeuille de junk bonds, Altus n'a pas hésité à violer la réglementation bancaire en utilisant des conventions de portage, masquant ses intérêts dans les fonds Apollo et Land Free, écrit White & Case. Dans le même but, Altus a fait procéder à de fausses déclarations. (...) Le 20 septembre 1990, Altus fit déclarer à la Federal Reserve que sa participation dans Apollo 1 était inférieure à 25 %. Cette déclaration était inexacte puisqu'Altus et ses filiales (...) détenaient à l'époque une participation supérieure à 25 % dans Apollo 1. Cette participation est passée à 39,64 % après l'acquisition de la participation dans la banque Saga. Au surplus, en août 1990, lors de la création des fonds, M. Hénin finance la prise de participation de certains partenaires habituels d'Altus dans Land Free II. Il s'agissait des sociétés de MM. Alain Mallart, Marc Ladreit de Lacharrière, Jean-Charles Naouri et Georges Pébereau qui prirent des participations dans Land Free II à hauteur de 10 % chacun. Ces différents intervenants ont alors bénéficié d'un traitement de faveur puisqu'ils ont pu conserver l'ensemble des dividendes qui furent versés au titre de ces participations alors qu'ils ne supportaient qu'un risque très limité. Altus leur consentit en effet des promesses d'achat assurant la liquidité de leur investissement à des conditions favorables. »

Dix mois plus tard, White & Case va jusqu'à évoquer « un concert frauduleux » entre les dirigeants d'Altus et leurs partenaires. Cette fois-ci, le cabinet d'avocats suggère que le rachat d'Executive Life a été imaginé pour masquer les pertes du Lyonnais et favoriser l'enrichissement personnel de ses dirigeants ! Même système de défense inepte que dans le cas de Denis Lion : le CDR veut faire de Jean-François Hénin un bouc émissaire. Un choix totalement assumé par Raymond Lévy. Le 20 février 2001, le président du conseil de surveillance du CDR rédige un mémo sur sa stratégie de défense. Lui aussi recommande de reconnaître que des fautes ont été commises et affirme que la seule chance de s'en sortir est de « donner des gages au parquet fédéral » [1].

1. Il s'agit d'une note classée « très confidentiel » envoyée à Matignon et à Bercy, dans laquelle Raymond Lévy « appelle de la part des pouvoirs publics une attention particulière » en raison de « la taille des enjeux en cause » et « l'acharnement particulier manifesté par le parquet de Cali-

Il s'agit d'admettre une reconnaissance de culpabilité du Crédit Lyonnais en raison des fautes individuelles de Jean-François Hénin et de quelques autres, comme Claude-Eric Paquin ou Jean-Claude Seys, contre lesquels on déposera de nouvelles plaintes en France.

Quelques jours plus tard, Jean Peyrelevade va voir Raymond Lévy au CDR :

— Votre stratégie de défense est folle !

— Et pourquoi ?

— Parce qu'il ne faut pas reconnaître de fautes, même partielles. Le Crédit Lyonnais n'en a pas commis. Vous mettez le doigt dans un engrenage dont on ne sortira pas.

— Mais il y a eu, à l'évidence, des fautes individuelles. Le Crédit Lyonnais était un véritable fromage.

— Peut-être, mais rien ne prouve qu'il y ait eu des défaillances et des complicités internes. Il ne faut pas s'égarer dans les détails. La priorité est de réunir toutes les parties françaises pour comprendre ce qui s'est réellement passé. C'est un préalable.

— Je ne crois pas que ce soit une bonne idée. Le Crédit Lyonnais, le CDR et la France ne peuvent être

---

fornie à l'égard du Crédit Lyonnais ». Lévy demande donc « l'intervention de l'Etat sous deux formes :

— Veiller au bon déroulement des procédures pénales engagées en France (...). Les autorités françaises doivent donner des gages au parquet fédéral quant à leur détermination à conduire les poursuites pour des faits qui, dans le contexte de l'affaire Executive Life, seraient passibles en France de sanctions pénales.

— Renforcer l'action diplomatique pour trouver une issue raisonnable à l'action publique aux Etats-Unis. Celle-ci passe avant tout par la mise hors de cause du Crédit Lyonnais dans la procédure pénale (...). Les développements récents de l'affaire nous conduisent à considérer qu'une intervention politique, fondée sur le caractère très particulier que revêtirait une lourde sanction financière exclusivement reportée par le contribuable français, sera prochainement nécessaire au plus haut niveau de l'Etat ». En clair, Lévy demande que soient reconnues les fautes, que soient condamnés Hénin, Haberer et Gille en France et que l'Etat plaide sa cause au détriment des autres parties – essentiellement François Pinault.

assimilés à quelques personnages douteux qui devront rendre compte de leurs fautes devant la justice, en France et aux Etats-Unis.

— Encore faut-il qu'ils soient coupables !

— Vous en doutez ?

— Oui. Sur le plan judiciaire, vos accusations ne tiennent pas debout. Il y a manifestement eu d'énormes erreurs d'appréciation et de gestion, une incroyable imprudence de la part de l'encadrement du Lyonnais, mais ce ne sont pas là des délits pénaux. Je suis convaincu que tout cela se terminera par des non-lieux.

Peyrelevade n'a qu'une crainte : si la France attaque Hénin ou Seys, ceux-ci, pour sauver leur peau, risquent de jouer les balances aux Etats-Unis et chercher à éclabousser tout le monde. Il se rend compte que Raymond Lévy le balade. Il pose alors la question qui lui brûle les lèvres :

— Vous vous attaquez à Hénin et à Seys. Pourquoi n'envisagez-vous pas de porter plainte contre François Pinault ?

La réponse fuse :

— Je ne porterai pas plainte contre François Pinault, parce qu'il n'est pour rien dans cette affaire. De toute façon, il est trop puissant.

Raymond Lévy ne déviera pas de sa ligne, que lui a suggérée Dominique Strauss-Kahn : plutôt que de récupérer les actifs, il faut poursuivre les fautifs. Dans sa plainte contre Hénin, le CDR affirmait qu'il s'était enrichi personnellement au détriment d'Altus, ce qui lui aurait permis d'investir directement dans les junk bonds, Altus assumant seul les risques juridiques. Fort de cette plainte, le CDR, via White & Case, ira dénoncer auprès de la justice américaine une « conspiration internationale » menée par Hénin et d'autres voyous (*rogue individuals*), « violant la loi californienne pour blanchir de l'argent sale... ». Côté français, on ne traîne pas : le parquet de Paris, dirigé par le zélé Jean-Pierre Dintilhac, délivre à toute vitesse un réquisitoire supplétif au juge Philippe Courroye, qui a remplacé Jean-Pierre Zanoto sur l'ensemble des dossiers du Crédit Lyonnais.

Celui-ci mettra en examen Jean-François Hénin du chef d'abus de biens sociaux pour avoir acheté à la Maaf, le 31 décembre 1991, à un prix surévalué, deux sociétés [1]. Selon les éléments fournis à la justice par le CDR, « Altus n'a procédé à aucun audit préalable approfondi, a conclu cette acquisition sans véritable garantie d'actif net », et « s'est porté acquéreur d'une banque dénuée d'un véritable fonds de commerce ». Le juge prendra à son compte les expertises du CDR, qui évalue le préjudice subi par Altus entre 285 et 385 millions de francs. Symétriquement, Jean-Claude Seys sera mis en examen pour recel d'abus de biens sociaux. En contrepartie des faveurs qui lui étaient accordées, il est accusé d'avoir accepté le portage des actions d'Executive Life détenues par Altus. C'est le seul lien – ténu – avec l'affaire, qui permettra de dire aux Américains que les deux principaux protagonistes sont poursuivis en France. Henri Leclerc, l'avocat de Seys, dénoncera « une procédure farfelue dans laquelle mon client est poursuivi pour avoir fait une bonne affaire. Les faits qui lui sont reprochés se limitent à la production, par le CDR, d'une expertise de la valeur d'un immeuble dont nous contestons les conclusions à l'aide de notre propre expertise ». Comme prévisible, cette affaire montée de toutes pièces se terminera en eau de boudin [2].

1. Il s'agit de la Financière de banque et de l'Union meunière (FBUM) et de l'Immobilière de Port-Royal.

2. Le 16 janvier 2004, Philippe Courroye recevra une nouvelle expertise qui évalue à 2,38 millions d'euros maximum le surprix de la FBUM mais estime à sa juste valeur le prix d'achat de l'Immobilière de Port-

Pendant que Jean-François Hénin et Jean-Claude Seys sont traduits en justice en France, les Américains, qui ont été les vrais concepteurs et les moteurs du rachat d'Executive Life et de ses junk bonds par le Crédit Lyonnais, sont... totalement exonérés par la justice de leur pays. En effet, le 1er juin 2001, en contrepartie d'« une contribution active à l'enquête », Leon Black, Craig Cogut et John Hannan concluent un accord d'immunité avec le juge commissaire aux assurances Harry Low, qui a remplacé Chuck Quackenbush, contraint à la démission. Leur témoignage a été négocié dans les moindres détails, avec plusieurs allers-retours entre leurs avocats et le juge commissaire. Chaque terme a été pesé, rayé, réécrit ! Sacré exercice que d'exonérer Black et ses adjoints, en accablant les Français ! Finalement, plus c'est gros, plus ça passe : le commissaire affirme « ne pas avoir la preuve et ne pas avoir de raisons de croire que de telles preuves existent », qu'Apollo « était au courant de l'existence d'accords de portage avant juin 1998 ». Il n'a pas, non plus, de raison de croire que les dirigeants d'Apollo « ont violé la moindre loi ou une quelconque réglementation tant au niveau de l'Etat de Californie qu'au niveau fédéral, en ce qui concerne la transaction d'Executive Life ». Apollo souligne, exactement dans les mêmes termes, n'avoir pas eu connaissance d'un tel portage. Dans le long descriptif historique de l'opération, Apollo souligne que « s'il avait eu connaissance des accords précis existant entre les parties françaises pour réaliser le rachat, il s'en serait ouvert auprès des autorités de contrôle américaines ». Contre

---

Royal, alors que le CDR, dans sa plainte, indiquait une surévaluation de 35,7 millions d'euros. Le juge Courroye et le procureur Dintilhac se sont laissé manipuler. Courroye ne pourra que clore son instruction par un non-lieu, quatre ans après le dépôt de la plainte du CDR.

cette déclaration et leur collaboration, les dirigeants d'Apollo obtiennent une immunité pénale... et civile. Ils ont pourtant gagné dans l'opération junk bonds plusieurs centaines de millions de dollars (et même 1 milliard, selon certaines sources), que la justice américaine aurait pu leur réclamer au même titre qu'aux Français.

Oubliées, les lettres adressées à Garamendi par les patrons du Crédit Lyonnais et d'Altus, après avoir été recopiées sur un brouillon adressé par Cogut, sur les indications de Garamendi lui-même ! Oublié le dîner chez Chasen's, où Hénin, Black et Garamendi ont fêté leur accord ! Oubliés, les articles de presse qui relèvent le rôle de Black et considèrent comme évident que le Crédit Lyonnais se cache derrière la Maaf ! Oubliée, l'intervention de Craig Cogut auprès de Jean-François Hénin pour faire entrer la compagnie SunAmerica dans le tour de table d'Executive Life aux mêmes conditions que la Maaf et les investisseurs français ! Oublié, ce prospectus publicitaire dans lequel Craig Cogut se vantera lui-même de son rôle dans la transaction : « M. Cogut a été l'architecte principal et le négociateur en chef avec le commissaire aux assurances de Californie et les autres parties liées aux investisseurs français qui ont acquis les activités d'assurances [et le] portefeuille de junk bonds d'Executive Life », est-il écrit en toutes lettres.

Oubliées, enfin, les mises en garde constantes de Lorraine Johnson, directrice juridique du département des assurances, adressées pendant quatre ans à son patron John Garamendi. Oubliée, la note qu'elle lui a adressée le 5 février 1993, tout simplement titrée : « L'investissement proposé par le Crédit Lyonnais dans Aurora/Exlife [1] ». Oubliée, sa mise à l'écart du dossier,

1. Face à une équipe de France 2 qui lui montrait la note (le reportage a été diffusé le 15 février 2004), Garamendi s'était montré très gêné et avait immédiatement botté en touche...

après un entretien en tête à tête avec John Garamendi, au cours duquel elle lui a réitéré son opposition à la présence du Crédit Lyonnais qui contrevenait, selon elle, aux lois californiennes.

Tout ceci est bel et bien occulté. John Garamendi, Leon Black et Craig Cogut n'ont rien vu, rien entendu...

Cet accord entre le commissaire aux assurances, le procureur et les avocats des protagonistes américains, sera strictement tenu secret jusqu'en décembre 2001, lorsque son existence sera révélée par le *Wall Street Journal*. Pour les Français, c'est un choc, un scandale, une terrible injustice. Et c'est une tuile de plus. Car Black et ses adjoints n'auront ni complexes ni réticences pour charger à mort leurs anciens partenaires, en se présentant même comme leurs victimes. Sans toutefois pouvoir nourrir la justice d'informations sur les portages dont ils n'ont, bien entendu, jamais eu connaissance. Y compris dans le capital des fonds d'investissement qu'ils contrôlaient et dont ils assuraient la gestion...

CHAPITRE 12

Isaacs bridé par ses chefs

En ce début d'année 2001, Jeffrey Isaacs est inquiet. En dépit des témoignages à charge qu'il accumule contre le Crédit Lyonnais, il a le sentiment qu'il va laisser échapper une nouvelle fois sa proie, comme deux ans plus tôt avec l'affaire de la MGM. D'un côté, le gouvernement français, qui a enfin compris les risques encourus, multiplie les initiatives diplomatiques. Il a pris comme avocat Benjamin Civiletti, une sommité. Et s'efforce d'amadouer les responsables américains. En témoigne la Légion d'honneur accordée à Alan Greenspan, l'indéboulonnable président de la Réserve fédérale, chef pilote de l'économie américaine, ainsi qu'à William McDonough, directeur de la FED de New York. Deux hommes qui doivent, en dernier ressort, approuver toute action engagée par la FED contre le Crédit Lyonnais. D'un autre côté, Isaacs est à nouveau bridé par sa propre hiérarchie. Sa supérieure directe, Nora Manella, a quitté le parquet pour devenir juge fédérale. Son successeur, Alejandro Mayorkas, un ancien avocat, a été poussé à la démission lorsqu'il a été révélé qu'il avait obtenu de Bill Clinton, en toute fin de mandat, la grâce pour un caïd de la drogue. Isaacs est donc coiffé par un intérimaire, jusqu'à la nomination, par la nouvelle administration républicaine, des principaux procureurs du pays. Il lui faut donc à nouveau négocier avec Joshua Hochberg, le directeur de la répression des fraudes au département de la Justice, celui-là même qui l'avait bloqué dans l'affaire MGM. Celui qu'il surnomme *Mister no.*

Comment lui forcer la main ? Exactement comme le font la plupart des juges d'instruction français, lorsqu'ils veulent pousser un dossier qui leur tient à cœur et bousculer les réticences du parquet : en s'appuyant sur la presse. Pas la presse américaine, avec laquelle Isaacs entretient des rapports difficiles et qui, surtout, ne s'intéresse pas aux détails de l'affaire, beaucoup trop compliqués pour ses lecteurs. Son relais, c'est l'hebdomadaire britannique *The Economist.* Celui-ci publie, le 12 janvier, un article adoptant la thèse américaine, qui met en cause, pour la première fois, Jean Peyrelevade, en publiant le fax qui lui a été adressé le 10 décembre 1993, dans lequel sont évoqués les problèmes liés à l'achat d'Executive Life et de ses junk bonds.

Avant même la sortie du magazine, le Crédit Lyonnais diffuse un communiqué dans lequel il dit vouloir « se borner aux commentaires suivants » :

« — Dès qu'il a eu connaissance, le 31 décembre 1998, de l'éventuelle possibilité d'infractions à la législation américaine de son ancienne filiale Altus, il a immédiatement fait prévenir les autorités compétentes aux Etats-Unis.

— A la demande de son Président, M. Jean Peyrelevade, il a entrepris des investigations internes et a tenu les autorités américaines informées, au fur et à mesure, des résultats de ces recherches.

— En ce qui concerne le fax de décembre 1993 mentionné par l'hebdomadaire, c'est le Crédit Lyonnais qui l'a retrouvé et qui l'a transmis, de son propre chef, aux autorités américaines dès le printemps 1999.

— Si l'absence de traitement personnel de ce document devait impliquer une quelconque responsabilité de M. Peyrelevade, les autorités américaines, auxquelles il a fait savoir à de nombreuses reprises depuis plus de 18 mois qu'il était disposé à les rencontrer, n'auraient pas manqué de l'entendre, ce qu'elles n'ont toujours pas fait, à ce jour.

— M. Peyrelevade est donc parfaitement serein, mais prend acte des allégations préjudiciables de l'article, auxquelles il donnera la suite appropriée. »

Peyrelevade peut dire ce qu'il veut. L'article de *The Economist* a eu l'effet escompté. Joshua Hochberg est obligé de donner à Isaacs une « autorisation provisoire » pour continuer son enquête sur le rôle du Crédit Lyonnais et de Peyrelevade, et éventuellement les poursuivre.

Jeffrey Isaacs se met aussitôt au travail. Il attend néanmoins le mois d'avril pour présenter au département de la Justice une proposition d'acte d'accusation contre le Crédit Lyonnais et ses dirigeants. Il espère ainsi être mieux entendu par Michael Chertoff, l'assistant du nouveau secrétaire à la Justice John Ashcroft. Mais Chertoff va se montrer aussi prudent qu'Hochberg. Dès sa nomination, Benjamin Civiletti a fait son siège, portant le débat sur le plan diplomatique. Avec pour principal argument l'assurance que la France avait fait elle-même le ménage, en réformant le Crédit Lyonnais, en changeant ses dirigeants, en le privatisant et en poursuivant en justice ses anciens responsables. Civiletti met en garde Chertoff contre Isaacs, ce procureur « qui a perdu tout contrôle de lui-même ». Chertoff n'est pas insensible à ses arguments. La preuve : pour « travailler en paix », il va exclure Isaacs de ces réunions, qui se tiennent à Washington.

Ruminant sa frustration à Los Angeles, Isaacs va

tenter de forcer le destin. Sur la base de l'autorisation provisoire de poursuivre que lui a accordée Hochberg, il annonce par lettre, le 24 avril, au Crédit Lyonnais et au CDR son intention de les faire inculper, début juin, par un grand jury. L'information sera révélée par *Libération* quinze jours plus tard, ce qui suscitera un nouveau communiqué du Crédit Lyonnais. La banque « constate qu'une nouvelle fois quelqu'un, de façon inappropriée, fournit à la presse des informations relatives à une procédure couverte par la confidentialité » et confirme : « Il est exact que le procureur fédéral de Californie a fait savoir aux avocats, tant du CDR que du Crédit Lyonnais, son intention d'inculper ces deux institutions. Avec l'accord de ce procureur, le dossier fait actuellement l'objet d'un réexamen par les autorités fédérales compétentes. Aucune décision ne sera vraisemblablement prise par ces autorités avant plusieurs semaines. » L'allusion au « réexamen par les autorités fédérales » est considérée par Isaacs comme une nouvelle provocation. Conséquence immédiate ? La semaine suivante, *The Economist*, sous le titre : « Crédit Lyonnais, nouvelles révélations », publie un nouvel article au vitriol, sur deux pages.

Bloqué par sa hiérarchie, Jeffrey Isaacs va avoir la surprise, en ce mois de juin, de se voir concurrencer par les autorités judiciaires de Californie. Le procureur général de cet Etat, Bill Lockyer, décide en effet le 19 juin de se constituer lui aussi partie civile en faisant sienne la plainte déposée auprès de lui par François Marland deux ans et demi plus tôt et qui dormait depuis lors [1]. Il est poussé par Gary Fontana : si l'enquête pénale d'Isaacs est bloquée à Washington, il y aura toujours cette solution de rechange. Or Fontana a

1. C'est une des nombreuses incongruités judiciaires du système fédéral américain : la même affaire peut vouloir être traitée au niveau de l'Etat et au niveau fédéral.

absolument besoin d'une condamnation pénale pour pouvoir faire prospérer sa procédure civile et récupérer les milliards de dollars attendus. L'avocat fait miroiter à Bill Lockyer l'avantage médiatique qu'il peut tirer lui aussi de cette affaire. Le procureur attaque alors les Français, auxquels, en janvier 2002, il ajoutera – miracle ! – Leon Black et ses associés Craig Cogut, John Hannan et Eric Siegel. Tous sont accusés d'« avoir menti à répétition, plusieurs fois sous serment, sur la véritable identité, les relations financières et les participations des entités qui ont réellement acquis Executive Life et qui l'ont contrôlé par la suite. En conséquence de ces mensonges, les accusés ont profité illégalement de milliards de dollars qui, sans leur ruse et leur fraude, seraient revenus à l'Etat pour le bénéfice des assurés qui ont été les victimes finales de la tromperie ». Selon l'acte d'accusation de l'Etat de Californie, si le département des assurances avait connu la vérité, il aurait conservé le portefeuille de junk bonds et les activités d'assurances d'Executive Life, ou bien aurait organisé la vente d'une autre manière qui lui aurait permis de récolter plus d'argent. L'Etat réclame trois fois le préjudice subi et des pénalités civiles de 10 000 dollars par jour pour chaque fausse déclaration. Soit un montant qui ne sera pas inférieur à 2 milliards de dollars.

Quand on connaît la suite des événements, les communiqués du Crédit Lyonnais publiés après chaque initiative de l'accusation ont un côté irréel. Face à la nouvelle plainte de l'attorney général de Californie, la banque affirme, le 21 juin 2001 : « Il s'agit d'une action très proche de celle engagée, il y a plus de deux ans, par le commissaire aux assurances du même Etat de Californie. Le Crédit Lyonnais fait savoir que cette nouvelle action ne fait peser sur lui aucun risque supplémentaire, notamment financier. »

Isaacs s'inquiète de plus en plus, tandis que l'optimisme revient en force chez ses adversaires. Après un premier round de négociations entre Michael Chertoff, la FED et les avocats de l'Etat français, du Crédit Lyonnais et du CDR, la France obtient un premier résultat. Démentant le procureur, Washington accorde, en juin, un délai aux Français pour plaider leur cause, avant une éventuelle mise en accusation pénale, devant le grand jury. Les conversations politiques entre Paris et Washington se déroulent dans un climat constructif. La nouvelle administration Bush n'est alors animée d'aucune mauvaise intention vis-à-vis de la France, bien au contraire. Celle-ci présente une nouvelle ligne de défense qui fait mouche. Benjamin Civiletti suggère que l'on sorte de l'impasse diplomatique en faisant bénéficier le Crédit Lyonnais des mêmes garanties que les caisses d'épargne américaines en faillite au début des années 80, sauvées par une injection massive de capitaux publics. Rappelons que, pour les sécuriser et éviter les recours, une loi a été votée, appelée *National Treatment Act*, qui interdit toute poursuite à l'égard des compagnies qui ont reçu des fonds publics. Ce qui est aussi le cas du Crédit Lyonnais.

Faire bénéficier la banque française du *national treatment* ? Cette idée lumineuse a-t-elle été trouvée par Benjamin Civiletti ? Plusieurs avocats en revendiquent la paternité. Mais il semble qu'elle ait d'abord germé dans la tête d'Alain Maillot, associé de Jean-Michel Darrois, avocat de François Pinault. Cette idée sauverait les Français et permettrait aux Américains d'éviter le conflit diplomatique sans avoir à bloquer le procureur par une quelconque manœuvre ou à le désavouer, ce qui est politiquement impossible. Elle est jugée si bonne par les deux parties qu'il est convenu de ne pas en parler à Isaacs ! D'où sa mise à l'écart.

Isaacs est néanmoins informé, dès juillet 2001, par des sources internes, de cette solution diplomatique qui ferait s'effondrer, comme dans le cas de la MGM, 99 % de son dossier. En réponse à Chertoff, qui lui suggère la modération, le procureur adjoint va lui répondre, en août, dans une déclaration officielle, destinée à le convaincre mais surtout à faire date. Il entend démontrer que la nouvelle direction du Crédit Lyonnais a continué à cacher les infractions de la banque commises par ses prédécesseurs. Mieux : il affirme que le gouvernement français était au courant et, en ne faisant rien, s'est rendu complice de ces infractions. Il s'appuie pour cela sur le rapport de Véronique Hespel remis à Dominique Strauss-Kahn dont il a eu connaissance quelques semaines plus tôt. C'est le gouvernement français qui l'a transmis, via Benjamin Civiletti, à la FED, pour preuve de sa bonne foi, à condition de ne le répercuter à quiconque [1]. Des conditions dont la FED n'a tenu aucun compte : elle a prévenu discrètement Isaacs de l'existence de ces documents. Celui-ci a aussitôt cité la FED pour qu'elle les lui remette. Celle-ci s'est, bien sûr, exécutée. Ce n'est pas la Légion d'honneur d'Alan Greenspan qui allait rompre le front américain...

Dans son document, Jeffrey Isaacs dénonce la duplicité et les dissimulations de l'Etat français en s'appuyant sur le silence du juge Zanoto. Son argumentation est simple : soit il n'était pas au courant de

1. Les conditions posées par Civiletti pour la remise de cette note et de quelques autres documents internes au gouvernement français étaient que ceux-ci soient considérés comme strictement confidentiels et que la FED n'en fasse pas état, « même en cas de citation » avec une tierce partie ou une agence gouvernementale, « y compris le département de la Justice ». Il précisait que toute rupture de la confidentialité compromettrait le droit du Crédit Lyonnais à un procès équitable, violerait la vie privée d'individus et causerait des « dommages extrêmement graves » à la réputation et aux intérêts du Crédit Lyonnais.

l'affaire Executive Life, soit il n'a pas traité ce dossier, alors qu'il s'est penché sur de nombreuses infractions commises par les dirigeants du Crédit Lyonnais, allant même jusqu'à s'en prendre à Jean-Claude Trichet, alors gouverneur de la Banque de France, pour avoir couvert les faux bilans de la banque lorsqu'il était directeur du Trésor [1]. Isaacs s'insurge contre la livraison des pièces au compte-gouttes, l'interdiction faite aux fonctionnaires et à certains protagonistes de venir témoigner et plus généralement contre les réticences des autorités françaises à coopérer avec la justice américaine, à lui communiquer tous les documents en sa possession, une attitude qu'il présente comme « une volonté active de dissimulation ». Mieux : Isaacs s'étonne de ce que les Français et leurs avocats, lorsqu'ils collaborent, présentent cela comme une grande faveur accordée aux autorités américaines. Il cite la lettre d'accompagnement de Civiletti lors de la remise à la FED du rapport de Véronique Hespel à DSK. Cette lettre se place sur le plan de la « courtoisie internationale » et non de la contrainte juridique.

Isaacs est-il sincère ? En partie, sans doute. Sa position illustre parfaitement le décalage sidéral qui existe de part et d'autre de l'Atlantique où les citoyens entretiennent des rapports différents vis-à-vis de la loi, qui n'est d'ailleurs pas la même. En France, comme d'ailleurs dans toute l'Europe, personne n'est jamais obligé d'avouer ses fautes ou de réunir des preuves de nature à nuire à sa propre défense. Alors qu'aux Etats-Unis, nul ne doit entraver une enquête, y compris ceux qui en sont la cible. En France, tout individu mis en examen a droit au silence et même au mensonge. Aux Etats-Unis, toute personne sous investigation se doit de

1. En réalité, Jean-Claude Trichet a été mis en examen, le 28 avril 2000, non par Jean-Pierre Zanoto mais par Philippe Courroye, son successeur. Il sera relaxé au terme du procès.

dire la vérité : le mensonge est un délit aussi grave que la faute, dont il est indépendant [1].

Alors qu'en France, un accusé a intérêt à nier lorsqu'il est coupable, aux Etats-Unis il a intérêt à avouer, même s'il est innocent. En France, de plus, la justice n'est pas un pouvoir, mais une autorité. Il est donc tacitement admis – certes, de moins en moins – qu'un pouvoir supérieur, au nom de l'intérêt de l'Etat, de la diplomatie ou de l'ordre public, puisse influencer son cours. Aux Etats-Unis, la justice est un pouvoir qui se vit au-dessus de tous les autres [2]. En France, enfin, la loi est perçue comme le point moyen entre les différentes forces qui traversent la société et est appelée à évoluer avec elles, tandis qu'aux Etats-Unis, société religieuse, elle est reçue comme d'essence supérieure, c'est-à-dire divine. C'est une valeur relative d'un côté de l'Atlantique, absolue de l'autre. Jamais les Français n'ont pensé – ils ne le pensent toujours pas – que contourner ou même violer des lois, à la fois floues et ultra-techniques, concernant le contrôle par une banque d'une entreprise non bancaire, sans porter préjudice à quiconque, alors même que cette loi sera abrogée peu de temps après, puisse être considéré comme une infraction grave, a fortiori comme un « crime ».

Au-delà de ces différences fondamentales, qui expliquent bien des malentendus, la position d'Isaacs témoigne, par surcroît, d'un immense ethnocentrisme, propre à beaucoup d'Américains. Depuis la Californie, le procureur adjoint n'imagine pas un instant qu'Executive Life n'ait pas été une priorité pour le gouverne-

1. C'est en vertu de cet étrange principe que la vedette de télévision Martha Stewart a été condamnée en 2004 à de la prison ferme pour entrave à la justice, alors qu'elle a été blanchie du chef de délit d'initié qui lui avait valu son inculpation.

2. La première élection de Bush est à cet égard symbolique : il a été choisi par les juges de la Cour suprême faute d'être départagé par les électeurs.

ment français et pour sa justice. Dominique Strauss-Kahn était ministre des Finances, se débattait avec les milliards perdus par la banque et payés par les Français, s'affrontait à la Commission européenne et aux banques concurrentes pour sauver ce qui pouvait l'être du Crédit Lyonnais, mais cela n'effleure pas Isaacs : s'il a gardé le dossier Executive Life sous le coude, ce ne pouvait être, selon lui, que par volonté de dissimulation. Alors que ce dossier était l'un des rares dans lequel la banque n'avait pas perdu d'argent ! De même, le juge Jean-Pierre Zanoto, dans l'hypothèse où il aurait été prévenu de ce contentieux particulier, était confronté à une montagne d'infractions franco-françaises, à des mises en cause de personnalités, sous le regard du monde politique. Quand bien même l'aurait-il connu dans ses détails, l'affaire Executive Life n'aurait pas été, de toute façon, sa priorité. Mais Isaacs n'en a cure : cette affaire californienne aurait mérité d'être prioritaire. Elle ne l'a pas été : selon lui, c'est bien la preuve d'une volonté de dissimulation coupable des Français, pris comme un tout.

A Washington cependant, on a l'esprit généralement plus ouvert vis-à-vis des cultures étrangères qu'au cœur de la Californie. En dépit de son pressing forcené, Isaacs n'obtient pas de nouveau feu vert pour poursuivre. Au contraire, Michael Chertoff et Joshua Hochberg se sont entendus avec les avocats du gouvernement français, du CDR et du Crédit Lyonnais, pour tenter de trouver un accord définitif. Fin août 2001, sans qu'aucun document en fasse état (on en est aux conversations entre avocats), le gouvernement américain se dit prêt à se contenter du versement d'une amende de 80 millions de dollars par le CDR, successeur d'Altus, sans reconnaissance de culpabilité du Crédit Lyonnais. Un accord avantageux pour la France, puisque sans culpabilité, le procès civil perd tous ses fondements. Chacun se sépare avec l'intention de formaliser l'accord à la mi-septembre 2001. Chacun est confiant : que peut-il se passer d'ici là ?

TROISIÈME PARTIE

Le temps du bûcher

CHAPITRE 13

Bush rompt avec les Français

L'attaque terroriste du 11 septembre sur les tours du World Trade Center et le Pentagone va évidemment interrompre toutes les discussions. Les responsables du département de la Justice seront mobilisés pour des tâches plus urgentes. Les conversations ne reprendront qu'en janvier 2002, dans un contexte totalement modifié. En faveur des Français : leur soutien sincère et affirmé au peuple américain, illustré par le voyage éclair à New York de Jacques Chirac, premier chef d'Etat étranger à survoler et à se recueillir sur les ruines fumantes des *Twin Towers*, un lieu devenu sacré, bientôt baptisé *Ground zero;* ainsi que la mise en examen, en France, de Jean-François Hénin qui peut servir de prétexte à un abandon des poursuites aux Etats-Unis. En leur défaveur : l'explosion, en décembre 2001, du scandale Enron. Ce courtier en énergie était devenu une vedette de Wall Street. Son patron, Kenneth Lay, ne manquait jamais l'occasion de mettre en avant ses liens avec la famille Bush. Depuis deux mois, la presse faisait état de rumeurs. Les cours s'étaient effondrés. On découvre soudain que le groupe dissimulait ses pertes depuis des années et détournait des fonds en créant des partenariats bidon avec des sociétés écrans. La faillite est retentissante. Des milliers d'employés sont à la rue. La justice se focalise sur Andrew Fastow, directeur financier [1]. Le scandale Enron a un effet révulsif sur l'opinion publique américaine, un peu comme l'affaire Elf en France. Jusque-là sacralisé, le monde du *big business*, celui de Wall Street, perd sa crédibilité. Le mouvement est d'une rare violence. Le cabinet d'audit Arthur Andersen, l'un des tout premiers du monde, qui avait certifié les comptes d'Enron, explose en plein vol. A côté du terrorisme, la lutte contre la délinquance en col blanc devient aussitôt une priorité de l'administration Bush.

A Los Angeles, Jeffrey Isaacs se moque du contexte émotionnel et diplomatique favorable à la France. Fin octobre, accompagné d'une cohorte d'agents du FBI, il vient à Paris pour assister, pendant quinze jours, aux interrogatoires d'une vingtaine de témoins. Ceux-ci sont menés par le juge Courroye, sur commission rogatoire. Isaacs continue de nourrir son dossier pour convaincre Chertoff et Hochberg, car ceux-ci persistent à le bloquer en l'inondant de demandes de renseignements de plus en plus tatillonnes. Début 2002, Washington veut arriver à un accord. « Le gouvernement américain est officiellement prêt à transiger dans l'affaire Executive Life, croit pouvoir titrer *Le Figaro* [2] : le département de la Justice à Washington a signifié il y a quelques jours cette position à l'Etat français, au CDR et au Lyonnais. » La voie choisie pour sortir la tête haute est celui du *national treatment*.

Le principe d'un accord transactionnel est secrète-

---

1. Fastow plaidera coupable, coopérera avec la justice et acceptera de passer dix ans en prison. Une dizaine d'autres personnes sont inculpées. Il faudra attendre le 8 juillet 2004 pour que Kenneth Lay soit lui-même inculpé, menottes aux mains.

2. *Le Figaro* du 23 janvier 2002.

ment adopté à Washington, le lundi 25 février, au cours d'une réunion dirigée par Michael Chertoff. Cette fois, Isaacs a été convié à y participer, aux côtés de membres du FBI et de représentants de la FED, face aux avocats du gouvernement français, du Crédit Lyonnais et du CDR. Cet accord réduit à presque rien les poursuites pénales et met un terme aux poursuites civiles et aux risques de versement de dommages et intérêts. Les Etats-Unis reconnaissent en effet l'absence de lien direct entre la nature contestée de la détention du capital d'Executive Life et l'éventuel préjudice causé à ses anciens assurés. Mais les modalités de la transaction, notamment sur le plan financier, doivent faire l'objet de négociations ultérieures. De façon informelle, le montant de l'amende que devra payer le CDR, successeur d'Altus, est évalué entre 50 et 100 millions de dollars par les experts des deux parties. « Seul un désaccord majeur, mais largement improbable, sur le montant et la nature de la transaction pourrait remettre en cause les termes de l'accord obtenu à Washington », écrit *Le Monde* [1].

Rétrospectivement inespéré, cet accord ne sera pourtant jamais entériné par la France. Laurent Fabius, ministre des Finances du gouvernement Jospin, a succédé à Dominique Strauss-Kahn (après l'intermède insolite de Christian Sautter). En effet, en novembre 1999, menacé de mise en examen dans l'affaire de la MNEF, DSK a dû démissionner de Bercy [2]. Or Fabius n'a jamais voulu se salir les mains dans cette affaire. Lorsque Raymond Lévy lui a donné sa démission du CDR, il a écarté le successeur que celui-ci lui proposait

1. *Le Monde* du 27 février 2002.

2. Vu de Los Angeles, ce départ forcé a confirmé toutes les suspicions à l'égard de DSK et de la moralité du gouvernement français dans son ensemble. Le non-lieu dont bénéficiera plus tard DSK ne changera rien à l'affaire.

pour nommer Jean-Pierre Aubert, filleul de François Mitterrand, pâle banquier mais fabiusien pur sucre. Une nomination très politique. Lors de son installation, le 21 novembre 2001, Fabius lui dira simplement, à propos d'Executive Life : « C'est un dossier particulièrement difficile. Je compte sur vous pour que vous le preniez à bras-le-corps ». Mais, au même moment, Jean-Pierre Jouyet, directeur du Trésor, expliquera à Aubert que sa marge d'autonomie sur cette affaire sera très limitée, « en raison de sa dimension internationale ». Avec ça, Aubert, qui ne connaît rien de l'Amérique, des Américains et de l'anglais, devra se débrouiller.

Laissant sans réponse une demande d'audience de Jean-François Hénin qui voulait lui livrer ses informations, Fabius a bloqué le deal, avantageux pour la France. Son argument : on ne peut, en pleine campagne électorale, engager la parole de la France. Les Français s'apprêtent en effet à élire un nouveau président de la République – pour cinq ans. Jacques Chirac, toujours sûr de sa bonne étoile, et Lionel Jospin, bardé de certitudes, vont livrer bataille. Celle-ci promet d'être rude : au-delà de leurs divergences politiques et de leurs intérêts antagonistes, les deux hommes se méprisent. Et se détestent.

Engager la parole de la France ? C'est une façon de parler. En réalité, il n'est pas question, pour Laurent Fabius et pour Lionel Jospin, d'assumer, en pleine campagne, le risque politique d'un accord qui obligerait la France à verser 100 millions de dollars aux Américains ! Il sera bien temps de le faire lorsque Lionel Jospin aura conquis l'Elysée. Après Dominique Strauss-Kahn, qui avait survolé le dossier avec sa désinvolture coutumière, Laurent Fabius va confirmer là son absence de courage politique.

Ces prudences n'empêcheront pas Lionel Jospin d'arriver en troisième position au premier tour de l'élection présidentielle et d'annoncer aussitôt son retrait de la vie politique. Jusque-là conspué, raillé, traité d'escroc à longueur de colonnes, Chirac a gagné. La seule question qui se pose est de savoir si Le Pen, arrivé en deuxième position avec 18 % des voix, élargira sa base électorale au deuxième tour et dans quelle proportion. La France descend dans la rue. Chirac est élu avec 82 % des voix. Le Pen est resté à son niveau du premier tour.

C'est donc à la nouvelle équipe, en particulier à Francis Mer, nommé ministre des Finances dans le gouvernement Raffarin, qu'il revient de régler l'affaire Executive Life. Choisi comme représentant de la société civile, Mer est un industriel prestigieux, ancien patron du groupe sidérurgique Arcelor. Piètre diplomate, dénué, par surcroît, de tout sens politique, c'est un homme qui comprend vite. Le temps de se plonger dans le dossier Executive Life, il réalise qu'une occasion inespérée a été manquée. L'offre de février est en effet caduque. Car, en trois mois, la donne a totalement changé.

D'abord, sur le plan diplomatique, l'amitié indéfectible entre la France et les Etats-Unis s'est transformée en méfiance réciproque. Le 29 janvier 2002, George Bush déclare que l'Irak, la Corée du Nord et l'Iran font partie de « l'axe du Mal ». Le 14 février, son secrétaire d'Etat Colin Powell affirme que le régime irakien « doit changer ou être changé » et ajoute que les Etats-Unis sont prêts à agir seuls. Le 19 mars, George Tenet, patron de la CIA, assure que Bagdad a eu des contacts avec Al-Qaïda et que « l'on ne peut exclure que l'Irak ait appuyé les attentats du 11 septembre ». Cette chronique d'une guerre annoncée inquiète au plus haut point, en particulier les Français, qui le font savoir. Du 20 au 24 mai, George Bush fait la tournée des capitales européennes, pour rallier les alliés à sa cause. Mais le voyage se passe mal, notamment lors de la visite à Paris où les deux chefs d'Etat apparaissent crispés au cours de leur conférence de presse. Le 1er juin, dans une allocation à l'académie militaire de West Point, George Bush évoque pour la première fois la guerre en affirmant que les Américains doivent « se tenir prêts à une action préventive, si nécessaire, pour défendre notre liberté et défendre nos vies (...). La guerre contre le terrorisme ne se gagnera pas en restant sur la défensive. Si nous attendons que les menaces se concrétisent, il sera trop tard. La seule voie vers la sécurité est l'action, et notre nation agira ». Enfin, le 10 juin 2002, en tournée dans le Golfe, Donald Rumsfeld, secrétaire à la Défense, accuse Bagdad de continuer à développer des armes de destruction massive.

La France a accompagné sans réticences les Etats-Unis en Afghanistan, pour détruire le régime taliban et tenter de capturer ou tuer Oussama Ben Laden, organisateur des attentats du 11 septembre. Mais elle n'accepte pas que, pour d'obscures raisons, George Bush profite du traumatisme de son opinion publique pour régler son compte à Saddam Hussein, dictateur sanguinaire mais sans lien avec Al-Qaïda. Et ouvre ainsi une boîte de Pandore dans le monde arabe. Les Etats-Unis, de leur côté, n'admettent pas que la France fasse entendre une voix discordante.

Sur le plan judiciaire, parallèlement, un événement décisif passe inaperçu des Français. Le vide du pouvoir à Los Angeles, qui obligeait Jeffrey Isaacs à traiter avec Washington, est comblé avec la nomination de Debra Yang au poste de procureure fédérale de Californie centrale. Elle dirigera une cohorte de 260 procureurs et juristes, pour 17 millions d'habitants, avec un budget de 60 millions de dollars. George Bush, qui a choisi personnellement cette Américaine d'origine chinoise, l'intègre, en même temps, dans sa nouvelle équipe chargée de la répression des fraudes commises par les grandes entreprises, ainsi que dans le comité consultatif du secrétaire à la Justice John Ashcroft. Le saint des saints. Agée de 52 ans, Debra Yang est une républicaine aux ambitions politiques avouées. Travailleuse acharnée, à son bureau à 8 heures, elle y retourne souvent le soir après avoir couché ses trois enfants. Depuis les fenêtres de son bureau, au 12ᵉ étage du palais de justice de Los Angeles, au-dessus d'Isaacs, elle peut voir le quartier chinois et même l'école primaire de son enfance. Elle incarne le rêve américain. Quel chemin parcouru ! Son grand-père, venu de Canton, a trimé à Chinatown pour ouvrir une boucherie. Elle travaille bien, étudie la politique, part faire des études de droit à Boston. Elle revient à Los Angeles, devient assistante du juge Ronald Lew, lui aussi d'origine chinoise, qui deviendra son Pygmalion. Nommée procureure adjointe, elle obtient, en 1994, la condamnation à trente-cinq ans de prison d'un homme qui, en liberté conditionnelle, avait kidnappé, volé et violé une femme, agent immobilier. Debra Yang se vante aussi d'avoir fait infliger la plus lourde condamnation jamais imposée à un pirate informatique ainsi qu'à un pyromane californien. En 1997, elle est nommée juge par le gouverneur républicain de Californie. Elle garde ses distances avec les médias : à la différence de beaucoup d'autres magistrats qui aiment se mettre en scène, elle refuse qu'on filme ses audiences. Début 2002, elle renonce à un poste à la Maison-Blanche, préférant le poste de procureur fédéral de Los Angeles.

En nommant cette républicaine affichée, ancienne présidente du musée des Sino-Américains de Los Angeles et fondatrice du premier barreau d'Asiatiques américains de Chicago, alors que cet électorat vote plutôt démocrate, Bush réalise un vrai coup politique : c'est la première fois qu'une femme, qui plus est d'origine asiatique, occupe un tel poste.

L'évolution préoccupante des relations entre la France et les Etats-Unis et la nomination de Debra Yang n'empêchent pas, en juin, la reprise des négociations entre le département de la Justice et les avocats des Français. Mais la note a doublé.

L'accord est fixé (verbalement) à 200 millions de dollars d'amendes. Surtout, les Américains exigent désormais que le Crédit Lyonnais reconnaisse une faute pénale qui aura immanquablement de lourdes conséquences sur le procès civil. White & Case négocie âprement pour exonérer la banque, acceptant en revanche une reconnaissance de culpabilité du CDR, au nom d'Altus : la ficelle est grosse car, le CDR n'ayant pas d'actifs aux Etats-Unis, il n'y a aucun risque qu'on lui réclame des dommages et intérêts.

Les avocats des Français jouent à fond la carte de l'incompétence de la justice américaine, dès lors que les fautifs sont poursuivis en France. Michael Chertoff demande des explications. Il voudrait être sûr que les poursuites sont bien réelles. Toutes ses questions se résument à celle-là : « Les personnes physiques seront-elles vraiment poursuivies et condamnées en France ? » Aux yeux des Français il est clair, à cette date, que le parquet cherche encore une porte de sortie honorable. Mais, à leur grande surprise, la FED, qu'ils croyaient mieux disposée, n'est pas sur la même longueur d'onde. Elle a dans son collimateur Jean Peyrelevade et Dominique Strauss-Kahn, que ses représentants ont entendu, en secret, à Paris dans les bureaux du cabinet d'avocats d'Alain Maillot et de Jean-Michel Darrois [1].

1. C'est une incongruité française, qui renforcera les Américains dans l'idée que François Pinault et l'Etat français agissent de conserve : tous deux associés du même cabinet, partageant les mêmes locaux, Maillot est l'un des avocats de l'Etat français (donc de DSK), tandis que Darrois est celui de Pinault.

La FED a le sentiment d'avoir été trahie. La raison est parfaitement expliquée dans la note confidentielle de White & Case du 20 novembre 1999 : « Le BHCA représente un corps de règles extrêmement complexes qui, au surplus, confèrent à la Federal Reserve un large pouvoir d'appréciation et d'interprétation au cas par cas ; les rapports entre les banques et la FED sont basés sur la confiance. Dans la mesure où la FED possède un grand pouvoir d'appréciation notamment sur la notion de "contrôle", il est d'usage aux Etats-Unis que la banque lui expose au préalable son projet d'investissement afin de recueillir son avis et d'obtenir une décision implicite ou explicite favorable ; il est également d'usage que, dans le cadre de négociations informelles, la banque prenne un certain nombre d'engagements vis-à-vis de la FED qui feront, dans certains cas, l'objet d'une confirmation écrite ; en d'autres termes, tout le système établi par le BHCA repose sur la bonne foi et le respect de la parole donnée. » Bref : la FED n'accepte pas qu'un ministre des Finances d'un pays comme la France et de la stature de Dominique Strauss-Kahn ait pu trahir sa confiance en lui cachant les informations sur les portages d'Executive Life dont il avait eu connaissance. Avec l'aval d'Alan Greenspan, la FED veut le faire entrer dans la procédure, pour le faire condamner ou, à tout le moins, pour boucher son avenir politique.

Même défiance affichée vis-à-vis de Jean Peyrelevade. Entre le président du Crédit Lyonnais et la FED, le malentendu est complet. Après la révélation, le 12 janvier 2001, du fax du 10 décembre 1993 dans *The Economist*, le communiqué diffusé par le Crédit Lyonnais soulignait que, si les autorités américaines avaient eu des soupçons sur Jean Peyrelevade, « elles n'auraient pas manqué de l'entendre, ce qu'elles n'ont pas fait à ce jour ». C'était encore une maladresse. Peyrelevade avait parlé trop vite. Il a reçu peu après une convocation à la FED, pour le 14 février suivant, à New York. Il n'est pas question d'un aimable échange entre *beautiful people* : le président du Lyonnais a été prévenu (lui dira : « convenu ») que ses déclarations seront rapportées au procureur fédéral de Californie et au FBI, dans le cadre de leur enquête criminelle. Le jour venu, devant ceux qu'il continue à considérer comme ses pairs, Peyrelevade assure n'avoir pas eu connaissance du fax du 10 décembre 1993 et de son contenu, qu'on lui montre vierge de toute annotation. Il va même en rajouter : « J'ai vu ce fax pour la première fois au printemps 1999 et si je l'avais vu avant, en décembre 1993, j'aurais contacté la Réserve fédérale et lancé une enquête interne dont je lui aurais transmis les éléments. »

Un an plus tard, le 12 avril 2002, Jean Peyrelevade est auditionné une deuxième fois par la FED. Il réitère ses dénégations, affirme n'avoir jamais lu le fax controversé, déclare ne pas se souvenir avec précision du motif de son entretien du lendemain avec François Pinault si ce n'est que « le niveau d'endettement d'Artémis auprès du Lyonnais était trop élevé ». Et ne pas savoir que la ligne de crédit de 450 millions de francs accordée par le Crédit Lyonnais adossée sur Château Latour avait été utilisée par Artémis pour acquérir les actions Executive Life. Autant d'affirmations qui, selon la FED, ont été mises en pièces par le dossier d'accusation. Au cours du déjeuner informel, dans une ambiance apparemment détendue, Peyrelevade affirme à ses interlocuteurs : « Je suis sûr que je ne l'ai pas lu [le fax] car ma mémoire est excellente ; je suis sûr que je ne l'ai pas lu, car si je l'avais lu, comme je ne suis pas sot, j'aurais vu qu'il y avait des pratiques illicites ou susceptibles de l'être et j'en aurais tiré les conclusions. Donc il est clair que je n'ai jamais lu ce document. » Les dirigeants de la FED porteront ces affirmations au débit du président du Crédit Lyonnais...

D'autres éléments vont faire capoter ce nouvel accord. Le 13 juin 2002, à cinq mois des élections du *mid term*, au cours desquelles le poste de gouverneur de Californie est remis en jeu, trois députés républicains de Californie [1] écrivent au secrétaire à la Justice John Ashcroft pour leur faire part de leurs préoccupations concernant des informations de presse laissant prévoir un compromis diplomatique, « plutôt que de suivre les recommandations des procureurs », ce qui n'apporterait qu'« une compensation partielle aux actionnaires ». Ces députés ont été agités par Gary Fontana, l'avocat du département des assurances. Celui-ci n'a qu'une crainte : celui d'un accord a minima avec le parquet qui lui enlèverait tout argument dans le cadre de la procédure civile. Bien joué de sa part : le dossier s'étant soudain politisé, plus moyen de le fermer en douce.

De toute façon, il est déjà trop tard. L'administration Bush est en train de basculer. En plein scandale Enron, personne à Washington ne veut prendre le risque politique de transiger dans une affaire de cette nature, en particulier avec des Français, avec qui les rapports deviennent de plus en plus tendus, sur fond de bruits de bottes. George Bush annonce que son pays utilisera « tous les moyens » pour renverser Saddam Hussein, tandis que les Français battent le rappel d'autres troupes : celles qui, à l'ONU, pourront l'aider à empêcher le déclenchement d'une guerre jugée inutile et grosse de dangers futurs.

Soudain, le 26 juin 2002, à l'insu des Français qui croient toujours à un accord proche, le secrétaire à la Justice John Ashcroft décide le transfert du dossier

1. Douglas Ose, Jerry Lewis et Wally Herger.

Executive Life à Los Angeles, où Debra Yang va en assumer la responsabilité. Celle-ci a manœuvré adroitement dans le maquis de l'administration de la justice, en utilisant son influence auprès du secrétaire. Ashcroft a pris la décision avec l'aval de George Bush lui-même, sur une base strictement politique. Le retour du dossier Executive Life à Los Angeles a plusieurs avantages. Il limitera les interférences, alors que les préparatifs de la guerre en Irak vont déchaîner une intense bataille diplomatique, en particulier avec la France et la Russie, qui disposent d'un droit de veto à l'ONU. Face aux pressions attendues des Français, l'administration américaine pourra se retrancher derrière l'indépendance de la justice américaine. Et si les rapports diplomatiques avec la France devaient continuer de se détériorer gravement, il ne déplairait pas à George Bush de voir ce pays condamné à des amendes massives par Debra Yang, femme, asiatique et républicaine, emblématique du rêve américain.

Toujours à l'insu des Français qui continuent à jouer Chertoff, Debra Yang et Jeffrey Isaacs se mettent aussitôt au travail. Ils se réunissent pratiquement tous les après-midi de cet été 2002. Le procureur adjoint est soulagé. Il craignait que Washington ne lui impose de conclure un accord à 200 millions de dollars, il peut à nouveau espérer infliger au Crédit Lyonnais une amende de l'ordre de 2 milliards de dollars, qui le vengerait de la transaction au rabais de la MGM ; et qui donnerait une bonne leçon à White & Case. Tout de suite, une décision est prise par Debra Yang : la mise en cause des personnes physiques, montrées du doigt, jugées et éventuellement condamnées en France, sera sans influence sur la procédure américaine. D'autant que les chefs d'inculpation d'Hénin, Paquin et les autres ne sont pas les mêmes. Le rideau de fumée pouvait être utile quand le dossier était à Washington :

il ne vaut plus rien à Los Angeles. Le contre-feu tenté par les Français a été sans effet. Isaacs est soulagé : le schéma de la MGM, où le Crédit Lyonnais était parvenu à faire porter toute la responsabilité sur Parretti et Fiorini, ne se reproduira pas. Il est vrai qu'il pouvait difficilement fonctionner dans ce cas-là. Car les deux Italiens étaient des escrocs patentés et l'idée qu'ils aient pu rouler un Crédit Lyonnais naïf n'était pas invraisemblable. Tandis que Jean-Yves Haberer, François Gille ou Jean-François Hénin étaient à la tête de la banque et de sa filiale Altus. Leur diabolisation soudaine et tardive ne pouvait apparaître que saugrenue et leurs mises en examen de circonstance.

A la fin du mois d'août, Debra Yang considère que le dossier est suffisamment solide. Elle accorde donc à Isaacs ce que Chertoff et Hochberg lui avaient toujours refusé : il peut présenter les preuves du « crime » commis par le Crédit Lyonnais, faire défiler les témoins et les accusés devant un grand jury fédéral qui va se réunir dès septembre, les vendredis, pendant onze mois, dans les vastes chambres spécialisées du 13e étage du palais de justice, au-dessus du bureau de Debra Yang. Un décor va même être mis en place : les murs sont couverts de photographies de Paris, du siège du Crédit Lyonnais, de la Maaf, d'Artémis, du CDR. Il y a un immense plan du métro parisien. On est en plein cinéma. Le procureur et ses adjoints expliquent aux jurés les particularités de la France et de Paris et vont même dans les détails, jusqu'au temps qu'il faut en métro pour se rendre d'un point à un autre... Témoins ou accusés sont dans un box, une sténo – et un traducteur lorsque c'est nécessaire – devant eux. Il n'y a pas d'avocats [1]. A

1. Curieusement, les avocats ne sont pas présents dans la salle du grand jury. Ils attendent dans une pièce contiguë. L'accusé peut certes interrompre la séance à tout moment pour aller les consulter, mais c'est perçu comme un aveu de faiblesse et c'est à éviter. A la différence de

leur droite, une trentaine de jurés, citoyens lambda, où les femmes, les Noirs et les Chicanos sont majoritaires. Ceux-ci délèguent trois ou quatre d'entre eux, généralement blancs et éduqués, qui leur font face, tandis que le procureur et ses adjoints sont à leur gauche. Les séances se tiennent de 9 heures du matin à 4 h 30 de l'après-midi, avec une heure d'interruption pour le déjeuner où tout le monde se retrouve ensemble à la cafétéria ! Le degré de convivialité, pendant cette coupure, dépend du statut de la personne qui est entendue. Lorsqu'il s'agit de témoins, comme Denis Lion, ou d'accusés que l'on veut bien traiter, comme Claude-Eric Paquin, ils sont mêlés aux jurés et aux procureurs. Lorsqu'il s'agit de véritables accusés, chacun boit son coke et mange ses hamburgers de son côté. La date des réunions est tenue secrète, tout comme les témoignages, recueillis sous serment, sous peine de parjure.

Ces séances du grand jury fédéral vont se tenir dans une ambiance de plus en plus hostile à la France. George Bush veut faire la guerre en Irak. Il ne tient pas compte des mises en garde de Colin Powell, qui, au cours d'un dîner à la Maison-Blanche, lui rappelle le slogan de Pottery Barn, une chaîne de magasins de vaisselle : « Tout ce que vous cassez vous appartient ». Et prévient le Président : « Vous allez être le fier propriétaire de 25 millions de personnes, de leurs espoirs, de leurs aspirations et de leurs problèmes. » Depuis la tribune de l'assemblée générale des Nations unies, Bush déclare le 2 septembre qu'une action sera inévitable. Il annonce que Washington veut œuvrer avec les autres membres du Conseil de sécurité pour obtenir une nouvelle résolution contraignant Saddam Hussein à respecter enfin, « immédiatement et sans

---

l'instruction à la française, à charge et à décharge – théoriquement ! –, la procédure américaine, à ce stade, est dirigée par le procureur et la défense n'y a que peu de place.

conditions », ses engagements en matière de désarmement, sous peine d'« actions décisives ». Et le 11 octobre, le Président obtient du Congrès « l'autorisation d'utiliser tous les moyens qu'il juge appropriés, y compris la force, pour (...) défendre les intérêts de la sécurité nationale contre la menace représentée par l'Irak ». Traumatisé par le 11 septembre, tout le pays est derrière lui. Futur candidat démocrate à l'élection présidentielle, le sénateur John Kerry lui-même vote en faveur de l'usage de la force. Donc de la guerre.

La veille, une journée d'auditions a été organisée par une commission de la Chambre des représentants pour s'en prendre... aux Français qui ont racheté Executive Life. C'est une opération à grand spectacle, pilotée par l'avocat Gary Fontana. Des assurés d'Executive Life, dont certains en chaise roulante, ont été convoyés jusqu'à Washington, par autocar, depuis la Californie ! « Ces pauvres gens ont été volés par des Français qui fumaient des cigares et buvaient des vins à 500 dollars la bouteille », expliquent des élus californiens, au cours d'une conférence de presse. Harry LeVine, représentant du département des assurances, entendu par les membres du Congrès, évalue à « 6, voire 10 milliards de dollars » le préjudice subi en raison du vol des Français. Alors que dans sa plainte au civil l'Etat de Californie s'était contenté de 2 milliards de dollars. A l'issue de cette audition, la commission du Congrès exhorte le département de la Justice à inculper au plus vite le Crédit Lyonnais. Le département est ouvertement accusé de « lenteur » dans son enquête en raison des pressions de la France. « Nous exerçons des pressions sur le département de la Justice pour qu'il agisse de façon rapide, menace le président de la commission : nous allons vérifier s'il y a eu quelque pression illégitime sur notre administration. »

En pleine campagne électorale pour retrouver son

poste de commissaire aux assurances de Californie, John Garamendi a refusé de témoigner sous serment devant les membres du Congrès, au prétexte qu'« à ce stade, cela donnerait aux Français poursuivis une information gratuite et exacte sur les reproches légaux et factuels du département des assurances à leur égard ». Mais ce refus déclenche les foudres de son challenger républicain Gary Mendoza : « C'est simplement sa dernière insulte aux 360 000 assurés victimes d'Executive Life, dont beaucoup sont vieux et gravement malades et ont été financièrement ruinés par son incompétence dans la gestion du dossier [1]. »

La harangue de Mendoza sera sans effet : aux élections de *mid term*, en novembre 2002, les électeurs américains rééliront John Garamendi. Paradoxe de l'histoire : alors qu'il a vendu Executive Life aux Français, en connaissance de cause, alors qu'il a couvert de son autorité les portages permettant au Crédit Lyonnais d'emporter l'affaire – selon les vœux de Leon Black et Craig Cogut – l'excellent John Garamendi, onze ans plus tard – il a alors 57 ans –, va endosser, sans complexe, le rôle de la victime et réclamer à ses anciens amis des milliards de dollars de dommages et intérêts !

1. Mendoza ne croit pas à la version de Garamendi selon laquelle celui-ci ne savait pas que le Crédit Lyonnais était impliqué dans la vente d'Executive Life et de ses junk bonds. Mais Mendoza n'a pas utilisé cet argument pendant sa campagne « parce qu'il est beaucoup trop compliqué pour nos électeurs ». Et parce qu'il vaut mieux les caresser dans le sens du poil.

CHAPITRE 14

Les « singes capitulards » sont faits aux pattes

Qu'il est dur, parfois, d'être diplomate ! En particulier pour un ambassadeur de France aux Etats-Unis, au début de l'année 2003 ! Lorsque Jean-David Levitte quitte, le 16 janvier, la réunion décisive, au département de la Justice où il espérait arrêter la machine judiciaire (voir le Prologue), son échec est total. Pour la première fois, l'administration américaine a marqué très clairement son intention de prononcer une inculpation et, si nécessaire, de faire un procès au Crédit Lyonnais et au CDR. C'est-à-dire à l'Etat français. Il était venu plaider au nom de l'amitié séculaire entre la France et les Etats-Unis, mais celle-ci, comme parfois dans les vieux couples, s'est transformée en un déchaînement de frustrations et de haines réciproques. Lui-même est dans une situation impossible. Certes, il est nettement plus concerné que son prédécesseur, François Bujon de l'Estang. Diplomate à l'ancienne, Bujon n'avait que faire des démêlés du Crédit Lyonnais avec la justice américaine. « Ils ont fauté, qu'ils payent », disait-il alors à son entourage. Il s'était contenté de voir l'adjoint du secrétaire au Trésor, pour la forme.

Jean-David Levitte, lui, est prêt à aller au charbon. Mais il n'a pas encore présenté ses lettres de créance. Jusque-là, il était ambassadeur de la France à l'ONU, un poste particulièrement exposé dans le contexte du moment, vis-à-vis des Américains. Un poste où la politique prime. Formé à l'Ecole des langues orientales, volubile en mandarin, fin connaisseur de la Chine, Levitte n'est spécialiste ni des Etats-Unis, ni de l'économie, ni de la justice, encore moins des lois fédérales et californiennes applicables aux investissements bancaires... Benjamin Civiletti et George Terwilliger III, leurs assistants et les siens lui ont expliqué le dossier, mais seulement dans ses grandes lignes. Voilà pourquoi il n'a même pas relevé la promesse des procureurs américains de s'abstenir de poursuivre Dominique Strauss-Kahn : il ne savait pas qu'il pouvait l'être ! Et il n'a rien vu des divergences entre la féroce Debra Yang et le gentil Chertoff, pour qui les fautes reprochées au Crédit Lyonnais n'étaient pas particulièrement graves, les investisseurs américains n'ayant pas, à ses yeux, été lésés par les Français. Devant lui, les deux magistrats ont fait front commun. Lorsque Levitte se rend compte que ses interlocuteurs refusent au Crédit Lyonnais le bénéfice du *national treatment* accordé aux caisses d'épargne américaines, pour des faits datant de la même époque qu'Executive Life, qu'il refusent de lui indiquer les preuves qu'ils disent détenir sur la continuité de la fraude et que tous ses arguments sont réfutés les uns après les autres, sa religion est faite : le blocage n'est pas judiciaire mais politique.

Il en aura la confirmation, le mois suivant, lorsqu'il présentera ses lettres de créance au vice-président Dick Cheney. Celui-ci lance à l'ambassadeur : « La France n'est pas l'alliée des Etats-Unis ! », si l'on en croit Henri Vernet et Thomas Cantaloube [1] : « Cheney (...) se

1. *Chirac contre Bush, l'autre guerre*, Jean-Claude Lattès, 2004.

met à dresser la liste des frictions récentes entre les deux pays (...). Il achève sa liste de récriminations en déclarant abruptement : “Nous avons de nombreuses raisons de conclure que vous n'êtes ni un allié, ni un ami.” Puis il achève sa tirade de manière plus large (...) : “Tous ceux qui sont les ennemis de l'Amérique doivent s'attendre à recevoir des coups de l'Amérique.” » Ce n'est pas exactement le langage qu'un ambassadeur s'en allant présenter ses lettres de créance est habitué à entendre. Surtout s'il est français, face au vice-président des Etats-Unis !

L'ambassadeur ne se faisait guère d'illusions sur la prétendue séparation absolue des pouvoirs, chère à Tocqueville, dans la société américaine. Exactement comme en France, cette séparation est réelle lorsqu'il s'agit des délits courants mais devient relative pour les grosses affaires à implications diplomatiques. C'est bien le cas aujourd'hui. Le Crédit Lyonnais et la France avaient été épargnés dans l'affaire MGM sous l'administration Clinton, vont devoir payer l'addition et passer sous les fourches Caudines de l'administration Bush, moins pour les fautes commises à l'occasion du rachat d'Executive Life que pour l'opposition de la Franc à la guerre en Irak et le défi qu'elle ose lancer à l'équipe au pouvoir aux Etats-Unis. Levitte connaît parfaitement le double langage de l'équipe Bush, ses nombreuses tentatives de déstabiliser la France et de lui enlever ses soutiens à l'ONU. Il ne se fait aucune illusion : pour lui, tout ceci n'est qu'un prétexte à en découdre. Ce n'est en rien rassurant.

Dur retour aussi pour George Terwilliger, qui se rend à Paris, quelques jours plus tard, pour rendre compte de la réunion à Jean-Pierre Aubert, le nouveau président du CDR. Entre les deux hommes le courant passe d'autant plus mal qu'ils ne peuvent communiquer que par interprètes interposés. L'avocat ne parle pas français et Aubert ne parle pas anglais. Celui-ci s'insurge, sur le même thème que Jean-David Levitte devant Debra Yang :

— Ce refus de nous communiquer leurs prétendues preuves de la faute continue du Crédit Lyonnais n'est pas digne d'une grande démocratie !

La réponse de Terwilliger le laisse sans voix :

— Mais si vous voulez savoir ce que l'accusation nous reproche exactement, c'est facile : il nous suffit d'aller devant le grand jury !

Avocat de la France, l'ancien procureur des Etats-Unis, le républicain militant, n'admet pas la moindre critique sur le meilleur système du monde. Le sien. Or, de grand jury, il ne peut être question. Après l'échec cuisant de cette triste réunion de la dernière chance, le Crédit Lyonnais et le CDR n'auront plus qu'un objectif : obtenir un accord transactionnel, à n'importe quel prix.

Michael Chertoff a, lui aussi, vécu cette réunion de la dernière chance comme un échec personnel. Aussitôt après le départ de Jean-David Levitte du département de la Justice, il demande à Debra Yang de le rejoindre dans son bureau. La discussion s'engage mal. Chertoff a eu le sentiment – justifié – de s'être fait forcer la main par sa subordonnée. Il n'était pas prévu qu'elle ferme à ce point toutes les portes et qu'elle se montre si agressive, presque insultante, face à l'ambassadeur de France, qui n'a fait que son travail. Il lui enjoint de prendre en compte l'aspect diplomatique des choses et de choisir des chefs d'inculpation les plus limités possible. Le problème est que Debra Yang affiche ouvertement sa volonté de faire rendre gorge au Crédit Lyonnais, à Pinault et aux Français. Qui va l'emporter, du chef ou de sa subordonnée ? En réalité, leurs rapports hiérarchiques ne sont pas aussi simples que leurs titres pourraient le laisser supposer. Car Debra Yang est soutenue par le supérieur de Chertoff, le procureur général Larry Thompson, par le secrétaire à la Justice lui-même, John Ashcroft, et même par George Bush. Si un désaccord entre Chertoff et elle doit être tranché par une autorité supérieure, nul ne doute que ce sera à son avantage. Chertoff le sait bien. Il argumente un moment, puis cède. En récompense, George Bush le nommera juge à la cour d'appel fédérale avant d'en faire, le 11 janvier 2005, son secrétaire à la Sécurité intérieure, un poste créé au lendemain des attentats du 11 septembre. La France et le Crédit Lyonnais perdront, au moment de son départ, leur dernier – et relatif – soutien.

La victoire de Debra Yang est complète. Avant de prendre son avion pour Los Angeles, elle demande à son assistant de téléphoner à Isaacs en lui laissant ce simple message : « Prépare-toi à inculper. »

Ne sachant rien de la défaite de Chertoff et de sa prochaine mise à l'écart, les Français vont continuer à s'appuyer sur lui : ils croient qu'ils disposent encore de cette carte au cœur de l'appareil judiciaire américain. Mais ils vont surtout tenter de jouer la carte diplomatique, alors même que les relations entre les deux pays se dégradent de jour en jour. Bush est excédé par les réticences affichées dans de nombreux pays, au premier rang desquels la France, l'Allemagne et la Russie, à soutenir sa guerre. Son administration veut faire un exemple avec la France, que la fougue provocatrice de Dominique de Villepin, ministre des Affaires étrangères, a mise en avant. Il s'agit de la contrer et de l'abaisser. L'opération de déstabilisation passe par une lettre ouverte dans laquelle, le 30 janvier, huit Etats européens prendront la défense de la politique américaine face à l'Irak [1]. Tony Blair, José Maria Aznar et

1. Grande-Bretagne, Espagne, Italie, Portugal, Danemark, Pologne, Hongrie, République tchèque. S'ajouteront la Slovénie et la Slovaquie.

Silvio Berlusconi, les chefs de gouvernement britannique espagnol et italien, ainsi que de plusieurs pays de l'Est, à commencer par la Pologne, alors même qu'ils s'apprêtent à rejoindre l'Union européenne, ont sauté sur une idée, suggérée – officiellement – par le *Wall Street Journal*. L'objectif est clair : donner une leçon à Jacques Chirac et à Gerhard Schröder, qui prétendent parler au nom de tous en osant contester les choix de la grande Amérique. Il est atteint : l'Europe a éclaté et le fossé s'est élargi entre la France et plusieurs pays de l'Est, dont la Pologne. A l'adresse des pays signataires de cette lettre, Chirac a grondé, comme on réprimande un gamin : « Ils auraient mieux fait de se taire. »

Le 5 février, devant le Conseil de sécurité de l'ONU, Colin Powell avance des « preuves péremptoires » de l'existence d'un danger immédiat d'armes de destruction massive que l'Irak fait peser sur les Etats-Unis. Il montre des photos aériennes des usines d'armes de destruction massive et n'hésite pas à agiter une fiole, comme s'il s'agissait de produits chimiques létaux. A Londres, Tony Blair tient le même discours : les Irakiens sont en mesure, selon lui, d'utiliser ces armes en 45 minutes... La machine de guerre est en marche : rien ne doit la gripper. Et pourtant ! Cinq jours plus tard, la France et la Belgique opposent à l'OTAN leur veto aux demandes américaines de soutien à la Turquie en cas d'attaque irakienne, tandis que la France, la Russie et l'Allemagne adoptent une « déclaration commune » pour la poursuite et le « renforcement substantiel » des inspections en Irak. Le 4 mars, Colin Powell abandonne tout langage diplomatique : « Je suis en désaccord complet avec mon homologue Dominique de Villepin [sur l'Irak] », affirme-t-il au micro de Radio France Internationale (RFI). Le lendemain, réunis à Paris, les ministres des Affaires étrangères français, allemand et russe déclarent qu'ils ne permettront pas l'adoption d'une résolution de l'ONU autorisant la guerre préventive contre l'Irak. Interrogé sur la question de savoir si la France opposerait son veto, Villepin rétorque : « Nous prendrons nos responsabilités. Nous sommes en total accord avec les Russes. » « On n'a pas besoin du feu vert de l'ONU pour agir », répond George Bush dès le lendemain.

Le président américain est particulièrement agacé de voir que la France est loin d'être isolée. Une majorité de pays soutiennent ses positions pacifistes, tout comme les peuples européens, particulièrement ceux dont les gouvernements se sont alignés sur les Etats-Unis : Grande-Bretagne, Italie, Espagne. Le samedi 8 mars, une manifestation mondiale contre la guerre réunit des millions de personnes sur l'ensemble du globe. Le lundi, Jacques Chirac annonce, dans une allocution télévisée solennelle, diffusée à la fois par TF1 et France 2, que, « quelles que soient les circonstances, la France votera non » à une résolution de l'ONU ouvrant droit à la guerre. Une phrase que les médias américains et anglais rediffusent en boucle, en coupant la suite : « parce que ce soir (...) il n'y a pas lieu de faire la guerre ». Les Anglo-Saxons dénoncent un refus systématique, absolu, une « position extrême ». Alors que la Russie, autre membre permanent du Conseil de sécurité, a adopté la même attitude, c'est sur la France que se déchaîne aux Etats-Unis une sorte d'hystérie collective [1]. Il faut dire que la France ne se cache pas derrière son petit doigt. La déclaration de Chirac a lieu alors que Dominique de Villepin effectue une tournée éclair en Angola, au Cameroun et en Guinée, membres non permanents du Conseil de sécurité, pour demander à leurs chefs d'Etat de

1. Cette hystérie est telle que Jean-David Levitte est obligé d'envoyer une lettre formelle à Colin Powell, dans laquelle l'ambassadeur se plaint de la campagne de dénigrement dont la France est l'objet.

s'abstenir de voter la résolution américano-anglo-espagnole favorable à la guerre.

Et c'est à ce moment précis que la France, après l'échec de la mission de son ambassadeur à Washington, va engager une action diplomatique au niveau supérieur, au risque de la schizophrénie : alors même qu'il critique publiquement Colin Powell à propos de l'Irak et qu'il fait la tournée des capitales africaines pour s'opposer ouvertement à George Bush, Dominique de Villepin, en tant que ministre des Affaires étrangères, va écrire à son homologue une lettre personnelle dans laquelle il lui demande d'intervenir pour arrêter les poursuites contre le Crédit Lyonnais ! Parallèlement, Dominique Perben, ministre de la Justice, prend sa plume pour effecteur la même démarche auprès de son homologue John Ashcroft.

Le secrétaire à la Justice américain, qui répond à Perben par une fin de non-recevoir polie, boit en réalité du petit-lait. Le transfert du dossier à Los Angeles, dans les mains de Debra Yang, lui permet, comme prévu, de se défausser en arguant de l'indépendance légendaire de la justice américaine. Tranquille, John Ashcroft savoure sans se cacher le plaisir de voir les Français, ces « singes capitulards », comme il aime à les qualifier, se prosterner à ses pieds pour quémander des faveurs. Ashcroft est une caricature de ce que George Bush a promu de mieux dans le genre extrémiste conservateur religieux et borné. Jamais il n'aurait épousé sa femme si elle n'avait été vierge, explique-t-il : « Une prostituée a une vie sexuelle, écrit-il dans ses mémoires, mais une personne mariée a une vie amoureuse. » Fils d'un prédicateur, c'est un évangéliste convaincu, membre de « l'Assemblée de Dieu », une Eglise secte pentecôtiste qui interdit la boisson, la danse et le sexe en dehors du mariage. Il est opposé à l'avortement, même en cas de viol ou d'inceste. Enfant, il n'allait pas au cinéma pour ne pas soutenir le mode de vie d'Hollywood. Parce que l'orgueil est l'un des sept péchés capitaux, il a fait supprimer du courrier du département de la Justice la formule rituelle : « Nous sommes fiers du département de la Justice. » Extrémiste ? « Il y a deux choses que vous pouvez rencontrer au milieu de la route, un modéré ou un écureuil mort, je ne souhaite être ni l'un ni l'autre », déclare-t-il étrangement. Combinant la piété et l'ambition, Ashcroft se dit investi d'une mission divine pour rétablir la loi et l'ordre. Il a été nommé secrétaire alors qu'il a été battu aux élections de novembre 2000. De peu, certes, mais c'était par un mort ! Son adversaire s'était tué trois semaines avant le scrutin dans un accident d'avion mais sa candidature restait valable. Début juin 2003, devant la commission judiciaire du Sénat, Ashcroft réclame un changement de loi pour élargir le champ d'application de la peine de mort. Il s'est opposé à la nomination au niveau fédéral du juge Ronnie White, premier magistrat noir à la cour suprême du Missouri, lui reprochant d'être trop indulgent avec les criminels. La communauté noire le considère comme raciste. Quant aux musulmans américains, ils l'appellent l'ayatollah chrétien ! Bref : John Ashcroft est un fanatique [1], à côté duquel les curés de Saint-Nicolas-du Chardonnet passeraient pour des gauchistes laïcards. Et c'est auprès de ce fou de Dieu que les Français vont devoir quémander l'indulgence !

Le 20 mars 2003, à 4 h 32, les premiers missiles tombent sur Bagdad. La guerre a commencé. A Los Angeles, Debra Yang et Jeffrey Isaacs doivent une nouvelle fois céder à Michael Chertoff, qui n'a pas encore quitté son poste pour la cour d'appel fédérale :

1. Lorsque Bush sera réélu, le 2 novembre 2004, cette fois-ci sans contestation, sa première décision sera de remplacer John Ashcroft.

ils avaient fixé au 31 mars la date butoir au-delà de laquelle il ne serait plus question de transaction avec les Français mais de la rédaction d'un acte d'accusation qui sera transmis à un grand jury. Or Chertoff, qui se fait le relais des avocats Terwilliger et Civiletti, continue à exiger des renseignements supplémentaires. Et à freiner la procédure. Il obtient une prolongation du délai jusqu'au 31 mai.

En avril, pendant que les troupes américaines et britanniques envahissent l'Irak sans rencontrer de résistance significative, l'enquête se poursuit à Los Angeles. C'est à ce moment-là que Bernard Tapie va entrer en scène. Que vient-il faire là ? Il est entendu, à sa demande, par Jeffrey Isaacs, à propos de la vente d'Adidas, en 1992, alors qu'il venait d'être nommé ministre de la Ville dans le gouvernement de Pierre Bérégovoy. Tapie avait donné un mandat de vente au Crédit Lyonnais pour 2 milliards de francs et, plus tard, s'était rendu compte que la banque avait conservé le contrôle des titres pour les revendre, beaucoup plus cher, à Robert-Louis Dreyfus qui introduira Adidas en Bourse pour plus de 8 milliards de francs. Or le Crédit Lyonnais a fait porter les titres qu'il était chargé de vendre par des sociétés off-shore, au même moment et dans les mêmes conditions qu'avec Executive Life. La même société Citistar, filiale de Citigroup, est utilisée dans les deux cas. « Le procureur a la conviction que chaque fois que le Lyonnais avait besoin de dissimuler une opération ou de contourner une réglementation, il faisait appel à des sociétés off-shore, dont Citistar », a déclaré Tapie à l'issue de son audition. Débarquant le lendemain à Roissy, Tapie annonce que son avocat, Maurice Lantourne, est resté sur place pour témoigner le jour même devant le grand jury et que lui-même sera entendu « d'ici quelques semaines ». Il lance un appel au gouvernement français : « Je ne sais pas si on se rend compte du risque pris ! Dans l'histoire, l'Etat français pourrait payer des milliards de dollars. » « C'est une erreur magistrale de prendre les enquêteurs américains pour des rigolos avec lesquels on pourrait facilement arranger le coup comme on arrange un coup à la française », ajoute-t-il dans un entretien publié par *Le Parisien*. Le Lyonnais répondra par un communiqué indiquant qu'il « n'a jamais détenu un contrôle direct ou indirect sur une société City Star [*sic*] » et que « City Star n'a jamais porté d'actions d'Executive Life ». Ce qui est vrai mais incomplet...

Préalablement à ce voyage, Tapie a rencontré François Pinault. C'est Patrick Le Lay, président de TF1, qui a joué les intermédiaires. L'idée était de montrer à la justice américaine que le Crédit Lyonnais organisait à l'époque ses portages dans le plus grand secret, à l'insu de tous ses partenaires. Mais, en réalité, Tapie, en se rendant à Los Angeles, jouait un jeu entièrement personnel, comme à son habitude. Il a longtemps espéré que sa menace d'aller témoigner contre le Crédit Lyonnais allait conduire la banque à transiger avec lui, à abandonner ses poursuites, à lui reverser une partie de la plus-value réalisée sur la vente d'Adidas et, par là, à effacer la faillite personnelle à l'origine de tous ses déboires. C'était mal connaître Jean Peyrelevade, pour qui il ne peut être question de céder au chantage de son ennemi juré. Surtout, Tapie a surestimé sa capacité de nuisance dans l'affaire Executive Life : son témoignage était superflu, si nombreuses étaient les preuves des portages accumulées par Jeffrey Isaacs.

Debra Yang et Jeffrey Isaacs avaient présenté aux Français une offre « à prendre ou à laisser » avant le 31 mai, au lieu du 31 mars. A l'approche de la nouvelle date limite, les Français rejettent l'ultimatum, sans y mettre les formes. Les procureurs sont furieux. Ils ne sont pas pris au sérieux. On les balade. Michael Chertoff, qui attend la ratification par le Sénat de sa nomination à la cour d'appel fédérale, est toujours en poste et continue à relayer les pressions de Civiletti et Terwilliger. Debra Yang et Jeffrey Isaacs se sentent humiliés. Ils sont, une nouvelle fois, obligés de céder, mais ce ne sera pas sans contreparties. Ils donnent le choix au Crédit Lyonnais et au CDR d'être mis en accusation devant le grand jury, préalable au procès public, ou d'accepter une négociation de peine impliquant une amende et des pénalités de l'ordre de... 600 millions de dollars. L'addition est triplée. C'est le prix à payer pour la position de la France face à la guerre en Irak – que George Bush a déclarée terminée et gagnée le 1er mai, depuis le porte-avions *Abraham-Lincoln* – et pour leur refus de céder aux propositions de transactions.

Les Français n'en reviennent pas. Comment peut-on, de façon unilatérale, alourdir ainsi la barque ? Le choc culturel est abyssal. Car la justice américaine ne fonctionne pas du tout selon les mêmes principes que la justice européenne (y compris la britannique). Dans toute l'Europe, il y a un minimum de sécurité juridique : celui qui vole un œuf sait ce qu'il risque, celui qui vole un bœuf aussi. Les délits commis correspondent à un éventail de peines définies à l'avance et surtout, les procureurs sont tenus par la loi : les délits constatés correspondent à des charges précises qu'il leur revient de faire porter sur les accusés, sans grandes marges de manœuvre. Alors qu'aux Etats-Unis, l'insécurité juridique est totale. Et assumée. Le procureur peut, à sa guise, multiplier les charges ou les alléger. S'il dénonce ses complices et coopère avec la justice, le conducteur d'une voiture utilisée pour défoncer la devanture d'une bijouterie pourra n'être poursuivi que pour conduite dangereuse ou stationnement interdit. S'il ne coopère pas, on pourra multiplier les charges qui s'additionnent jusqu'à lui infliger la perpétuité. Les juristes américains expliquent que cette souplesse découle de l'époque des pionniers et de la conquête de l'Ouest. La justice se rend alors en fonction d'un rapport de force au sein de la communauté. C'est le shérif qui évalue ce rapport de force, refuse le lynchage ou y pousse, selon les circonstances. Au Texas et ailleurs, des centaines de milliers de Noirs ont été ainsi exécutés parce que le rapport de force n'était pas en leur faveur.

A cette insécurité juridique s'ajoute la prise en compte, surprenante d'un point de vue européen, du coût de la procédure. D'une certaine manière, la justice est une entreprise comme les autres : elle se doit de récompenser ceux qui lui font faire des économies. Personne, aux Etats-Unis, n'a été choqué d'apprendre que Gary Ridgway, un serial killer accusé d'une quarantaine de meurtres de femmes, essentiellement des prostituées, avait obtenu en 2003 la garantie que la peine de mort ne lui serait pas appliquée s'il révélait où il avait enterré les corps. Tout simplement parce que cette coopération ferait économiser beaucoup d'argent à la justice... Idem dans l'affaire Executive Life : les voyages, le temps perdu, cela a un coût et ce coût doit être supporté par les accusés.

De tout ceci, découle une pratique judiciaire entièrement basée sur la négociation : aux Etats-Unis, 90 % des affaires pénales se concluent par une négociation, avant d'aller au procès. Cette négociation entre une personne soupçonnée d'un délit ou d'un crime et le procureur, appelée *plea-bargaining*, vise à éviter un procès long et coûteux si l'inculpé reconnaît une part de ses responsabilités contre l'abandon d'une partie des poursuites et la fixation d'une sanction plafond. Une version light du plaider coupable, pour les petits délits (jusqu'à six mois de prison), a été introduite en octobre

2004 dans la procédure judiciaire française, en vertu des lois Perben. Aux Etats-Unis, le *plea-bargaining* se pratique à une tout autre échelle. C'est un véritable marchandage judiciaire, y compris pour les délits les plus graves. L'acceptation d'une peine inférieure à celle que l'on risque lors d'un procès est le prix à payer pour renoncer au risque. Mais lorsque s'y ajoute le chantage à la détention provisoire, la justice sort carrément de son lit, en tout cas aux yeux des Européens. Qui ne se souvient de l'aventure de Michaël Philippe ? Ce jeune steward français de la compagnie Virgin Atlantic était accusé par la justice de Floride d'avoir écrit des messages en faveur d'Al-Qaïda dans les toilettes de son avion (« Ben Laden est le meilleur, tous les Américains doivent mourir, il y a une bombe à bord »). Principal argument : « Ben Laden » avait été écrit à la française tandis que les Anglo-Saxons écrivent « Bin Laden ». Emprisonné, le jeune Français clamait son innocence, mais il s'est résolu à plaider coupable, moyennant cinq ans de prison avec sursis et le bannissement des Etats-Unis. Sinon, il risquait quinze ans de prison ferme ! Revenu en France, Michaël Philippe précisa que le procureur, pour le faire craquer, l'avait menacé d'allonger la liste des chefs d'accusation – avec des fausses preuves si nécessaire. C'est ainsi que la justice américaine peut se flatter de faire condamner tant de « coupables ». Des vrais ou des innocents : John Dixon avait plaidé coupable, en 1991, pour un viol qu'il n'avait pas commis, de peur d'être condamné à perpétuité. Il a été innocenté, après dix ans de prison, grâce à un test d'ADN.

A mesure que le temps passe, les amendes et les peines s'alourdissent. Debra Yang et Jeffrey Isaacs ne dérogent pas à la règle. Ils ont donné au Crédit Lyonnais et au CDR deux mois de plus pour réfléchir et sont convaincus que, cette fois-ci, le message est bien passé : un accord interviendra avant le 31 juillet, nouvelle date limite, faute de quoi la barque sera encore plus lourdement chargée. Et, cette fois-ci, Michael Chertoff ne viendra pas jouer les trouble-fête : poussé dehors par John Ashcroft, il quitte enfin le département de la Justice, dès la confirmation par le Sénat de sa nomination comme juge à la cour d'appel fédérale [1]. Pourtant, les Français vont continuer de croire en une véritable négociation, susceptible d'évoluer dans le bon sens pour eux. Jean Peyrelevade, en fin d'après-midi, le 1er juillet, évoque devant son conseil d'administration les trois options possibles pour un accord transactionnel. Il refuse de reconnaître au moins une des activités criminelles pour lesquelles le Crédit Lyonnais et le CDR sont poursuivis, comme le demandent les procureurs : un tel aveu aurait de terribles conséquences au moment du procès civil. Peyrelevade parle cependant d'un « possible règlement du dossier avant la fin du mois ». Et évoque les sommes qui pourraient être réclamées pour solde de tout compte : 100 millions de dollars pour le Lyonnais, entre 400 et 500 millions pour le CDR. Lui-même et les autres négociateurs français assurent que le chiffre de 600 millions de dollars est un plafond absolu et que l'accord pourrait être conclu sur des bases nettement inférieures.

Pendant ce temps, Jeffrey Isaacs prépare son acte d'accusation secret, qui doit être soumis au grand jury si une transaction n'intervient pas avant le 31 juillet. Ce document est étrange : long, précis, détaillé, chronologique, écrit au scalpel. C'est à mi-chemin entre le travail d'un historien et celui d'un entomologiste. Ne

1. Sa nomination est votée à 88 voix contre une : celle d'Hillary Clinton. Elle le déteste : conseiller juridique du Parti républicain au Sénat entre 1994 et 1996, Chertoff avait joué un rôle important dans l'enquête menée par la commission Whitewater qui soupçonnait les Clinton d'affaires immobilières illégales dans l'Arkansas.

sont cités que les noms des individus que le procureur s'apprête à inculper. Protégé par son immunité, François Pinault n'apparaît que sous le nom de « président d'Artémis ». De même, les noms des cabinets d'avocats ne sont pas cités. Seule l'adresse de leur siège social est indiquée. Morgan, Lewis & Bockius est ainsi présenté comme « the Philadelphia law firm » et Sullivan & Cromwell, le cabinet du très oublieux Rodgin Cohen, comme « the New York law firm ». Derrière le style froid, sourd une fureur contenue, en particulier contre... Jean Peyrelevade, accusé notamment d'avoir « favorisé la conspiration criminelle en rétrogradant [Denis Lion] sous de faux prétextes ». Sur le fond, l'acte d'accusation dévoile un à un tous les montages et tous les portages réalisés par Altus, d'abord avec les fonds Apollo pour l'acquisition des junk bonds d'Executive Life, puis avec la Maaf et les autres investisseurs associés pour la prise de contrôle de la compagnie elle-même. Le procureur s'efforce de démontrer que « le président d'Artémis » était au courant du détail des portages et surtout que son groupe était une simple filiale du Crédit Lyonnais. C'est évidemment une stupidité. Mais pour valider cette thèse, Jeffrey Isaacs s'en tient au strict juridisme, additionne les participations de la banque dans Artémis ou la Financière Pinault, et surtout considère que FPI, qui a détenu entre 20 et 30 % du groupe Pinault au fil des années, n'appartient pas à François Pinault lui-même, mais au Crédit Lyonnais. Le procureur, en outre, néglige totalement le rôle qu'a pu jouer dans les montages contestés la réglementation française. Si, fin 1992, le Crédit Lyonnais a fait porter par la Stiif, filiale de la Macif, 5 % de la participation de 24,5 % qu'il détenait dans Artémis, ce n'est pas pour cacher quoi que ce soit au département des assurances de Californie (ce n'était pas un sujet à l'époque) mais pour contourner la réglementation fiscale française : une entreprise ne peut faire apparaître des plus-values lorsqu'elle vend des biens à une société dont elle contrôle plus de 20 % du capital : il fallait donc passer à 19,5 % ! C'est un exemple parmi d'autres de l'ethnocentrisme de cet acte d'accusation tenu secret que le procureur va agiter comme une menace terrible sur la tête des Français. Une menace d'ailleurs largement surestimée par les Américains : ceux-ci ne se rendent pas compte à quel point l'opinion française – et plus généralement les opinions étrangères – sont indifférentes aux étrangetés de leur justice accusatoire et moralisatrice. Cet acte d'accusation, lorsqu'il sera rendu public et diffusé sur Internet, n'intéressera en vérité pas grand monde en France où la plupart des journaux se focalisent sur les querelles franco-françaises, et aussi, bien sûr, sur la question de savoir à combien se montera l'amende et qui devra la payer.

L'échéance approche. Les Français ne croient toujours pas à l'irréparable. A la demande du ministère des Finances, un rendez-vous téléphonique à trois est organisé par Benjamin Civiletti, le 23 juillet. C'est le matin à Los Angeles, où Debra Yang est à un bout du fil, et le soir à Paris où Xavier Musca, directeur de cabinet de Francis Mer, est à l'autre bout. Et l'après-midi à Washington, où Benjamin Civiletti s'apprête à compter les points.

D'emblée, le représentant du gouvernement français se fait aimable. Il demande simplement un nouveau délai pour trouver les bases d'un accord. Mais Debra Yang n'est pas dans une logique de transaction – mais d'offre à prendre ou à laisser. Elle assure à son interlocuteur que le délai du 31 juillet ne sera pas repoussé, sous aucun prétexte. Musca s'étonne :

— Comment osez-vous imposer de tels délais ?

— Nous les avons déjà repoussés à deux reprises.

— Eh bien, vous devez les repousser une troisième fois. Cette affaire est si ancienne que l'on n'est pas à quelques semaines près.

Il y a un élément que le Français ne connaît pas. Plusieurs accusations sont proches de la prescription que seule peut interrompre une inculpation formelle par le grand jury. Evidemment, Debra Yang n'en dira rien à Xavier Musca. Elle s'en tient à une réponse sèche :

— Je suis désolé, il n'en est pas question.

— J'insiste. Vous ne pouvez traiter le Crédit Lyonnais comme un vulgaire délinquant. Il s'agit d'une des plus importantes banques du monde !

— Je le sais. Mais nous avons accumulé des preuves qu'elle a commis des infractions très graves, qu'elle a tenté de les dissimuler à la justice et à la Federal Reserve.

Peu à peu, l'inspecteur des Finances sort de ses gonds bien huilés. Le ton monte :

— Madame, il ne s'agit pas seulement d'une des plus grandes banques du monde, il s'agit de la France.

— Votre pays ne jouit, que je sache, d'aucun privilège face à la justice des Etats-Unis que je représente ici.

— Madame, votre position rigide est inadmissible.

Musca quitte un instant l'appareil. Ses assistants se concertent avec lui. Il revient, cette fois-ci totalement maître de sa voix. Il chuchote presque :

— Excusez-moi d'avoir été si brutal. Mais je suis bouleversé.

— Ce n'est pas grave. Croyez bien que je suis sensible à vos problèmes et au fait que vous n'êtes évidemment pour rien dans cette affaire. Il est normal que vous défendiez les intérêts de votre pays. Mais il s'agit de justice et du viol caractérisé et délibéré de nos lois.

— Rien ne vous empêche de nous accorder un nouveau délai pour que nous trouvions un accord qui satisfasse pleinement les deux parties.

— Je vous ai déjà dit qu'il n'en était pas question. Nous avons déjà fait beaucoup d'efforts. C'est vous qui restez sur des positions intransigeantes.

Musca sort à nouveau de ses gonds. Soudain, il se met à hurler :

— C'est insultant !

— Je vous en prie !

La discussion tourne court. Dès que les téléphones sont raccrochés, Jeffrey Isaacs, présent dans le bureau de Debra Yang où le haut-parleur avait été branché, éclate de rire avec elle. La colère de Musca signe leur victoire. Aucune concession n'a été faite aux Français.

Une rebuffade ne suffisait pas. Le 29 juillet, deux jours avant la date limite, Dominique Perben a été contraint par Jacques Chirac de donner un coup de téléphone officiel à son homologue, ce sectaire illuminé qui dirige le département américain de la Justice. Ce devait être à Jean-Pierre Raffarin de faire la démarche impossible, mais celui-ci était en voyage officiel. La corvée est donc pour Perben, qui demande à John Ashcroft d'user de son influence pour calmer le parquet. L'implication personnelle d'Ashcroft, du moins au vu de tous, dans un dossier particulier est extrêmement rare. Le bureau d'Isaacs lui a préparé un bref rapport ainsi que les arguments à faire valoir sur différents points. Fort de ce mémo, Ashcroft dégagea évidemment en touche, face à un Perben plein de bonne volonté mais à court d'arguments : il n'avait pas été aussi bien briefé que son homologue.

Dès le lendemain, mercredi 30 juillet, Debra Yang et Jeffrey Isaacs présentent leurs « preuves » devant le grand jury de vingt-trois membres, convoqué pour l'occasion. Celui-ci adopte, comme une formalité, l'acte d'accusation rédigé par Isaacs et prononce une série d'inculpations. L'Etat français, le Crédit Lyonnais, le CDR, la Maaf et dix-huit personnes physiques (dont Haberer, Peyrelevade, Gille, Bazy, Seys, Hénin, Emmanuel Cueff, Marie-Christine de Percin, mais ni François Pinault, ni Patricia Barbizet, ni Artémis, toujours couverts par l'immunité) sont inculpés de 55 charges pour des « crimes » parmi lesquels la conspiration, la fraude, le blanchiment d'argent et les mensonges à la FED. Une amende de 3,1 milliards de dollars est réclamée pour les gains illicites réalisés par la banque et le gouvernement français. Le document de 196 pages et les inculpations sont placés sous scellés et gardés secrets. Ce procédé, utilisé contre la Mafia et les trafiquants de drogue pour convaincre les personnes impliquées de se dénoncer les unes les autres, n'avait jamais été mis en œuvre dans les affaires économiques. L'acte d'accusation sera immédiatement validé par le juge Dickran Tevrizian, connu à Los Angeles pour entériner systématiquement toutes les décisions du parquet. A l'image de ce qui se pratique souvent en France, les différents degrés de juridiction instaurés pour prendre en compte les droits de la défense fonctionnent comme de simples chambres d'enregistrement. La validation de cet acte d'accusation et ces inculpations signifient, concrètement, que le parquet peut à tout instant refuser la transaction et renvoyer, sans autre formalité, tous les inculpés devant le tribunal où, en première instance, les condamnations seront certaines et peuvent atteindre des montants inouïs. C'est une épée de Damoclès.

Après avoir montré l'acte d'accusation aux avocats des différents accusés et les inculpations qui les concernent, Yang et Isaacs partent en vacances, pour une quinzaine de jours, avec le sentiment du devoir accompli. Leurs adversaires sont sous le choc. Il faudra attendre la deuxième quinzaine d'août pour que s'ouvrent de nouvelles négociations, avec un parquet plus que jamais en position de force. L'accord proposé ne diffère pas de celui négocié en juillet, sauf sur un point. Jean Peyrelevade est toujours protégé pénalement, mais le parquet lui demande d'accepter des sanctions civiles : 300 000 dollars d'amendes et un bannissement de trois ans du territoire américain.

Benjamin Civiletti voulait arranger un rendez-vous entre les deux fervents républicains que sont Debra Yang et George Terwilliger. Isaacs conseille à sa supérieure de ne pas donner suite. Elle hésite, puis consent à une réunion, programmée pour le 28 août : « Si Terwilliger doit passer toute la nuit à discuter, il le fera », assure Civiletti à Xavier Musca, le directeur de cabinet de Francis Mer. Le jour prévu, Terwilliger s'envole vers Los Angeles. Lui, si volubile, se contient, au cours de la réunion qui commence en début d'après-midi, dans le bureau de Debra Yang. Elle l'écoute présenter à nouveau sa vision du dossier, sans l'interrompre. A la fin, elle prend la parole, tout sourire :

— J'ai bien entendu vos arguments, mais ceux-ci n'apportent rien de nouveau, de notre point de vue. Notre opinion n'a pas varié. Je suis donc au regret de vous dire que la position du parquet s'est... durcie.

— Mais pourquoi ?

— Cher George, vous savez parfaitement qu'il valait mieux parvenir à un accord avant la rédaction de l'acte d'accusation et sa présentation devant le grand jury. Je vous avais prévenu. Vos clients français auraient dû le comprendre.

— Qu'envisagez-vous désormais ?

— Aucun accord ne pourra être conclu sans une reconnaissance de culpabilité de la part du Crédit Lyonnais, du CDR, mais aussi, à titre individuel, des individus inculpés, en particulier Jean Peyrelevade et Dominique Bazy. Quant au montant des amendes et provisions pour le procès civil, elles seront augmentées. En particulier pour la Maaf, qui devra payer 25 millions de dollars.

— Pourquoi la Maaf ?

— Parce nous sommes parvenus à la conclusion que son rôle a été plus important que prévu. Et puis Xavier Musca m'a hurlé dessus pendant une demi-heure, il y a un mois. Cela vaut bien 25 millions de dollars de plus !

Terwilliger ouvre des yeux ronds :

— Vous plaisantez, bien entendu ?

— Bien entendu, je plaisante.

Tout le monde éclate de rire, pour détendre l'atmosphère. Mais Debra Yang a bien toutes les cartes en main. Et même quelques autres, qu'elle garde en réserve. Elle évoque à mots couverts la possibilité d'étendre les inculpations aux ministres qui ont eu à connaître de l'affaire Executive Life, essentiellement Dominique Strauss-Kahn et Laurent Fabius, mais aussi à plusieurs hauts fonctionnaires du Trésor et même à Jean-Claude Trichet, qui a été nommé au printemps président de la Banque centrale européenne (BCE), après son acquittement sur les comptes truqués du Lyonnais [1]. Debra Yang lâche même à Terwilliger qu'elle n'exclut pas, face à la mauvaise volonté de ses adversaires, de poursuivre White & Case, coupable à ses yeux d'avoir dissimulé des pièces du dossier. Au point qu'à la fin, le cabinet en sera réduit à prendre lui-même un avocat, tant il se sent dans le collimateur du procureur.

La réunion qui « devait durer toute la nuit » se conclut au bout de deux heures et demie et se termine par un fiasco. Le message que transmettent Terwilliger et Civiletti au gouvernement français, au Crédit Lyonnais

---

1. Le mensuel *Capital*, en novembre 2003, affirmera que les archives transmises à la justice américaine par le Crédit Lyonnais et le CDR contenaient des documents compromettants sur les comptes de 1992 et la responsabilité de Jean-Claude Trichet.

et au CDR est clair : il faut signer au plus vite l'accord proposé. Les menaces voilées sur la responsabilité des hauts fonctionnaires du Trésor ne sont pas tombées dans l'oreille d'un sourd. Terwilliger explique que toute tergiversation supplémentaire, tout nouveau délai, se traduira par un alourdissement des amendes et surtout des reconnaissances de culpabilité. Il faut les limiter au maximum, en raison de leurs effets dévastateurs au cours du procès civil. Aussi la décision est-elle prise par le Crédit Lyonnais, le CDR et leurs avocats de signer sans tarder aux conditions fixées par le parquet de Californie. Francis Mer est d'accord : les menaces proférées sur l'éventuelle inculpation de plusieurs hauts fonctionnaires de son ministère ont eu l'effet recherché. Issu de la société civile, peu au fait des pratiques de la haute fonction publique, le ministre s'est fait phagocyter en quelques semaines par son administration.

Encore faut-il obtenir le feu vert du Premier ministre. Mer va voir Jean-Pierre Raffarin à Matignon. Celui-ci lui annonce qu'il ne doit pas signer cet accord, qu'il doit encore gagner du temps. Raffarin ne dira évidemment pas à son ministre que cette position est dictée par Jacques Chirac, sous l'influence de François Pinault, furieux de ne pas être couvert par l'accord et qui fulmine, dès qu'il en connaît le contenu, contre « ces fonctionnaires qui ont rendu les armes devant le racket américain ». De retour à Bercy, Francis Mer est perplexe. Mais son directeur de cabinet lui suggère aussitôt la solution : il lui suffira de demander à Matignon des instructions écrites pour donner son accord ou le refuser, avant la date limite fixée par le parquet américain : mardi 2 septembre à minuit, heure de Los Angeles.

Xavier Musca avait vu juste. Aucune réponse ne viendra de Matignon. Francis Mer donne alors son feu vert : la France accepte de verser 585 millions de dollars : 100 millions pour le Lyonnais, autant pour le CDR, 10 millions pour la Maaf à quoi s'ajoute une provision pour le procès civil de 375 millions de dollars. Le document est silencieux sur le sort de François Pinault, de Patricia Barbizet et d'Artémis, qui ont trois jours pour conclure, éventuellement, un accord distinct [1]. Le sort de Peyrelevade n'est pas réglé. Les Français ont jusqu'au 15 octobre pour ratifier cet accord, à prendre ou à laisser. Un accord qui implique une ponction financière égale à... 1 % de l'impôt sur le revenu des Français.

1. Au cours de l'été, Pinault avait proposé à Isaacs de payer 60 millions de dollars. Le procureur a rejeté cette offre : Pinault et Artémis peuvent se joindre à l'accord du 2 septembre, s'ils payent 250 millions de dollars et reconnaissent leur culpabilité. Pinault a refusé, estimant irréaliste et injustifiée la somme demandée ; et la reconnaissance de culpabilité inacceptable.

CHAPITRE 15

Haro sur la poche profonde de Pinault

La France se réveille sous le choc. François Pinault ne décolère pas d'avoir été exclu de l'accord entre l'Etat français, le Crédit Lyonnais, le CDR et le parquet de Californie. Jacques Chirac, lui aussi, a le sentiment d'avoir été trahi. Francis Mer et Jean-Pierre Raffarin se renvoient la responsabilité. Le premier affirme qu'il a proposé les deux termes de l'alternative mais qu'en l'absence d'instructions, il lui a fallu prendre ses responsabilités ; le second assure qu'il a explicitement demandé à son ministre de ne pas signer. Le président de la République ne peut évidemment pas se découvrir en faveur de François Pinault. Il se contentera de demander le lancement d'une enquête administrative pour savoir comment et par qui la décision a été prise. C'est ainsi que, les jours suivants, toutes les grosses têtes du Trésor et du cabinet de Mer défileront dans le bureau de Jean-François Cirelli, ancien conseiller économique de Chirac à l'Elysée, nommé directeur adjoint de cabinet auprès de Raffarin, justement pour le surveiller. Tous les hauts fonctionnaires prendront un air marri, mais personne n'est dupe. La direction du Trésor et Bercy ont lâché Pinault de bon cœur et en toute connaissance de cause. Certes, l'Etat n'avait évidemment pas à défendre les intérêts du milliardaire. Mais était-il judicieux d'accepter son exclusion, du seul point de vue de l'intérêt de l'Etat et des contribuables, si Pinault se retourne in fine, comme Bercy en est persuadé, contre l'Etat français pour se faire rembourser amendes et dommages et intérêts ? N'aurait-il pas mieux valu, depuis le début, faire front commun ? La question restera en suspens. En tout cas, plane sur l'accord du 2 septembre le soupçon d'une signature décidée subrepticement, en retour de vacances, à la va-vite, pour éviter que des anciens ministres des Finances et des hauts fonctionnaires soient à leur tour inculpés. Avec l'acceptation d'un degré de responsabilité dangereux pour le procès civil.

Une certitude : la décision de Jeffrey Isaacs et Debra Yang de ne pas inclure François Pinault dans l'accord proposé au Crédit Lyonnais et au CDR est le couronnement d'une stratégie de division des Français mise en œuvre par le procureur depuis qu'il s'est saisi de l'affaire. Dans un premier temps, en 1999, Pinault se croit à l'abri : il n'a pas participé aux portages ; au contraire, il y a mis un terme en achetant progressivement les junk bonds et les titres d'Executive Life aux partenaires du Crédit Lyonnais. Le seul reproche qu'on peut lui faire – c'est d'ailleurs le seul qu'on lui fera – est celui de ne pas avoir dénoncé l'existence de ces portages.

Mais se sachant le propriétaire final et le principal bénéficiaire de ces opérations, François Pinault se méfie. Alors que son nom n'est cité nulle part, il prend pour avocat Bob Weigel, du cabinet Gibson, Dunn & Crutcher, comme on l'a vu au chapitre 10. D'emblée, le milliardaire craint beaucoup plus les risques d'une procédure civile que pénale, à la différence des autres protagonistes français. Il sait que le sport national des avocats, aux Etats-Unis, est de trouver, dans toute affaire, la *deapest pocket*. Et la poche la plus profonde, c'est assurément la sienne. Pourtant, à la fin de 1999, le commissaire aux assurances Chuck Quackenbush avait rassuré Patricia Barbizet : « Je n'ai pas l'intention de vous poursuivre au civil. » Les promesses n'engagent que ceux qui les écoutent. De fait, début 2000, Quackenbush introduit Artémis dans la procédure civile. Au moment exact où le cabinet White & Case, pour le CDR et le Crédit Lyonnais, écrit des notes ravageuses et répète, en France comme aux Etats-Unis, que le désastre découle exclusivement des pratiques personnelles de Jean-François Hénin et de la main invisible de François Pinault ; et que la vraie cible du procureur Isaacs devrait être Artémis. Pourquoi ? La position de White & Case est une tentative, traditionnelle chez les avocats, de détournement de cible. Mais elle s'appuie sur une véritable agressivité de nombreux cadres du CDR vis-à-vis de François Pinault, depuis son forcing pour racheter à bas prix la participation du CDR dans Artémis (voir chapitre 6).

En même temps qu'il obtient son immunité pénale, François Pinault, à la différence des autres accusés, va s'efforcer de désamorcer toutes les bombes qui peuvent se présenter dans le cadre de la procédure civile. Premier objectif : écarter les plaintes individuelles avec demandes de dommages et intérêts, à titre individuel, des assurés d'Executive Life qui se sont regroupés, selon les pratiques américaines, pour conduire des *class actions*. Paradoxe : dans cette démarche, Pinault a été soutenu par son ennemi juré Gary Fontana. L'avocat du commissaire aux assurances avait en effet intérêt à sortir du jeu tous ceux qui risquaient de lui manger une partie des dommages et intérêts et donc de sa commission ! Le juge Howard Matz déboutera les assurés, affirmant que la seule entité qui puisse se prévaloir de leurs intérêts est le commissaire aux assurances. D'appel en appel, ce jugement sera confirmé par la cour suprême de Californie.

Pinault signera aussi un accord avec Sierra, qui avait été écartée de la reprise des junk bonds au profit d'Altus. Cette compagnie avait autant de droits que le département des assurances de réclamer des dommages et intérêts aux Français. Mais par des procédures parallèles, Pinault est parvenu à démontrer que Sierra n'avait connu aucun préjudice de son fait : lorsque la vente des junk bonds a eu lieu, Artémis n'était même pas née. Pas question, cependant, de s'en sortir sans payer un peu. Au lieu des centaines de millions de dollars demandés, l'accord entre les avocats de Sierra et ceux de Pinault se fera sur la base d'un dédommagement de... 12 millions de dollars. Encore l'essentiel n'est-il pas payé par Artémis (qui ne versera que 50 000 dollars contre la garantie de l'abandon de toute réclamation) mais par Aurora (ex-Executive Life) taxée à hauteur de 11,95 millions de dollars.

Dans un dossier de cette importance, tous les pique-assiettes veulent s'inviter au festin. C'est le cas de l'Etat de Californie, auprès de qui François Marland, amené par Gary Fontana, a déposé plainte en février 1999 [1]. Après s'être désintéressé de cette plainte pendant deux ans et demi, l'Etat de Californie réalise soudain qu'il peut trouver un avantage politique à attaquer les Français, mais surtout qu'il peut leur prendre des milliards de dollars, compte tenu de l'évolution de la situation en leur défaveur. Artémis conteste aussitôt cette nouvelle constitution de partie civile, en arguant qu'on ne peut pas avoir à la fois l'Etat de Californie et une agence du même Etat de Californie

1. Aux Etats-Unis, tout individu qui estime que l'Etat a été lésé peut déposer une plainte dite *qui tam*. Si l'Etat en question la soutient, le dénonciateur touche un pourcentage des sommes récupérées.

qui attaquent les mêmes accusés pour les mêmes faits. Là encore, le juge Howard Matz donnera raison à Pinault : le seul habilité à réclamer de l'argent, au nom des assurés, est le commissaire aux assurances. Débouté, l'Etat de Californie a fait appel. Mais la cour d'appel a déclaré son incompétence et a renvoyé l'affaire devant la cour suprême de l'Etat de Californie, qui doit trancher : est-ce l'Etat ou le commissaire aux assurances qui a subi un éventuel préjudice ? Les conséquences de cet imbroglio promettent d'être amusantes. Si la plainte de l'Etat de Californie était, par surprise, validée, il faudrait annuler la transaction pénale et le procès civil, tout reprendre de zéro. En faisant entrer Leon Black et ses associés des fonds Apollo dans la procédure. Moins drôle : face à l'Etat, les accusés risquent des « dommages punitifs » qui tripleraient le montant des dommages et intérêts...

Autre initiative de Pinault, pour se protéger : le 21 avril 2000, il décide de... vendre Executive Life. L'acheteur est Swiss Ré, une grande compagnie de réassurance helvétique. La décision est douloureuse car Pinault renonce ainsi à une ambition mondiale dans le secteur de l'assurance qui s'était amorcée, au Japon, avec l'achat d'une compagnie appartenant jusque-là à Nissan [1]. Passée avec l'agrément du département des assurances, la cession d'Executive Life est un peu particulière. C'est une vente sous condition de la levée des poursuites judiciaires. D'ici là, Artémis garde la propriété des titres Executive Life, tandis que Swiss Ré assure la gestion de la compagnie et prend à sa charge pertes et profits. Le produit de la vente, soit 240 millions de dollars, est gelé jusqu'à la clôture de la procédure civile. L'argent porte intérêt : fin 2004, cette

1. Tirant la conclusion du désastre Executive Life, Artémis revendra Nissan Life, en septembre 2004, légèrement à perte mais après avoir touché 34 millions de dollars de dividendes.

cagnotte de Pinault aux Etats-Unis atteignait 260 millions de dollars. Pourquoi cette solution compliquée ? Toujours propriétaire des titres, Pinault peut continuer à agir au civil et faire valoir ses droits.

En réalité, dès 1999, François Pinault est beaucoup plus embarrassé par les attaques dont il est l'objet aux Etats-Unis qu'il veut bien le laisser paraître. Car il est entré, en Europe, dans un violent conflit avec son grand rival français, Bernard Arnault, à qui il a soufflé le groupe de luxe italo-américain Gucci. Une lutte à mort s'est engagée dans laquelle tous les coups sont permis. C'est ainsi qu'à la mi-juin 1999, Pierre Godé, alors bras droit de Bernard Arnault, patron de LVMH, demande à Kroll France, filiale de l'entreprise américaine privée d'espionnage Kroll International, de vérifier si ses bureaux aux Etats-Unis n'ont pas travaillé sur le dossier Executive Life-Crédit Lyonnais et, dans ce cas, s'ils détiendraient des informations exploitables sur François Pinault. Godé avait vu juste : le bureau de Kroll à Los Angeles est bien chargé, depuis 1996, d'un dossier « Altus-Crédit Lyonnais ». Composé pour partie d'anciens membres de la CIA, Kroll dispose aux Etats-Unis d'une force d'investigation et de frappe considérable, tout particulièrement vis-à-vis des intérêts étrangers. Il va vendre à LVMH les informations recueillies aux Etats-Unis sur François Pinault. Avec des précautions : ni le nom de Kroll, ni celui de LVMH ne doivent apparaître dans aucun document portant sur les investigations concernant François Pinault en Californie.

Kroll débusque vite le double langage de Pinault sur la société holding FPI, qui ne lui appartient pas quand il parle au fisc français et dont il est le seul propriétaire quand il s'adresse à la justice américaine. Dès le printemps 2000, la lettre secrète dans laquelle Pinault reconnaît être derrière John Ryan et FPI est envoyée au fisc, accompagnée d'un dossier résumant le montage fiscal. Plus tard, l'ensemble sera adressé au domicile personnel de Laurent Fabius, ministre des Finances. Mais celui-ci ne bouge pas. Aussi les délateurs vont-ils choisir une autre voie. Un ancien dirigeant de la CFDT reçoit le dossier dans sa boîte aux lettres. Il le transmet à la justice et porte plainte, au nom de d'une association de défense des salariés de la Redoute (groupe Pinault), fondée pour l'occasion. Mais là encore, les freins fonctionnent. Le parquet de Paris attendra la décision du fisc avant de se prononcer. François Pinault est néanmoins obligé de céder. Et de dire enfin la même vérité des deux côtés de l'Atlantique. Le milliardaire entrera alors dans une négociation globale avec le fisc, mêlant le redressement exigé en raison de sa dissimulation et sa succession, entièrement payée par anticipation. La création, pour 2 milliards de francs (300 millions d'euros) de la Fondation Pinault, qui réunira dans l'île Seguin, à la place des usines Renault, sa collection d'art contemporain, est probablement entrée dans le cadre de cette négociation.

Qui a été le dénonciateur persévérant ? Mis en cause ici ou là, les hommes de Bernard Arnault ont toujours nié « toute implication, passée ou récente, dans ces révélations [1] ». Pourtant, « les opérations que mène Kroll Associates pour le compte de LVMH (...) sont clairement dirigées contre François Pinault », écrivais-je dans un livre consacré à Bernard Arnault [2]. « Ces investigations, qui débutent en octobre 1999, visent à mettre à plat l'ensemble de la galaxie Pinault (...). [En Suisse, elles] viseront les adresses des sociétés Shepton Corp., Experco, Corporate and Investment Services SA (CISA) qui sont toutes dans la mouvance de John Ryan, dont le domicile est lui aussi mis sous surveillance. »

1. *Le Nouvel Observateur* du 1er novembre 2001.
2. *L'Ange exterminateur...*, Albin Michel, 2003.

Pinault, écrivais-je encore, « sait désormais d'où viennent toutes les informations qui circulent, en France et en Angleterre, sur Forest Product International, sur ses relations avec John Ryan, sur ses rapports, anciens et actuels avec le fisc et sait qui met de l'huile sur le feu dans le conflit qui oppose la France et les Etats-Unis à propos du dossier Executive Life ».

L'intervention discrète d'officines d'espionnage sera confirmée par John Ryan. L'ami discret – et longtemps le prête-nom – de François Pinault affirmera devant la justice américaine, le 12 août 2003, avoir été cambriolé dans le cadre de l'affaire Executive Life. Il racontera qu'au cours de la procédure civile, Gary Fontana lui a présenté trois notes écrites de sa main, prises lors d'entretiens qu'il avait eus avec François Pinault fin 1997 et début 1998. Or ces notes étaient conservées en Suisse, « dans une armoire fermée » située « dans son bureau fermé à clé et protégé par une alarme ». John Ryan ajoutera qu'un homme était venu le voir à Genève, quelques années plus tôt pour lui vendre un rapport sur les activités de Pinault. « Ce rapport était présenté comme l'œuvre de l'agence d'espionnage américaine Kroll », a affirmé Ryan, sans citer de commanditaire. Ces interventions de Kroll obligeront François Pinault à mettre ses affaires en ordre, moyennant un chèque de 350 millions d'euros au Trésor français.

Tous ces préalables levés, ces obstacles surmontés, François Pinault, avec les autres accusés, va se lancer dans l'étrange procédure de *discovery* (découverte) propre à la justice civile américaine. Une procédure beaucoup plus directive que dans les différents systèmes européens car, sous peine de sanctions pénales, elle force les parties à produire l'intégralité des documents en leur possession, même ceux qui leur sont défavorables. Impensable en France ! Tout aussi inconnues en Europe sont les dépositions des témoins, alors qu'elles sont l'un des éléments essentiels de la procédure civile américaine. Les témoignages sont faits sous serment, sous peine de graves conséquences pénales en cas de parjure. En conséquence de quoi les procès civils américains se font sur la base d'une définition précise des faits donnant lieu au litige.

Autre particularité : pas question de dire, comme en France, que « le pénal tient le civil en l'état », c'est-à-dire que l'indemnisation des victimes ne peut être négociée avant que le coupable soit définitivement condamné. Aux Etats-Unis, les deux procès peuvent avoir lieu simultanément et indépendamment. Ils peuvent même aboutir à des conclusions différentes : on peut être acquitté au cours du procès pénal tout en étant condamné à payer des indemnités à la victime dans le procès civil. C'est ce qui était arrivé à O.J. Simpson, cet ancien footballeur accusé d'avoir tué sa femme. Cette autonomie des procédures pénales et civiles s'est révélée néanmoins toute relative dans cette affaire. Car la connivence de Jeffrey Isaacs et Gary Fontana semble totale. Au point que plusieurs avocats se demandent si elle ne dépasse pas le cadre de leurs relations professionnelles, en dépit de l'antagonisme évident de leurs caractères : le procureur adjoint est prudent et introverti, tandis que l'avocat est tonitruant et provocateur. Sont-ils liés par leur appartenance à la même société secrète, celle des *Skull and Bones* ? Ou par des intérêts communs ? Ils ont, en tout cas le même goût pour la chasse aux Français. Résultat : toute information que recueille l'un est immédiatement transmise à l'autre. Ce qui est logique et normal dans le sens des informations recueillies dans le cadre de la procédure civile et fournies au pénal. Mais ce qui est très contestable quand le pénal donne ses informations, obtenues avec tous les moyens de coercition possibles, à l'une des parties civiles – et à elle seulement.

La procédure civile est à la fois formelle, lourde et complexe : sous le contrôle du juge Howard Matz, chacune des deux parties demande à entendre un certain nombre de témoins, sous serment. Les séances ont lieu alternativement à Los Angeles, à New York et à Paris. Dans ce cas, un juge parisien, qui agit sur commission rogatoire du tribunal civil de Los Angeles, conduit les débats. Gary Fontana a demandé à entendre 80 témoins, les accusés français deux fois plus. Les auditions ont commencé en mars 2002 aux Etats-Unis avec un rythme prévu de deux semaines pour la défense, deux semaines pour le plaignant, séparées par deux semaines de repos !

Après des témoins de second rang entendus par Gary Fontana [1], puis l'audition de Jean-François Hénin, le tour de François Pinault est venu, les 4 et 5 juillet. Fontana voulait entendre Pinault pendant trois semaines. Le juge Matz a limité à deux jours la durée de son audition, à huis clos, dans le cadre du palais de justice de Paris. Trente-trois personnes, dont 27 avocats, sont présentes. Gibson, Dunn & LLP en mobilise huit, White & Case, cinq. Ils sont logés à l'hôtel Crillon ou au Meurice. Il y a deux interprètes, des sténotypistes, un substitut du procureur. Les débats sont présidés par Mme Courboulay, la juge chargée de l'exécution de la commission rogatoire. Un assistant de Pinault a apporté une Thermos de café que Pinault boit lors des pauses, dans une tasse en porcelaine. Le milliardaire a obtenu la permission d'entrer par une porte annexe et de garer sa voiture dans l'enceinte du Palais, pour éviter les photographes. Les avocats américains espéraient que cette

1. Parmi lesquels Yvette Chassagne, ancienne directrice générale adjointe d'Altus, et Pierre Simonet, ancien directeur financier de la Maaf.

audition allait être hautement médiatisée et crient au traitement de faveur. Mais à leur grande surprise, elle se déroulera dans l'indifférence générale.

Tout commence par une embrouille, naturelle quand se mêlent deux droits antinomiques. Mme Courboulay souligne que, selon la Convention européenne des droits de l'homme, chaque citoyen « ne doit pas être contraint à témoigner contre soi-même ou à contribuer à sa propre accusation ». C'est en contradiction avec les règles américaines, où seul l'appel formel au cinquième amendement de la Constitution – qui résonne comme un aveu de culpabilité – permet de se taire. Elle propose donc à François Pinault « de choisir de témoigner sans prêter serment et selon les règles de la procédure française, ce qui rendrait sans valeur son témoignage au regard de la procédure américaine, ou de témoigner après avoir prêté serment mais en pouvant opposer les dispositions du cinquième amendement ». Pinault choisit de prêter serment mais de suivre la procédure française tout en se gardant la liberté d'opposer le cinquième amendement ! Personne n'y comprend plus rien. Qu'importe : Pinault se lève et jure de dire toute la vérité, rien que la vérité.

Sur le montage Citistar qui achète au Lyonnais 13,7 % des actions Financière Pinault en février 1993, Pinault répond : « Je crois me souvenir que c'était une question de présentation comptable (...). Ce que m'avait dit M. Loïc Deraison était que Citistar était une société appartenant au groupe Crédit Lyonnais. Il avait besoin de mon agrément pour transférer les actions détenues par Clinvest à toute autre société. Je lui ai donné mon accord, n'ayant pas pour objectif de compliquer la vie du Crédit Lyonnais. Je lui avais d'ailleurs demandé que le transfert ne dure pas trop longtemps. Parce que Citistar était inscrite dans un paradis fiscal et qu'avoir un actionnaire dans un paradis fiscal, ça ne fait pas très chic. » Culotté, venant d'un homme qui a masqué pendant des années, via FPI, une partie de son capital à Curaçao, dans les Antilles néerlandaises !

Le dernier jour, interrogé par Fontana sur le document signé Patricia Barbizet dans lequel ne figure pas l'option d'achat d'Executive Life accordée par le Lyonnais à Artémis, en décembre 1992, Pinault affirme qu'il s'est contenté de donner les directives générales : « Je n'ai de toute évidence jamais donné d'instructions pour que Mme Barbizet cache des documents. »

— Savez-vous s'il existait des portages ?

— Oui, répond Pinault.

— Lesquels ?

— Des portages de la Maaf, de Fimalac et d'une société d'un certain Dubois.

Pinault affirme ne pas se souvenir d'avoir payé 4 millions de dollars de commission de portage. Interrogé sur la majoration de prix figurant sur le contrat de rachat par Artémis des parts de Fimalac dans Executive Life, il répond :

— Tel que c'est écrit (...) le prix était la situation nette comptable plus 1 million de dollars mais il n'est nulle part précisé qu'il s'agit d'une commission.

En clair, Pinault reconnaît qu'il connaissait les portages mais prend soin de montrer qu'il n'en est pas complice en ayant accepté d'en acquitter le prix. Il rappelle que ce type de montage est à la fois légal et très usuel en France. Il a souligné le rôle joué par les Américains lors de son voyage à New York du 16 décembre 1992 :

— C'était une rencontre avec MM. Black et Hannan qui étaient en charge d'Apollo. Ils étaient les architectes à l'origine de l'acquisition de ce portefeuille par Altus et géraient ce portefeuille.

François Pinault s'est ensuite efforcé de démontrer que son groupe, très endetté à l'égard du Crédit Lyonnais (avant même l'acquisition du portefeuille de junk bonds et l'emprunt supplémentaire de 2 milliards de dollars), n'était ni un jouet dans les mains de la banque, ni son inspirateur. Il a rappelé son opposition au projet du Grand Altus qui l'aurait dilué :

— En descendant dans l'ascenseur avec Mme Barbizet je lui ai dit d'oublier ce projet et de passer à autre chose. Après quoi, j'ai convaincu Jean-Yves Haberer et Jean-François Hénin de nous vendre le portefeuille de junk bonds en nous prêtant la totalité du financement.

Pinault s'est défendu bec et ongles sur le fait que la participation du Lyonnais dans son groupe ne dépassait pas les chiffres officiellement annoncés.

Interrogé sur FPI, il répond :

— Je veux déclarer ici que j'ai toujours contrôlé FPI (...). Ni le Crédit Lyonnais ni personne d'autre n'a été actionnaire et n'a bénéficié économiquement de FPI.

— Et la participation au capital d'Artémis de la Siltf, filiale de la Macif ?

— Je ne m'en souviens pas.

— Quels bénéfices avez-vous tirés des junk bonds ?

C'est une question à haut risque car, du point de vue des plaignants, sa réponse induit le montant du préjudice – en réalité de l'absence de plus-values potentielles – subi par les assurés, donc des dommages et intérêts réclamés.

— J'ai lu dans les journaux français et anglo-saxons des interviews de M. Fontana (celui-là même qui l'interroge!) dans lesquelles il cite des chiffres extravagants, plusieurs milliards de dollars de profits (...). Ce sont des profits qui se sont étalés pratiquement sur dix ans et je suis incapable de les évaluer avec précision, mais c'est probablement autour de 10 % des sommes fantaisistes colportées.

Tout au long des sessions, François Pinault a mené la danse, maniant tour à tour la froideur ou l'humour.

Qu'a-t-il fait le 24 décembre 1993 ? « Je ne me souviens plus de ce que j'ai fait il y a dix ans, c'est probablement l'effet de mon âge. » Que signifie FPI ? Forest Product International, François Pinault International ? « Pourquoi pas Front Populaire International », dit Pinault qui conclura par un laconique : « La France n'est pas une république bananière et je ne suis pas un homme d'affaires douteux. »

Pinault est convaincu qu'il a un excellent dossier et tous les moyens de se défendre. Son assurance sera confortée par un jugement prononcé le 12 mars 2003 : la juge fédérale Carla Woehrle rejette une demande de levée du secret de la correspondance entre Artémis et ses avocats, présentée par Gary Fontana, alors qu'elle l'avait acceptée neuf mois plus tôt pour toutes les lettres et notes échangées entre le Crédit Lyonnais, le CDR et leur avocat White & Case. En droit américain, le secret de la correspondance peut être levé pour les délits les plus graves et en cas de suspicion de participation de l'avocat à la « fraude criminelle » (*crime fraud motion*). Les attendus du jugement sont favorables à Pinault. La juge a estimé qu'il n'existait pas de preuves tangibles qu'Artémis a cherché à tromper le département des assurances ou participé à une quelconque conspiration. Elle justifie sa décision en indiquant qu'Artémis a révélé l'étendue de ses relations avec le Crédit Lyonnais dès 1993 aux autorités californiennes, que la banque était – directement et indirectement – son deuxième actionnaire et qu'elle lui avait prêté 2 milliards de dollars pour acquérir le portefeuille de junk bonds. La preuve en est, toujours selon ce jugement, que le département des assurances avait exigé, lors de la reprise d'Executive Life par Artémis en 1994 et 1995, la mise en place d'un *voting trust* composé de François Pinault, John Kellog et John Ryan, isolant la compagnie du groupe Artémis. La juge précise enfin que le commissaire aux assurances ne reproche pas à Artémis de fausses déclarations, mais une simple omission : François Pinault n'a pas spontanément révélé l'existence de contrats de portage dont il a eu connaissance mais dont il n'était pas signataire et qui ne lui ont pas été demandés. Ce jugement conforte la position de François Pinault ; il lui offre surtout la garantie que les enquêteurs n'auront pas accès à sa correspondance avec ses avocats et donc qu'il n'y a plus aucune mauvaise surprise à attendre, de telle ou telle lettre ou note oubliée...

François Pinault a les moyens financiers d'assurer une défense à l'américaine. Ce n'est pas le cas de la plupart des autres accusés. C'est là l'injustice flagrante du système judiciaire américain, que relèvera Jean-François Hénin, dans une nouvelle audition à Paris, le 18 novembre 2002 : « Le dossier comporte un million de pages, 5 000 boîtes de documents. J'ai en face de moi un Etat avec des moyens illimités, d'autres défenseurs disposent soit des moyens d'un Etat – le CDR – soit de la plus grosse fortune de France. J'ai été privé de mes agendas, de certaines de mes archives. J'ai interdiction de rencontrer une trentaine de personnes qui sont mes anciens collaborateurs ou supérieurs hiérarchiques. J'ai interdiction de mon ministre de tutelle de répondre aux questions en dehors de la présente commission. J'ai dû abandonner ma défense aux Etats-Unis car je n'ai pas les moyens financiers d'en assurer la charge. Je me trouve donc dans une situation où je ne peux pas, matériellement, assurer ma défense. »

Devant le déferlement des demandes de dommages et intérêts et l'accumulation des témoignages, le juge Howard Matz somme, en février 2003, le département des assurances de Californie, Nolhga et Sierra (derniers concurrents au rachat d'Executive Life, évincés par Altus) de préciser leurs griefs et le montant des dommages et intérêts. Il demande aux trois plaignants restants de fixer le montant des préjudices et d'« établir la théorie des dommages ». En même temps, le juge s'efforce d'encadrer le débat. Il demande à chacun de dresser une liste de deux cents faits « indiscutables » qui serviront de base à un éventuel règlement et limite le nombre de témoins à 42 pour les plaignants, autant pour les accusés, un autre étant tiré au sort : soir 85 au total, alors qu'une cinquantaine de dépositions ont déjà été enregistrées. Enfin, le juge Matz prépare une médiation. Il demande aux plaignants et aux accusés de lui proposer deux personnalités pour conduire une procédure d'arbitrage. Le département des assurances présentera Robert Finerman et Eugene Lynch, deux magistrats, à la retraite ; le CDR et le Crédit Lyonnais proposeront deux anciens juges, Lawrence Irving et John Trotter ; Artémis choisira John Davis, un ancien magistrat et Antonio Piazza, un médiateur professionnel [1]. Quinze jours plus tard, le vendredi 7 mars 2003, la réponse des plaignants tombe : ils réclament au total 5,34 milliards de dollars au Crédit Lyonnais, au CDR et à Artémis ! Cette demande hallucinante se décompose ainsi : le département des assurances réclame 1,27 milliard au Crédit Lyonnais et au CDR, 800 millions à Artémis et 226,24 millions à Aurora, la compagnie d'assurances qui a succédé à Executive Life. Sierra demande de son côté 3,17 milliards de dollars. Gary Fontana affirme, dans ce document, que 320 000 assurés ont été escroqués en raison des très importants profits réalisés lors de la revente des junk bonds acquis au rabais. Les avocats français font aussitôt valoir que le département des assurances ne donne aucun élément

1. Quelques semaines plus tard, le 2 juin 2003, le Crédit Lyonnais et le CDR retireront leur soutien à Antonio C. Piazza, pourtant choisi d'un commun accord. L'homme est connu pour rendre des arbitrages rapides et simples, ce qui, selon White & Case, ne correspondait pas à la situation.

sur l'origine des pertes et ne fait pas de lien entre ces pertes et le contournement éventuel de la loi bancaire.

Pas de quoi démonter l'excellent Gary Fontana, provocateur-né. L'homme est particulièrement délicat. Parlant de Jean Peyrelevade, en 2001, il avait déclaré : « La seule chose qui lui reste à faire est de prendre ses mesures pour un costume orange de prisonnier. » Dès l'annonce de l'accord du 2 septembre 2003, au pénal, entre le parquet de Californie, le Crédit Lyonnais et le CDR, l'avocat va se déchaîner, avec le sens de la nuance qui le caractérise : « Nous voulons que François Pinault et le Crédit Lyonnais rendent les profits qu'ils ont illégalement touchés. Il y en a pour au moins 1,5 milliard de dollars s'agissant du Lyonnais et un milliard s'agissant de Pinault, affirme-t-il dans une interview aux *Echos* [1]. Un individu, François Pinault, s'est enrichi. Il doit rendre l'argent qu'il n'aurait jamais dû toucher, c'est tout. » Qualifiant d'« excellente nouvelle » la reconnaissance de culpabilité du Crédit Lyonnais et de l'Etat français, Fontana affirme : « Il va être beaucoup plus facile pour nous d'obtenir des dommages au civil (...). Nous sommes confiants car le dossier est simple, nous disposons de preuves surabondantes montrant que les parties concernées ont agi illégalement. La seule question porte sur le montant des réparations. » A propos des 375 millions de dollars prévus dans l'accord pour couvrir de futurs dommages et intérêts dans un procès civil, il ajoute : « C'est un début mais on est loin du compte. »

François Pinault reçoit cette interview provocatrice comme une déclaration de guerre. Il la ressent d'autant plus mal qu'il a été exclu au dernier moment de l'accord. Ayant négocié seul son impunité, il réalise

1. *Les Echos* du 5 septembre 2003.

soudain à quel point il est isolé : les Américains, mais aussi les autres Français ont intérêt à lui faire porter le chapeau et... à le faire payer. Parce qu'il a la poche la plus profonde et parce que, politiquement, la pilule passera plus facilement si c'est le milliardaire, ami de Jacques Chirac, qui verse l'essentiel des amendes et dommages et intérêts, plutôt que le contribuable, via le CDR et l'Etat. Gary Fontana a bien compris cet aspect des choses : « Nous voulons l'argent de Pinault, pas celui des contribuables », a-t-il ainsi affirmé dans son interview aux *Echos*. En omettant de préciser que l'argent des contribuables serait pour lui beaucoup plus difficile à obtenir, le CDR n'ayant aucun actif aux Etats-Unis.

Pinault ne peut pas laisser passer sans réagir l'interview de Fontana. Mais il attendra la fin du mois pour l'attaquer en diffamation. « M. Fontana n'a jamais réussi à démontrer la participation d'Artémis à une action frauduleuse contre le département des assurances de Californie et, en conséquence, les allégations selon lesquelles [il] détiendrait des "preuves surabondantes" de cette fraude sont diffamatoires », explique Artémis dans un communiqué. Réponse immédiate de Fontana dans une interview au *Monde* [1] : « M. Pinault a gagné un milliard de dollars avec cette fraude. Qu'il les rende. Il nous a fait une proposition de transaction, mais les sommes étaient risibles. Nous sommes prêts à discuter, mais sur des chiffres sérieux. » L'annonce d'une « proposition de transaction » vise à montrer que l'attitude intransigeante de son adversaire n'est que de façade.

Gary Fontana bluffe-t-il ? Peut-il prouver que les assurés d'Executive Life ont subi un préjudice lors du rachat de leur compagnie et de ses junk bonds par le

1. *Le Monde* du 1er octobre 2003.

Crédit Lyonnais et ses associés, alors qu'il s'agissait, selon John Garamendi, de la meilleure offre ? Au nom de quoi les irrégularités commises à cette occasion induisent-elles le remboursement des gains réalisés ultérieurement, assortis des intérêts, par les acheteurs ? Quelle peut être la responsabilité civile d'Artémis, blanchie sur le plan pénal et qui n'est intervenue que dans un deuxième temps, en rachetant le tout au Crédit Lyonnais et à ses associés ? Les réponses à ces questions ne sont pas données d'avance. D'autant que le juge Howard Matz, à la différence de beaucoup d'autres, qui collent systématiquement aux décisions du parquet (aux Etats-Unis comme en France), a fait preuve jusque-là d'une réelle indépendance. Il a, par exemple, rejeté le 5 août 2003 l'assignation déposée un an plus tôt par Garamendi contre Marc Ladreit de Lacharrière, l'estimant forclose. C'est en effet trois ans et demi après le début de l'instruction que le fondateur de Fimalac avait été assigné pour « fraude, fausse déclaration, tromperie, conspiration et concurrence déloyale ». Le Lyonnais a été assigné au civil début 1999, en même temps que la Maaf et l'Omnium de Genève, le département aux assurances ayant mis la main sur les portages secrets. Mais Mallart et Lacharrière n'ont été assignés qu'en 2002 [1]. Le juge a estimé, s'agissant de Lacharrière, que « le délai de prescription expirait au plus tard le 15 juillet 2002 – deux semaines avant que le commissaire ne dépose son assignation ». Depuis, Lacharrière a utilisé tous les moyens de droit

1. Ce délai est dû au temps gagné résultant de la destruction, en 1995, des documents qui établissaient les liens entre Altus et Fimalac, affirme Pascal Hénisse dans son livre *Executive Life, la France de l'argent facile* (Hachette Littérature, 2004). Cette destruction de preuves est démentie par l'intéressé. En 1995, Lacharrière était un bébé capitaliste et l'affaire était terminée. Par quel miracle aurait-il anticipé la dénonciation de Marland, intervenue trois ans plus tard ? Et au nom de quoi aurait-il pu obliger le Crédit Lyonnais à détruire les documents le concernant ?

pour ne pas avoir à témoigner au civil ni à livrer ses propres archives.

Bref : les sentences du juge Matz ont été jusque-là motivées et mesurées. Il a semblé imperméable à la vague antifrançaise qui déferle sur les Etats-Unis. Rien d'étonnant à cela. Sa femme est française, enseigne notre langue et lui-même se rend régulièrement en France, en particulier à Lyon où l'un de ses fils poursuit ses études.

Sera-t-il si « facile d'obtenir des dommages et intérêts », comme l'affirme Fontana ? A la demande de son cabinet Thelen, Reid & Priest, le département des assurances de Californie a été obligé d'aller devant un tribunal pour obtenir la permission de lui verser des avances « à la discrétion du commissaire » John Garamendi. En effet, selon la loi américaine, un avocat qui demande à être payé en pourcentage des sommes récupérées par son client prend ses risques et ne peut lui demander des avances, sauf autorisation accordée par un tribunal. On sait que Thelen, Reid & Priest a négocié le versement sur son compte de 13 % des sommes éventuellement touchées par le département des assurances, jusqu'à 150 millions de dollars. Au-delà, la commission est dégressive : 7 % de 150 à 300 millions et ainsi de suite. « Il n'avait jamais été anticipé que l'affaire soit si longue », écrit John Garamendi pour justifier sa demande de dérogation. Il veut que « son conseil soit capable de relever le défi » de ses adversaires qui « ont déjà dépensé plus de 60 millions de dollars pour leur défense ». C'est exactement le montant des honoraires non facturés de Gary Fontana, dont tous les frais d'avion, d'hôtel et de repas sont pourtant pris en charge par son client. La demande d'une avance est logique. Mais le cabinet a demandé des avances... non remboursables. Comme s'il craignait de perdre au civil et donc de ne rien toucher. Bizarre. Pourquoi donc le département des assurances accepte-t-il de verser à son avocat une avance non remboursable, qui lui permettrait de rentrer dans ses frais, quelle que soit l'issue de l'affaire au civil ?

CHAPITRE 16

Isaacs réveille le fond gaulliste

Le 23 septembre, trois semaines après l'accord, Jacques Chirac se rend à New York pour assister à l'assemblée générale des Nations unies où George Bush se débrouillera pour ne pas le croiser, quittant la salle avant que le chef de l'Etat ne prononce son discours, dans lequel il réitérera la position de la France, fondée sur le multilatéralisme. Cette visite de quatre jours ne permet pas de rapprocher les positions de la France et des Etats-Unis. L'absence de tout geste de conciliation vis-à-vis de Chirac contraste avec la position plus ouverte de l'administration Bush vis-à-vis de Gerhard Schröder et Vladimir Poutine, tous deux pourtant sur la même ligne que lui. Ironie de l'histoire : la veille de son discours, Jacques Chirac s'est rendu en visite officielle au Lycée français de New York. Le président de la République y a été accueilli par François Chateau, l'un des administrateurs de cet établissement privé. Dominique de Villepin, Renaud Muselier, secrétaire d'Etat aux affaires étrangères, Simone Veil et Felix Rohatyn, ancien ambassadeur des Etats-Unis en France, assistaient à la cérémonie. Personne ne sait alors que François Chateau est l'avocat qui a recueilli les informations du délateur François Marland et les a transmises à Gary Fontana et aux autorités américaines. Ni que Chateau est lui-même financièrement intéressé à cette dénonciation, qui coûtera sans doute plus de un milliard de dollars à la France. Deux mois plus tard, le 18 décembre 2003, par une décision de Chirac, François Chateau se verra même décoré de l'ordre national du Mérite par le consul de France à New York ! La cérémonie a lieu à 18 h 30, en grande pompe, dans les locaux du consulat.

Evincé de l'accord du 2 septembre, François Pinault cherche à renforcer sa défense. Il engage une nouvelle avocate prestigieuse : Mary Jo White, ancienne procureure de Manhattan, désormais partenaire du cabinet new-yorkais Debevoise & Plimpton. Pinault est déterminé à se battre. Mais, en France, son exclusion de l'accord est loin de choquer l'opinion. Au contraire. Elle fait plutôt sourire. Personne ne va pleurer sur les déboires du milliardaire, ami de Chirac. Les partis d'opposition voient en Pinault un leurre utile qui détourne l'attention des responsabilités passées de Pierre Bérégovoy dans le scandale du Crédit Lyonnais, ainsi que de la passivité coûteuse de Dominique Strauss-Kahn et de Laurent Fabius notamment. La réaction du Parti socialiste à l'accord du 2 septembre sera convenue et mesurée. Quant à Chirac, même s'il le souhaite, il ne peut tout simplement pas se découvrir en donnant des instructions pour refuser de ratifier l'accord, afin de tenter d'y inclure François Pinault. C'est moralement insoutenable mais surtout politiquement impossible.

Tout va pourtant basculer en raison d'une erreur majeure de Jeffrey Isaacs. Les Français regardent trop les séries américaines : ils pensaient que le mot « fin » allait apparaître sur l'écran, comme dans les westerns où la gâchette est facile mais où l'on pose les colts sur la table quand le shérif a rendu sa sentence. Tout le monde croyait ainsi que Jean Peyrelevade et les autres personnalités liées au Crédit Lyonnais étaient inclus dans l'accord, à l'exception de Jean-Yves Haberer, Jean-François Hénin et François Gille, poursuivis individuellement et séparément. Personne n'imaginait surtout que cet accord du 2 septembre pouvait être un piège.

C'est pourtant le cas. Pour Jeffrey Isaacs, cet accord n'est qu'une étape. Le procureur est grisé par son succès. Il lui faut accrocher d'autres trophées à son tableau de chasse. A commencer par Jean Peyrelevade, son vainqueur arrogant de l'affaire MGM. L'objectif du procureur est clair : briser le patron du Crédit Lyonnais. La FED est sur la même ligne. La manœuvre va passer par *The Economist*, cet hebdomadaire britannique qui avait déjà publié une version du fameux fax de dix-sept pages du 10 décembre 1993, dans lequel étaient évoquées les grandes lignes des rapports entre le Crédit Lyonnais et Pinault, y compris les conditions d'acquisition d'Executive Life. Il s'agissait d'une version non paraphée, ce qui avait permis à Peyrelevade d'affirmer qu'il ne l'avait jamais lue. Or le 18 septembre 2003, *The Economist* publie une nouvelle copie du fax, sur lequel sont apposées ses initiales et quelques annotations sommaires écrites de sa main. Ainsi peut-on lire « non » devant la phrase : « Bien que nous ne nous soyons pas engagés à le faire, Artémis souhaite bénéficier d'un financement à 100 % du montant de [l'achat d'Executive Life]. »

C'est une bombe. Toute la ligne de défense de Peyrelevade s'effondre. Aussitôt après, Isaacs réclame au CDR l'original de ce fax paraphé. Il est retrouvé en deux heures. Les dirigeants du CDR se posent la question : vont-ils ou non passer au broyeur ce document en papier thermoformé, comme c'était le cas à l'époque ? Ce n'est pas l'envie qui leur manque. Mais il s'agirait d'un crime selon la loi américaine. Or Jean-

Pierre Aubert et Pierre Denizet, son n° 2, ne sont pas seuls. Deux autres collaborateurs sont présents, dont Pierre Payan, vaguement soupçonné à l'époque d'être un des informateurs de la justice américaine, par haine de François Pinault. La décision est prise de garder l'original et de permettre à la justice américaine de venir le consulter à l'ambassade de France à Washington, ce qui ne se fera finalement pas.

Deux jours après l'exhumation du fax portant sa signature, Jean Peyrelevade se rend au siège du CDR, avec ses avocats. Il enfile des gants de caoutchouc pour consulter ce document vieux de dix ans, afin de ne pas y inscrire de nouvelles empreintes. Son visage se décompose. Le patron du Crédit Lyonnais est cloué. Il ne peut plus dire qu'il n'a pas lu le fax en question. « Je ne me souviens pas de l'avoir lu », rectifie-t-il alors. Peyrelevade rappelle qu'il ne pouvait, à sa lecture, « décrypter le montage d'une opération complexe, alors entièrement achevée ». Il s'appuie sur la condamnation, le 23 mai précédent, par un tribunal français, pour diffamation, de *The Economist* et de son rédacteur en chef William Emmot, après la publication de la première version du fax que le journal britannique avait assortie d'un commentaire expliquant qu'il prouvait sa connaissance de la face cachée du rachat d'Executive Life [1]. Peyrelevade refuse alors de parler à la presse,

1. Dans ses attendus, le juge français affirme que « les pièces produites et les déclarations des témoins (...) ne permettent pas (...) d'affirmer que la télécopie litigieuse révélerait, en elle-même, le caractère manifestement illicite d'opérations mettant en cause le Crédit Lyonnais ou Altus Finance à l'occasion de la cession des actifs d'Executive Life. (...) La teneur et la portée exacte de ces diverses conventions demeure imprécise, de sorte que (...) ces documents ne peuvent contenir la démonstration flagrante des irrégularités imputables au Crédit Lyonnais ou à sa filiale Altus Finance comme le laisse accroire *The Economist* ». Comme d'habitude, un communiqué de victoire avait été publié aussitôt : « Le Crédit Lyonnais et son Président Jean Peyrelevade prennent acte de la condamnation de *The Economist* pour diffamation publique... »

mais déploie ses arguments au sein du microcosme. S'il a assuré à la FED qu'il n'avait pas lu le fax, c'est parce qu'il ne s'en souvenait pas. Mais il dit avoir ajouté alors que « s'il l'avait lu il n'aurait pas décelé dans cette note quoi que ce soit qui ait pu lui laisser supposer que le montage était illégal ». Il rappellera plus tard qu'il a déposé devant la FED, sans procès-verbal et sans enregistrement, affirmera « n'avoir jamais vu Isaacs » et « n'avoir été entendu par personne sur la 2e version ». Il répète enfin n'avoir jamais annoté les parties concernant Executive Life du texte mais seulement le passage sur l'engagement excessif du Crédit Lyonnais vis-à-vis de François Pinault, la seule chose qui le préoccupait alors. Mais cette nouvelle ligne de défense est trop tardive. Et, en vérité, sur le fond peu crédible, comme on l'a vu au chapitre 5 : comment le nouveau président du Crédit Lyonnais aurait-il pu rester ignorant des dessous d'un des dossiers les plus chauds de la banque, impliquant, en outre, son principal partenaire, François Pinault ?

Isaacs profite aussitôt de la publication de ce fax paraphé, tombé du ciel dans *The Economist*. Il annonce à l'avocat de Peyrelevade qu'il envisage de formuler contre lui l'accusation grave d'« obstruction volontaire à la justice » et de lever l'immunité qui lui était accordée dans l'accord du 2 septembre. La situation de Peyrelevade devient d'autant plus intenable qu'il est déjà marginalisé par les dirigeants du Crédit Agricole qui ont pris le contrôle du Crédit Lyonnais. Un mois jour pour jour après l'accord, le 2 octobre, celui-ci est donc contraint de démissionner « par anticipation » de la présidence du Crédit Lyonnais qu'il occupait depuis dix ans. « Un développement nouveau s'est produit tout récemment, explique-t-il dans un communiqué : le procureur américain semble vouloir désormais dissocier mon cas personnel de celui de la banque. Je tiens à la fois à ce que soient protégés les intérêts du Crédit

Lyonnais et à retrouver ma pleine liberté de comportement et d'expression. J'ai donc décidé de démissionner immédiatement tant de la présidence et du conseil d'administration du Crédit Lyonnais que de celui du Crédit Agricole S.A. Je maintiens ce que j'ai toujours dit tout au long de la procédure. Je n'ai pas souvenir que quiconque ait attiré mon attention sur les conditions d'acquisition, éventuellement critiquables, d'Executive Life. Je n'ai pas compris qu'il pouvait y avoir eu un quelconque problème à cet égard avant le 31 décembre 1998. »

Comment ce fax datant de 1993 a-t-il pu sortir au lendemain de l'accord du 2 septembre ? Certains ont cru d'abord à une manœuvre, grossière et malhonnête, du procureur qui aurait délibérément poussé Peyrelevade à la faute, en faisant fuiter, dans un premier temps, une version du fax dont les annotations auraient été masquées, avant de sortir la bonne version, au moment choisi. Ce n'était pas le cas. La justice américaine et la FED étaient depuis longtemps en possession des copies de plusieurs versions de ce fax : avant et après passage dans les mains de Peyrelevade, mais aussi version avec en-tête et sans en-tête, avec des passages encadrés ou non.

Il est acquis, en revanche, que le CDR, détenteur de la version paraphée du fax, l'a adressée dès 2000 à Gary Fontana dans le cadre de la procédure civile. L'avocat l'a-t-il transmise aussitôt à Isaacs et à la FED ? L'a-t-il sortie au dernier moment, comme un lapin d'un chapeau ? Lequel des deux l'a gardée pendant trois ans sous le coude pour la rendre publique au moment opportun ? Y a-t-il eu dissimulation délibérée, pour laisser Peyrelevade s'enfermer ? Cette pièce a pu évidemment être oubliée et retrouvée... entre le 2 et le 10 septembre 2003. Mais cette hypothèse est la moins vraisemblable de toutes.

Les questions que pose la révélation de ce fax se retournent. Pourquoi les autres versions envoyées au parquet et à la FED par le Crédit Lyonnais n'étaient-elles pas paraphées ? La banque n'a évidemment pas masqué, sur une photocopie, les paraphes de son président, mais on ne peut exclure qu'elle se soit délibérément bornée à transmettre les versions du fax antérieures au visa de Peyrelevade. C'est exactement ce que pense la justice américaine.

Une chose est sûre : Peyrelevade a été victime de la désorganisation de la défense des Français en général et de celle du cabinet White & Case en particulier. Les accords qui organisaient la séparation du Crédit Lyonnais et du CDR, en 1995, prévoyaient que le consortium prendrait à sa charge les conséquences de tous les litiges, choisirait et payerait ses avocats comme ceux du Crédit Lyonnais : White & Case est choisi, on l'a vu, par le CDR. Mais début 1999, le Crédit Lyonnais se méfie. Il s'adjoint les services de Cleary Gottlieb qui explore les archives du Crédit Lyonnais, tandis que White & Case fouille celles du CDR, étant entendu que les deux cabinets compareront et coordonneront tous les documents qu'ils trouvent avant de les envoyer à la FED. La première version du fax, non paraphée, est sortie des archives du Crédit Lyonnais par Cleary Gottlieb. Elle a été envoyée à White & Case New York qui l'a transmise à la FED, celle-ci l'adressant au procureur. En revanche, quand le CDR exhume la deuxième version, paraphée, et l'envoie à Gary Fontana, en 2000, White & Case n'en informe pas Cleary Gottlieb. Pire : lorsque Peyrelevade est auditionné pour la première fois par la FED, pendant l'été 2001, les deux cabinets sont présents. L'audition est basée sur la première version du fax. Et White & Case qui a, dans ses archives de New York, la version annotée, semble l'avoir oubliée, puisqu'il ne lui dit rien !

Morale de l'histoire : si l'on doit passer devant la justice américaine, mieux vaut s'assurer que les documents présentés sont des originaux. Et en faire un inventaire complet !

Pour Jeffrey Isaacs, la démission de Peyrelevade est une victoire éclatante – sans doute plus importante pour lui que la condamnation du CDR et du Lyonnais. C'est la revanche de son humiliation dans l'affaire MGM. Les dirigeants de la FED se réjouissent aussi de l'éviction d'un homme dont ils sont persuadés qu'il a trahi leur confiance et les règles du club. A l'inverse, pour Peyrelevade, cette démission forcée, suivie d'un avis de recherche qui lui interdit pratiquement de quitter le territoire national, est une véritable crucifixion. A 64 ans, l'ancien militant socialiste s'apprêtait à quitter la présidence du Crédit Lyonnais à la fin de l'année, en laissant une maison en ordre, même s'il avait dû se résoudre à la marier avec le Crédit Agricole. Après sa nomination piège, en 1993, il a dû gérer trois plans de sauvetage, une menace de mise en faillite brandie par la Commission européenne et même l'incendie gigantesque du siège social de la banque à Paris, en mai 1996. Sa mise au pilori est d'autant plus douloureuse pour lui qu'il est un véritable enfant de la République : il s'est hissé, à la force du poignet, au sommet de l'échelle, avec une soif de reconnaissance sociale et de respectabilité qui ne l'a jamais quitté. Né à Marseille, de parents instituteurs, dans le quartier populaire de la Belle de Mai, il réussit Polytechnique et l'Ecole supérieure d'aéronautique. Il commence sa carrière à la Direction générale de l'aviation civile, bifurque vers la banque, tout en militant au Parti socialiste où il détonne par son sérieux et son professionnalisme.

Pendant les années 70, sans penser à mal, car les mœurs de l'époque le permettaient, il concevra notamment le système de financement Urba qui vaudra, plus tard, tant de difficultés judiciaires au PS. En 1981, le voilà propulsé directeur adjoint du cabinet de Pierre Mauroy, à Matignon, où il s'efforce d'instaurer le principe de réalité, face à l'idéologie débridée du moment, s'attirant l'hostilité de François Mitterrand, qui le tenait pour un gêneur prétentieux. Il est néanmoins favorable à la nationalisation du système bancaire. Ce qui lui vaudra d'être nommé président de la prestigieuse Compagnie financière de Suez, face à son éternelle rivale Paribas, que préside... Jean-Yves Haberer. Devenu grand patron, il ne change pas de look, porte avec ostentation son éternel gilet de laine et profère en toute occasion un discours « de gauche », donne des leçons à l'establishment, prône la modération salariale des dirigeants et l'instauration de règles démocratiques dans le gouvernement d'entreprise. Il écrit des livres, publie de nombreuses tribunes dans les journaux. Très lié à l'époque avec Alain Minc, il symbolise le renouveau dans le monde sclérosé du grand patronat. Il agace d'autant plus ses pairs que sa réussite est incontestable. Il vivra très mal son renvoi brutal – « comme un laquais », dira-t-il – lorsque la droite reviendra au pouvoir, en 1986. Après la réélection de François Mitterrand, en 1988, Michel Rocard, Premier ministre, lui confie la présidence de l'UAP. Un vrai poste de pouvoir car la compagnie d'assurances détient des participations dans de nombreuses grandes entreprises. Son fait d'armes, qui lui vaudra ses lettres de noblesse auprès du grand patronat privé et du monde de la haute banque : il fait échouer le raid contre la Société Générale – une renationalisation rampante concoctée dans le cabinet de Pierre Bérégovoy, ministre des Finances [1]. Cinq ans plus tard, Peyrelevade quitte

---

1. En réalité, Peyrelevade était favorable au raid qui visait au départ la

l'UAP pour prendre la présidence du Crédit Lyonnais en faillite. Sous son autorité, la banque sera redressée et privatisée. Pour en arriver là, pendant dix ans, Peyrelevade a dû batailler avec sept ministres des Finances (Alphandéry, Madelin, Arthuis, Strauss-Kahn, Sautter, Fabius et Mer) et quatre Premiers ministres (Balladur, Juppé, Jospin et Raffarin) dans des bras de fer, parfois épiques, qui ont le plus souvent tourné à son avantage. A maintes reprises, il a mis sa démission dans la balance...

Toujours donneur de leçons, toujours moralisateur, toujours prompt à dénoncer les turpitudes des autres, Jean Peyrelevade est pétri de contradictions. Sa fascination pour le pouvoir et pour l'argent, longtemps masquée, est apparue peu à peu. Il tenait sa revanche sociale, s'identifiait entièrement au Crédit Lyonnais, « sa » banque. En témoigne le ton du communiqué publié lorsque Francis Mer décide, sans le prévenir, un dimanche de novembre 2002, de vendre les 11 % que détient encore l'Etat dans la banque : « Le Crédit Lyonnais regrette la procédure inusitée et soudaine de mise aux enchères retenue par l'Etat (...). Il avait fait savoir son sentiment quand, il y a quelques semaines, il avait été consulté sur ce sujet par les pouvoirs publics. » Peyrelevade fait parler le Crédit Lyonnais, capable d'exprimer des « sentiments » à sa place, donne des leçons au ministre des Finances, alors que celui-ci est, à l'évidence, libre de faire ce qu'il veut du solde de la participation de l'Etat dans cette banque devenue privée. Un jour, un journaliste des *Echos* écrit que

Compagnie générale d'électricité. Mais, réalisant l'amateurisme de la coalition hétéroclite et revancharde partie à l'assaut de la Société Générale, sans moyens financiers autres que publics, il a très vite compris que l'échec était programmé. Peyrelevade a eu l'habileté politique de s'opposer à cette opération. Et de le faire savoir publiquement. Voir à ce sujet Airy Routier, *La République des loups*, Calmann-Lévy, 1989.

Peyrelevade a eu une réaction « un peu vaniteuse ». Nicolas Beytout, le directeur de la rédaction, reçoit un coup de fil. Peyrelevade, sans se présenter, lui dit sèchement : « Sachez, monsieur, que je ne suis pas vaniteux », et raccroche aussitôt.

Fier de lui-même, convaincu de la justesse de son attitude mais aussi de son invulnérabilité, Jean Peyrelevade n'a jamais pris la mesure des risques qu'il encourait dans l'affaire Executive Life. Ses communiqués de victoire (sur la MGM) ou de défi, qui lui ont attiré l'hostilité personnelle de Jeffrey Isaacs et de la FED, montrent qu'il n'a cessé de privilégier son image en France sur toute autre considération. Au fil du temps, même ses proches amis s'étonnaient : dans les dîners en ville, il s'est mis à être le seul à parler puis il a fini par ne parler que de lui. Peyrelevade s'est ainsi tout doucement enfermé dans sa propre logique, multipliant les dénégations, en dépit des évidences. Car il est difficile de croire qu'il n'ait pas été averti des portages contestés, organisés par Jean-François Hénin et Jean-Yves Haberer, portages qu'il a dénoués avec François Pinault.

Bien au-delà du fax contesté, l'acte d'accusation de Jeffrey Isaacs est accablant. Il relève notamment le compte rendu d'un comité des opérations du 18 mars 1994, où Peyrelevade mentionne « le financement du portage des actions Aurora... » ; ou bien les contorsions pour dissimuler le prêt consenti à Artémis pour acheter Executive Life en l'adossant à Château Latour. Si Peyrelevade avait dit dès 1998 ce qu'il reconnaîtra en 2003 [1], c'est-à-dire qu'il était un pompier au milieu d'un incendie ; que sa priorité était d'éteindre le feu ;

1. « Nous empruntions des milliards de dollars sur le marché international, nous avions des milliards de dollars de perte (...). J'avais mille autres choses à faire », expliquera Peyrelevade le 19 décembre 2003 sur Europe 1.

que l'affaire Executive Life lui paraissait secondaire ; que dans une telle situation, le juridisme n'a pas sa place ; bref : s'il avait baissé la garde, devant le procureur et surtout devant la FED, il aurait probablement été exonéré. Mais il lui aurait fallu reconnaître une faute d'inattention par rapport aux lois californiennes, des négligences, voire des erreurs. Et de cela, Peyrelevade était psychologiquement incapable.

Tout l'édifice que Jean Peyrelevade avait mis soixante ans à construire va s'écrouler en quelques jours. Le patron déchu du Crédit Lyonnais va mesurer l'invraisemblable cruauté du microcosme parisien des affaires. Il était un pape. Il est devenu pestiféré. Peu après sa démission, le groupe LVMH annonce son départ de son conseil d'administration. Le moment est bien mal choisi. On se souvient que Bernard Arnault avait lâché Jean-Marie Messier à la veille de sa chute : « l'ange exterminateur » se supporte pas la moindre tache.

Mais le pire est à venir. Le mercredi 10 mars, Jean Peyrelevade a rendez-vous dans le bar d'un hôtel parisien avec Pierre Leroy, le bras droit d'Arnaud Lagardère, après avoir été celui de son père Jean-Luc pendant des dizaines d'années, où il était en charge des affaires personnelles du patron de Matra Lagardère. Leroy lui explique qu'en raison de sa mise en cause personnelle par la justice américaine et surtout des exigences de René Carron, le président du Crédit Agricole (qui a racheté le Crédit Lyonnais), Arnaud Lagardère a décidé de ne pas demander aux actionnaires le renouvellement de son mandat d'administrateur, lors de la prochaine assemblée générale. Il sera remplacé par Carron. Peyrelevade n'argumente pas. Il déplore simplement que le jeune patron n'ait pas eu le courage de lui annoncer lui-même sa décision et donne sur-le-champ sa démission du conseil d'administration. La démarche d'Arnaud Lagardère choquera même les plus cyniques. Surtout en raison du moment choisi : le dimanche précédent, le fils aîné de Peyrelevade est en effet décédé brutalement, à 40 ans, d'une rupture d'anévrisme. Et Pierre Peyrelevade allait être incinéré le lendemain au cimetière du Père-Lachaise où le Tout-Paris, qui vénérait son père quelques semaines plus tôt, se dispensera à quelques exceptions près de l'accompagner dans sa douleur.

Si elle n'a provoqué que des larmes de crocodile, l'attaque brutale de Jeffrey Isaacs sur Jean Peyrelevade a résonné comme un coup de tonnerre dans l'establishment français. D'autant que le lendemain, on apprenait que les Etats-Unis avaient demandé, via Interpol, l'arrestation provisoire et l'extradition de Jean-Yves Haberer, Jean-François Hénin, François Gille et Emmanuel Cueff. Tous les quatre, accusés « d'association de malfaiteurs, de fraude postale et par télécommunication, de fraude en relation avec l'achat et la vente de titres », risquent chacun quatre-vingt-cinq ans de prison ! Il s'agit évidemment de montrer sa force et de faire craquer l'un des quatre. En particulier Emmanuel Cueff, alors directeur délégué du journal *Le Point*. En s'attaquant à lui, le procureur espère revenir sur l'immunité accordée au milliardaire français. Mais Jeffrey Isaacs va commettre une erreur technique. Car Emmanuel Cueff, employé de Pinault, est entré chez Artémis comme secrétaire général... après l'opération Executive Life. Tout repose sur une erreur de date : Cueff a paraphé une lettre datée par erreur du 6 janvier 1994 alors qu'il l'a signée le 6 janvier 1995 – comme cela arrive parfois en début d'année !

Les deux initiatives de Jeffrey Isaacs, en ce début octobre, sont des fautes techniques et politiques majeures. L'accord du 2 septembre passait déjà mal dans l'opinion, en raison de son coût global. Mais le saucissonnage devient insupportable aux yeux des Français, élevés dans le mythe d'une justice américaine dure et bizarre avec ses cautions énormes demandées pour éviter la prison et ses négociations de marchands de tapis. Mais ils avaient la vision d'une justice équitable et qui, au moins, tient sa parole. Politiquement, surtout, Isaacs s'est tiré une balle dans le pied. Alors que Jacques Chirac ne pouvait se découvrir pour le seul François Pinault, il peut désormais sortir du bois pour l'ancien directeur adjoint de Pierre Mauroy à Matignon : chacun sait qu'il n'est pas du même bord politique.

Conduit par le Trésor et Bercy, le camp des partisans du compromis est abasourdi. Comment ratifier un accord alors que celui-ci peut être remis en cause, dès lors que de nouvelles pièces, gardées sous le coude, peuvent apparaître à tout moment ? Conduit par François Pinault, le camp des opposants exulte. Il insiste sur la naïveté du camp français face à la duplicité du procureur. Il rappelle quelques évidences, à savoir qu'Isaacs s'en est pris exclusivement aux Français ; que le commissaire aux assurances John Garamendi, celui qui a vendu, en toute connaissance de cause, Executive Life à une filiale du Crédit Lyonnais peut, sans complexe, être... partie civile ; et que Leon Black, qui a organisé le rachat, n'est pas inquiété : lui aussi se présente comme une victime ! Favorable au compromis du 2 septembre jusqu'à sa mise en cause personnelle, Peyrelevade en devient, naturellement, un farouche opposant. Il fait immédiatement alliance avec François Pinault, qui va lui apporter son soutien.

Grâce au faux pas d'Isaacs, les mouches ont changé d'âne : personne n'osait aller à l'encontre des mises en garde des avocats américains avant le 2 septembre, personne n'ose plus soutenir un accord qui offre si peu de garanties juridiques. Pour la première fois, le camp français va se concerter pour tenter de réagir, allumer des contre-feux, sous la responsabilité de François Pérol, le directeur adjoint de cabinet de Francis Mer. Cet énarque jovial est un spécialiste des négociations difficiles. Il décide de réunir à Bercy, régulièrement, les dirigeants d'Artémis et du Crédit Lyonnais. Il recevra même Jean-François Hénin, consulté pour la première fois par un représentant de l'Etat depuis le début de l'affaire ! En 2000, Fabius l'avait éconduit, prétextant qu'il ne « pouvait interférer dans une procédure en cours ». Pérol appelle Hénin le maudit :

— Venez m'expliquer !

— Ça fait cinq ans que je le demande.

Hénin s'attendait à une visite alibi de quelques minutes, mais il restera deux heures et demie dans le bureau de Pérol. Il commence par se plaindre du sort qui lui a été réservé, de la stupidité de ceux qui ont fait le choix de l'accabler et de le poursuivre, alors qu'il était évident, pour tout le monde et bien sûr pour les Américains, qu'il ne pouvait avoir agi seul. Pérol le coupe :

— Que proposez-vous ?

— Vous avez le choix entre deux solutions. Soit vous acceptez de signer un accord global, pénal et civil, aux conditions fixées par l'accusation. C'est la solution du moindre mal, où la France se couche pour passer sous les fourches Caudines d'une justice américaine hostile et déchaînée. Soit vous refusez de signer, au risque de se lancer dans une guerre totale...

— ... et d'être condamné par un grand jury à des amendes et des dommages et intérêts beaucoup plus lourds. Si l'on choisissait la guerre, le Crédit Lyonnais perdrait à coup sûr sa licence américaine.

— Mais la guerre n'est pas perdue d'avance, s'insurge Hénin : les procureurs californiens ne sont pas dans une position aussi confortable qu'on se plaît à le dire ici. Leur dossier est fragile. En dépit des mauvaises relations entre la France et les Etats-Unis, nombreux sont ceux qui, à Washington, s'étonnent du traitement qui nous est fait. Les avocats américains parlent eux-mêmes ouvertement de racket. Si la France réagissait fermement, le rapport de force pourrait s'inverser.

— Sur le plan diplomatique, nous ne sommes pas en situation de force, c'est le moins que l'on puisse dire. Il est vrai qu'en termes purement judiciaires, sur le cœur du dossier, on pourrait peut-être s'en sortir, répond Pérol. Mais il y a toutes ces strates de merde qui sont venues le polluer : l'oubli de Jean Peyrelevade, la désorganisation de White & Case, la reconnaissance de la faute par le CDR, l'irruption de Tapie dans le dossier. Et qui sait s'ils n'ont pas des biscuits cachés qui leur permettraient de rallumer le feu, en particulier sur les comptes truqués du Lyonnais, sur Jean-Claude Trichet ?

— Mais nous aussi, nous avons des biscuits, s'insurge Hénin. Nous pouvons établir des contre-feux. Les Américains ne connaissent que les rapports de force. Il suffit de vouloir se battre !

Avant le 2 octobre, personne n'écoutait ceux qui poussaient à refuser de signer l'accord. L'intervention de François Pinault qui demande, le 30 septembre, dans un communiqué, la création d'une commission d'enquête parlementaire ou la rédaction d'un livre blanc « par une instance indépendante » afin de donner de ce dossier « une version globale et incontestable » et de « faire la clarté », n'avait suscité que des sourires polis. Tout comme la prise de position de Patricia Barbizet, le lendemain dans *Les Echos* : « Un accord doit entraîner l'extinction définitive de toutes les procédures pénales. » Mais après la mise en cause imprévue de Peyrelevade et le mandat d'arrêt lancé contre les quatre Français, le climat change du tout au tout. Jean-Pierre

Raffarin, qui penchait jusque-là du côté de Bercy et de la direction du Trésor, bascule du côté de l'Elysée, qui a soudain repris la main. Son agacement s'exprime sur le plan diplomatique : alors qu'à contrecœur la France soutient une résolution américaine établissant une feuille de route pour la reconstruction de l'Irak, le gouvernement transmet une note diplomatique officielle à l'ambassadeur américain en France, Howard Leach. Celle-ci déplore sans ambages que les Etats-Unis en soient venus à traiter la France comme un délinquant et non comme un Etat souverain et ami. L'affirmation officielle de cette évidence est une première.

Et puis, le 15 octobre, la décision est prise : le CDR annonce son refus de ratifier l'accord du 2 septembre. Cette décision lui a été imposée par le gouvernement et par lui seul : alors qu'il avait voté à l'unanimité en faveur de l'accord du 2 septembre, le conseil d'administration de l'EPR, la holding qui coiffe le CDR, se divise. Les deux parlementaires représentant l'Assemblée nationale et le Sénat, Charles de Courson (UDF) et Roland du Luard (UMP), continuent d'être favorables à l'accord, tandis que les deux représentants de l'Etat s'y opposent « sur ordre », comme ils le font spécifier dans le procès-verbal. Le non l'emporte grâce au vote du président de l'EPR, Bernard Schneiter. Un frisson traverse Paris. Ce refus rappelle aux plus anciens ceux du général de Gaulle, l'homme du refus qui rétablissait, par là même, un rapport de force défavorable au départ, notamment face aux Etats-Unis. Irak, Executive Life : au début de son deuxième mandat, Jacques Chirac serait-il tenté de rompre avec son radicalisme bonhomme et sa démagogie pépère pour renouer avec l'esprit de résistance du Général dont il revendique toujours l'héritage ? Très vite, on verra qu'il n'en est rien. A l'issue du sommet européen de Bruxelles, Jacques Chirac souligne en effet que, « au nom des intérêts financiers de l'Etat, le gouvernement continuera à rechercher activement un accord qui soit, cette fois, définitif avec les autorités américaines ». Pas question de guerre totale : le conflit diplomatique entre la France et les Etats-Unis restera cantonné à l'Irak.

Il n'empêche : ce refus soudain du gouvernement français de ratifier l'accord du 2 septembre est reçu comme une gifle à Los Angeles. Jeffrey Isaacs et Debra Yang sont sidérés. Risquent-ils d'être lâchés par Washington ? Les Français ont-ils des atouts cachés dans leur manche ? Debra Yang se demande si Isaacs n'a pas commis une grave erreur tactique – sa première. Car elle tenait un accord à 475 millions de dollars versés par la France, un superbe trophée pour sa future carrière politique. Qu'arrivera-t-il si les Français refusent carrément de payer, transformant ce conflit judiciaire en un grand maelström diplomatique ? Elle appelle ses contacts au département de la Justice. Que s'est-il passé ? La réponse est évasive. On lui dit cependant que le lancement des mandats d'arrêt internationaux et les nouvelles accusations lancées contre Peyrelevade ont été très mal reçus par les Français. Sans désavouer Jeffrey Isaacs, George Cardona, responsable des fraudes majeures, fait comprendre à Debra Yang qu'il serait préférable d'éviter de nouvelles provocations. Pas question de répondre en utilisant l'arme atomique d'un renvoi du Crédit Lyonnais et du CDR – donc de la France – devant le grand jury pour un procès public. Rien ne doit, en tout cas, être décidé avant la prochaine rencontre de John Ashcroft et de Dominique Perben, qui se rend aux Etats-Unis dans le cadre d'une réunion sur le droit des faillites.

Cette rencontre a lieu le lundi suivant, 20 octobre. Elle restera gravée dans la mémoire de Dominique Perben. Un dîner est prévu avec les épouses, en présence d'un interprète, car le ministre français ne parle pas anglais. Avant de passer à table, sans lui demander s'il est catholique, juif ou protestant, les Ashcroft vont entraîner le couple Perben dans un interminable bénédicité. La prière terminée, le repas sera ponctué de banalités moralisatrices. Le sujet Executive Life est soigneusement évité. Il sera abordé un tout petit quart d'heure, traduction comprise, à la fin du repas : juste le temps d'envoyer le ministre français sur les roses. Le crapaud de bénitier Ashcroft consent seulement à accorder un délai d'un mois pour signer l'accord qui ne pourra, en aucun cas, être adouci. Et à condition que Perben le lui demande par lettre officielle. Ce qui sera fait aussitôt. La lettre sera transmise à Debra Yang car c'est à elle, officiellement, de décider. Sous pression, elle cède. Le délai est reporté au 24 novembre.

Les Français ont un mois pour sortir de la nasse. Bien peu de temps pour reprendre l'offensive, et même pour allumer des contre-feux. L'un d'entre eux vise directement Dick Cheney, le vice-président des Etats-Unis, ancien patron de la société parapétrolière Halliburton. Tout vient de l'immense affaire Elf, « la mère de toutes les affaires », selon le juge Renaud Van Ruymbeke qui en a hérité après le retrait d'Eva Joly. En enquêtant, Van Ruymbeke découvre des versements d'argent du truculent corrupteur Alfred Sirven à un certain Georges Kramer, n° 3 de Technip, la grande société française d'ingénierie pétrolière très liée à Elf. Kramer est aussitôt lâché par Technip. Pour se venger, il raconte alors au juge une sombre histoire de pots-de-vin dans le cadre du financement de la construction d'une usine de traitement de gaz au Nigeria, édifiée entre 1995 et 2000 par un consortium international dont Halliburton était le chef de file, Technip y participant à hauteur de 20 % aux côtés de groupes italien, britannique et japonais.

Des fonds importants (180 millions de dollars) auraient transité par une coquille financière située à Madère, une île portugaise aux airs de paradis fiscal. Coïncidence ? Halliburton aurait financé les républicains à hauteur de 700 millions de dollars lors de l'élection présidentielle de 2000, si l'on en croit la presse américaine. L'argent passé par Madère aurait-il en partie servi à faire élire Bush ? De toute façon, pour obtenir le contrat, le consortium mené par Halliburton a corrompu des fonctionnaires nigérians : Van Ruymbeke brûle de pouvoir mettre au jour la première affaire de « corruption d'un agent public étranger » depuis l'entrée en vigueur, à l'initiative des Etats-Unis, d'une convention de l'OCDE pour moraliser les grands contrats internationaux.

Pourtant, pendant près d'un an, Renaud Van Ruymbeke attendra en vain le feu vert du parquet pour enquêter sur cette affaire qui vise Halliburton, présidée par Dick Cheney de 1995 à 2000, c'est-à-dire pendant la période en question. Les réquisitoires supplétifs lui sont régulièrement refusés par Yves Bot, le procureur général de Paris, nommé à ce poste avec une mission précise : étouffer dans l'œuf les affaires politico-financières. Miracle soudain, le 8 octobre 2003 : le parquet de Paris accorde ses réquisitoires supplétifs à Renaud Van Ruymbeke et ouvre une information judiciaire visant indirectement Halliburton, via Technip. La décision a été prise par-dessus la tête de Bot, qui a obéi aux ordres venus de la chancellerie et sans doute de l'Elysée. Le signal est clair : c'est la réponse du berger à la bergère. Dans un premier temps, la presse américaine ne réagit pratiquement pas : le climat du moment n'incite guère les médias à prendre pour argent comptant une mise en cause, encore floue, venue de France, du vice-président des Etats-Unis, bientôt candidat à sa propre succession. Curieusement, les Américains commenceront à s'intéresser à l'affaire en raison d'une petite histoire parallèle, lorsqu'ils découvriront que Jack Stanley, président de KBR, la principale filiale d'Halliburton, nommé par Dick Cheney en 1999, avait un compte personnel de 5 millions de dollars en Suisse, pour assurer les besoins d'une deuxième famille cachée ! Peu à peu, Van Ruymbeke va approfondir son dossier, grâce à la coopération des Italiens et des Suisses, mais aussi du parquet des Etats-Unis. Peter Clark, fonctionnaire du département de la Justice américain, s'est saisi de l'affaire ; il enquête avec efficacité ; le très républicain *Wall Street Journal* couvre désormais l'enquête de près : c'est bien le signe qu'en dépit des apparences, l'Amérique ne parle pas d'une seule voix et que, si elle avait fait preuve de plus de pugnacité et de plus d'habileté, la France aurait été capable de faire entendre la sienne.

D'autres contre-feux vont être allumés, qui visent cette fois directement la justice américaine en la personne de Jeffrey Isaacs et, incidemment, de Gary Fontana. Le 5 décembre 2003, le juge d'instruction Philippe Courroye transmet, « pour avis », au parquet les témoignages de François Gille et de Jean-François Hénin qui ont fait état des pressions sur eux. Dans son ordonnance, le juge ne demande pas expressément un réquisitoire supplétif – nécessaire à l'élargissement de son enquête – mais un « avis » ou des « réquisitions », ce qui, en termes juridiques, est plus nuancé. Gille et Hénin ont affirmé devant le juge qu'ils ont été contactés pour témoigner faussement à charge, en échange d'un abandon des poursuites les visant. Selon Patrick Maisonneuve, avocat d'Hénin, il lui a été demandé de « mettre en cause le Crédit Lyonnais en échange de l'impunité ». Le 27 octobre, entendu par le juge Courroye, Hénin lui a montré un fax du cabinet McDermott, Will & Emery adressé le 9 juin précédent à Brian A.

Sun, son avocat américain : au nom du procureur adjoint de Californie, il propose tout simplement à Hénin de plaider coupable pour félonie pour avoir commis quatre délits principaux, le dernier étant divisé en seize points ! En contrepartie de quoi ses peines seraient réduites de 600 millions à 1 million de dollars d'amende au maximum et les trente ans de prison à « un bannissement de dix ans du territoire des Etats-Unis ». Une épée de Damoclès est suspendue au-dessus de sa tête pendant dix ans, pour le dissuader de revenir sur ses déclarations après un éventuel accord [1]. Une telle reconnaissance de culpabilité, contre une protection relative, constituerait le témoignage décisif que cherche Isaacs pour enfoncer définitivement les Français. En outre, une semaine après l'accord du 2 septembre, le parquet de Californie aurait à nouveau proposé à Hénin « un traitement privilégié contre un témoignage à charge contre Pinault ». Isaacs a fait exactement les mêmes démarches, aux mêmes moments, auprès de François Gille.

Hénin a aussi donné à Courroye des éléments contre Fontana. Celui-ci lui a fait savoir que le département des assurances de Californie était prêt à prendre en charge tous ses frais en contrepartie d'une déclaration à charge contre les autres dirigeants du Crédit Lyonnais. Y compris les frais liés à d'éventuelles poursuites en France. Plus grave : son avocat Patrick Maisonneuve est prêt à témoigner qu'il a reçu le message suivant, émanant de Fontana : « Hénin est pour nous un témoin essentiel, il faut qu'il se range dans notre camp. Vous devez le convaincre. Un service comme cela se paye 20 millions » (sans préciser s'il s'agit de francs, d'euros ou

1. Il est précisé que pendant les dix ans toute violation du bannissement briserait l'accord, autorisant de ce fait « le gouvernement à lui ajouter de nouvelles charges par simple signification, sans besoin de nouvelle inculpation ».

de dollars). Pour Hénin et Maisonneuve, il s'agit d'une tentative de corruption caractérisée d'un avocat par la partie adverse. Ils rappellent à Courroye que Fontana a garanti son salaire à vie à Denis Lion et le payement de tous ses frais d'avocats en France et aux Etats-Unis. Selon Hénin, Isaacs et Fontana peuvent parfaitement être entendus et mis en examen s'ils viennent en France car il s'agit, tout simplement, de tentatives de subornation de témoin. En France, ces choses-là se font, mais sans se dire !

Le juge Courroye, qui reçoit ces déclarations, est partagé. La solidarité des juges existe, même par-dessus l'océan Atlantique. Il lui paraît invraisemblable de poursuivre son confrère Isaacs pour des pratiques qui ont cours partout, y compris en France. Mais, gaulliste de cœur, il souhaite en même temps défendre les intérêts de la France. Philippe Courroye, sous ses airs de justicier dégagé de toute influence, est en fait sensible à l'air du temps et aux intérêts bien compris du chef de l'Etat, rendant, par exemple, un non-lieu inattendu dans l'affaire de ses frais de bouche à la Mairie de Paris [1]. Lorsque le pouvoir voulait faire porter le chapeau de l'affaire Executive Life à Jean-François Hénin et François Gille, le juge Courroye n'a pas hésité à les mettre en examen. A-t-il été manipulé, consciemment ou inconsciemment ? Il s'est en tout cas, lui aussi, peu à peu rendu compte de l'inanité de cette démarche qui, au final, a fait le jeu des Américains. Après le 15 octobre, Philippe Courroye ne doute plus. Il épouse la position de l'Elysée.

---

1. Son premier fait d'armes a été de poursuivre Alain Carignon, maire de Grenoble, tout en exonérant Jérôme Monod, alors président de la Société lyonnaise des eaux, alors que les deux hommes avaient participé au même déjeuner de corruption. Avec Michel Noir et quelques autres, Carignon était l'un des quadras qui menaçaient à l'époque la prééminence de Chirac sur le RPR, tandis que Jérôme Monod a toujours fait partie de sa garde rapprochée.

Pour enfoncer le clou, Haberer, Hénin et Gille adressent le 12 novembre une note au ministre de l'Economie, de l'Industrie et des Finances. Ils y dénoncent à Francis Mer le parquet et les parties civiles américaines et « leur volonté manifeste d'extorquer à la France des sommes colossales au mépris des principes élémentaires de justice et d'équité ». Plus loin : « MM. Jean-François Hénin et François Gille, qui ont chacun été l'objet de pressions s'apparentant à des chantages, peuvent témoigner en connaissance de cause du caractère pervers des manœuvres menées par MM. Isaacs et Fontana, avec l'objectif d'une annulation de la transaction prétendument pour fraude, seul moyen par lequel l'action civile américaine a une chance de prospérer. »

Gary Fontana démentira avoir fait pression sur Jean-François Hénin : « Ce n'est, tout simplement, pas vrai, affirme-t-il à l'AFP : il y a eu, effectivement, des négociations avec les avocats de M. Hénin visant à régler son sort dans cette affaire, mais cela remonte déjà à plusieurs années. » A l'accusation d'Hénin, citée par *Libération* [1], selon laquelle Fontana lui aurait indirectement proposé de l'argent, l'avocat répond : « Il n'y a pas une once de vérité dans ces affirmations. »

La transmission au parquet « pour avis » par Philippe Courroye des accusations d'Hénin et de Gille ne seront, pendant des semaines, pas suivies d'effet. Yves Bot, lui non plus, n'est guère enclin à mettre en cause ouvertement les pratiques du parquet de Californie. Aussi, après avoir rencontré en secret François Pinault ainsi qu'un homme politique de premier plan, sur leurs conseils, Jean-François Hénin et François Gille décideront, en janvier 2004, de déposer des plaintes avec constitution de partie civile contre Jeffrey Isaacs et Gary Fontana, assorties d'un dépôt de 3 000 euros

1. *Libération* du 28 novembre 2003.

chacun. Officiellement, Jeffrey Isaacs ne réagira pas à ces mises en cause directes. Mais trois jours après le dépôt de la plainte, il téléphone à Brian Sun, l'avocat californien d'Hénin, qui fut son ancien supérieur hiérarchique, pour lui demander : « Qu'est-ce que cela signifie ? » Deux semaines plus tard, un autre procureur fait la même démarche, cherche à savoir si la plainte a une chance d'aboutir et si Isaacs court des risques d'être interpellé s'il se rend en France. Plus tard, Debra Yang prendra elle-même son téléphone pour demander si les plaintes d'Hénin « ont une chance d'être soutenues par la justice française ». A chaque fois, Brian Sun laissera planer le doute en évoquant la colère des autorités françaises.

L'unanimité apparente du camp américain va-t-elle se lézarder ? A la veille de la rencontre décisive qui doit se tenir à Los Angeles, les Français estiment que le rapport de force est en train d'évoluer en leur faveur. C'est du moins ce qu'ils croient.

CHAPITRE 17

La vengeance est un hamburger qui se mange tiède

Que la Californie serait douce à vivre sans ces damnés Jeffrey Isaacs et Debra Yang ! C'est exactement ce que se disent, entre eux, les trois représentants de l'Etat français, en dégustant d'énormes *sirloin* steaks, arrosés de pinot noir, sur le toit de l'hôtel Westin BonAventure, à Los Angeles. En cette fin novembre, le temps est au beau fixe et la température idéale, comme souvent à l'orée de l'hiver en Californie du Sud. La délégation est conduite par François Pérol, accompagné d'Olivier Hérès, pour le ministère des Finances, tandis que Pierre Denizet représente le CDR dont il est le n° 2. Gilles Pagniez, le patron des services juridiques d'Artémis, venu aussi pour participer à la négociation finale, loge dans un autre hôtel. Pas question d'afficher ici une quelconque solidarité entre l'Etat français et François Pinault.

Pour des raisons de commodité – mais aussi pour montrer, physiquement, que chacun devait faire sa part du chemin – les Français avaient demandé à Debra Yang que la rencontre ait lieu à Washington. Consciente du rapport de force, elle a refusé. Les discussions se tiendront donc à Los Angeles, chez elle, le vendredi 21 novembre 2003, veille du week-end de Thanksgiving où les villes américaines se vident de leurs habitants. François Pérol devait faire escale à Washington mais il a raté sa correspondance en raison du retard de l'avion d'Air France, pour un pépin technique. Devant l'importance de l'enjeu la France ne lésine pas sur les moyens. Un moment, elle a envisagé de mettre un avion officiel à la disposition des négociateurs. Finalement, c'est Denizet qui a affrété un avion privé pour aller, de nuit, de Washington à Los Angeles. Comme Jean-François Hénin dix ans plus tôt lorsqu'il était pressé d'aller voir Leon Black et John Garamendi... Avec sa carte de crédit du CDR, Pierre Denizet paye pour tout le monde. Les négociations devaient durer une journée : elles se poursuivront jusqu'au mardi. Un week-end gâché pour les procureurs américains, l'occasion pour les Français d'aller passer le dimanche à Santa Barbara...

François Pérol n'avait jamais mis les pieds à Los Angeles, mais il n'est pas dépaysé. Il connaît même la ville par cœur, à travers le cinéma et les romans américains, dont il est fou. Le directeur adjoint du cabinet de Francis Mer n'est pas ce qu'on appelle un énarque coincé. C'est un imitateur brillant, de Jean-Claude Brialy – « tous mes amis sont là » – comme de Jacques Chirac. Il est si talentueux que lorsqu'il appelle Pierre Denizet, dans sa chambre, en se faisant passer pour le chef de l'Etat, l'autre démarre au quart de tour. « Ecoutez, mon ami, je souhaiterais que vous soyez très attentif au sort de M. Pinault, pour qui j'ai la plus grande affection et à qui je dois beaucoup » : quand il imite Chirac, à Los Angeles, François Pérol n'hésite pas à mettre en scène ses relations supposées avec le milliardaire. Pour rigoler. Mais il ne rigolera plus du tout lorsque Debra Yang – cherchant à le déstabiliser alors qu'il insiste pour obtenir un accord global englobant les personnes physiques, dont Pinault – lui lancera de sa voix haut perchée : « Je n'aimerais pas être à votre place et avoir à défendre, là où vous êtes, des intérêts privés comme vous le faites en ce moment. »

L'âpreté des discussions avec le parquet de Californie contraste avec la douceur du climat et l'atmosphère potache qui règne entre Français. L'attaque de Debra Yang n'est pas innocente. Sa nouvelle tactique a été mise au point avec Isaacs : mettre en avant publiquement les relations entre Chirac et Pinault pour semer la zizanie dans le camp français. « Jacques Chirac détient la clé d'un accord sur un règlement amiable dans l'affaire Executive Life », affirme une « source américaine » citée par l'AFP. « La décision dépend de M. Chirac lui-même, qui va accepter ou non un règlement qui accorde à M. Pinault moins que ce qui était demandé en sa faveur », affirme cette source (il s'agit, en réalité, du porte-parole du parquet de Los Angeles) qui poursuit : « Si le règlement à l'amiable est rejeté, le sentiment aux Etats-Unis sera que M. Chirac essaye de protéger M. Pinault. » Difficile d'avoir de plus gros sabots ! Mais pourquoi se gêner ? L'accusation trouve dans la presse française tous les relais souhaités.

Au même moment, *Libération* consacre sa une et trois pages au « rappel des faits », préalable à l'acte d'accusation, rédigé par le parquet de Californie en mai 2003 [1]. Pas question, bien entendu, de dénier à *Libé* le choix de donner une telle importance à son scoop : c'est une démarche naturelle et légitime. Les commentaires qui l'accompagnent sont plus surprenants : « Truffé de documents confidentiels récupérés au cours de l'enquête, [ce document] détaille la mise en place minutieuse d'un gigantesque mensonge », écrit notamment *Libération* qui

1. *Libération* du 21 novembre 2003.

adopte une fois de plus, sans nuances, la thèse américaine. Car ce « gigantesque mensonge », faut-il le rappeler, se résume au contournement de lois qui seront supprimées quelques années plus tard. Contournement rendu possible par l'accord des autorités américaines en la personnc du commissaire aux assurances de Californie ! Et si sa mise en place a été « minutieuse », c'est parce que les Français croyaient qu'il leur suffisait de respecter la lettre – et non l'csprit – dc la loi.

Il n'est pas question, bien entendu, d'accuser ici certains grands journaux français d'antipatriotisme systématique, à l'inverse des médias américains qui, après le 11 septembre, se sont alignés sans recul sur les positions de l'administration Bush. Mais de là à tirer en toute occasion contre son camp pour vider des querelles partisanes, il y a un écart qui laissera pantois, pendant des années, aussi bien les Français que leurs avocats américains. Et qu'utiliseront, sans complexes, Jeffrey Isaacs et Debra Yang.

Contrairement à ce que suggèrent certains protagonistes français et les « sources gouvernementales », Debra Yang et Jeffrey Isaacs ne veulent rien céder. Ils refusent systématiquement d'intégrer à l'accord Artémis et les personnes physiques, à commencer par Patricia Barbizet et Jean Peyrelevade. Au titre des exigences nouvelles, Isaacs réclame même la confiscation du fruit de la vente d'Executive Life à Swiss Ré, c'est-à-dire des 260 millions de dollars que la compagnie suisse a bloqués en attendant de les verser à Artémis, à l'issue des procédures civiles. Formellement déclaré non coupable, François Pinault est néanmoins condamné. Une situation incompréhensible pour un esprit cartésien. Le parquet s'appuie sur de « fausses déclarations ». Sont en cause des demandes d'agrément signées par Patricia Barbizet et déposées, en mars et en juillet 1994, pour acheter les parts d'Executive Life détenues par la Maaf et ses partenaires. Aucune réponse ne figure sur la ligne où il est demandé de préciser les accords et les contrats liant les parties prenantes à la transaction. Une omission à plusieurs centaines de millions de dollars...

Le parquet n'aura de cesse, jusqu'à l'obtention de l'accord final, d'appuyer là où ça fait mal. Dès le lundi, Tom Mrozek, porte-parole du procureur fédéral de Californie, annonce qu'un « accord entre le CDR, le Crédit Lyonnais et la justice californienne avait été trouvé, mais pas avec Artémis, et qu'un feu vert du gouvernement français était encore attendu ». Réponse de Dominique Perben, sur Europe 1 : « Un vrai accord, pour le gouvernement français, c'est un accord qui effectivement permet de couvrir l'ensemble du dossier et ne laisse personne en dehors (...), il ne faut pas qu'il y ait d'abord un accord et ensuite une deuxième procédure qui viendrait remettre en cause les intérêts des uns et des autres. »

Les négociations sont interrompues dans la nuit de mardi à mercredi. Le blocage porte toujours sur l'intégration d'Artémis. Le cas Peyrelevade n'a même pas été abordé. Les Américains arrêtent la pendule jusqu'au lundi suivant 1er décembre. Cette « concession » n'en est pas une : pour arriver à leurs fins, ils ont intérêt à faire bouillir la marmite politique en France. Exactement ce qui va se passer. Le jeudi, en fin d'après-midi, Jean Peyrelevade se rend chez François Pinault, pour mettre au point une stratégie concertée, après un article du *Monde* disant que les négociateurs étaient prêts à le lâcher. En sortant, il appelle Valérie Lecasble [1], qui interviewe alors les personnalités du monde politique et économique sur la radio BFM.

1. Epouse de l'auteur du présent ouvrage.

Enregistrée le lendemain, l'interview sera diffusée le lundi. Peyrelevade est décidé à faire pression sur les politiques et sur les membres du Trésor qui sont prêts à signer à tout prix pour s'exonérer eux-mêmes, en les menaçant d'une commission d'enquête. Hors antenne, il explique les pressions que Patricia Barbizet et lui subissent de la part du procureur « pour avoir la dénonciation en bonne et due forme qui lui manque ». A l'antenne, Peyrelevade accepte de « partager une responsabilité » en tant qu'ancien PDG de la banque, « au nom de la continuité », mais exclut « totalement » de reconnaître une culpabilité quelconque. Rappelant qu'un éventuel accord coûtera au moins « 900 millions de dollars à la collectivité française » (475 millions pour l'Etat français, 100 millions pour le Crédit Agricole, 10 millions pour la Maaf et près de 300 millions pour François Pinault), il réitère sa demande de commission d'enquête : « Lorsque la poussière du combat sera retombée, elle serait de mon point de vue de citoyen quelque chose de nécessaire, pour que toute la lumière soit faite. »

Mais la poussière du combat ne retombe pas.

Coup de tonnerre : le lendemain, mardi 2 décembre, contre l'avis de Bercy et de la direction du Trésor unanime, Matignon interdit au Crédit Lyonnais et au CDR de signer avec le parquet de Californie un accord séparé. Le conseil d'administration de l'EPR, qui coiffe le CDR, a soutenu cette position de rupture. Seul Charles de Courson a maintenu son vote favorable, alors que Roland du Luard s'est abstenu, à la demande expresse de Jean-François Cirelli, l'homme de Chirac à Matignon. Francis Mer tente de minimiser son échec : « Il n'a pas encore été possible d'aboutir à un accord », affirme-t-il dans un communiqué, mais « le gouvernement français souhaite la poursuite des discussions » en vue d'un « règlement définitif ».

A Los Angeles, Jeffrey Isaacs et Debra Yang prennent la dérobade comme une nouvelle claque. Ce refus d'accepter leurs conditions, de la part de la France, ils le vivent comme une provocation vis-à-vis d'eux-mêmes comme vis-à-vis de l'Amérique souveraine, un mépris affiché de la Loi. Par la bouche de son porte-parole, le procureur laisse entendre, une nouvelle fois, qu'il va lancer prochainement des poursuites pénales contre les parties françaises impliquées, estimant que « continuer les discussions, pour l'instant, ne serait pas productif ». « Ainsi, nous allons avancer vers la conclusion de notre enquête, indique Tom Mrozek, dans un communiqué au ton exaspéré : nous nous attendons à faire des annonces dans ce sens dans un avenir proche. »

Alors qu'aux Etats-Unis la presse rend compte sobrement du refus de signer un accord amiable avec la justice américaine – « un pari risqué » selon le *Wall Street Journal* –, les réactions en France vont être d'une violence inouïe, éclipsant dans les journaux le vingtième anniversaire de la Marche des beurs ou les inondations dans le Sud-Est. Le chef de l'Etat est directement mis en cause. Alors président du groupe Vert au Conseil de Paris, Alain Riou accuse Chirac d'« entêtement à protéger un ami personnel, François Pinault », affirmant dans un communiqué qu'il veut « servir en tout premier lieu ses intérêts personnels et ses amis ». La Ligue communiste révolutionnaire réclame – comme François Pinault et Jean Peyrelevade – une commission d'enquête sur ce « nouveau scandale d'Etat ». « Chirac-Raffarin, pour protéger leur copain patron François Pinault, expose notre pays à payer des milliards d'euros à la justice des Etats-Unis, toujours à la recherche de profits juteux », affirme la LCR qui ajoute : « on peut s'étonner du peu d'empressement de la gauche traditionnelle à dénoncer ce scandale qui, il est vrai, couve depuis les années où elle était au pouvoir...».

En effet, le Parti socialiste a délégué un second couteau, le secrétaire national socialiste à l'économie et à l'emploi, Eric Besson, pour demander à Jacques Chirac d'expliquer son intervention dans ce dossier, « s'il a cru nécessaire » de le faire. Le responsable socialiste fait observer que « tout suinte et tout transpire pour dire que le ministre de l'Economie et des Finances et son administration étaient partisans d'un accord partiel en cas de refus du groupe Pinault » d'être partie prenante dans cet accord. « Tout paraît indiquer que c'est sur consigne, pour ne pas dire sur ordre, du président de la République qu'il y a pas eu d'accord. » Interrogé sur les raisons du silence du PS dans cette affaire ces dernières semaines, M. Besson a expliqué sa « réserve » par la nécessité de ne pas « mettre de l'huile sur le feu » et s'est dit « persuadé que les socialistes et nos ministres successifs des Finances, Dominique Strauss-Kahn et Laurent Fabius, n'ont rien à se reprocher dans ce dossier ». Une ligne de défense d'autant plus inattendue que personne, à ce moment-là, ne reproche quoi que ce soit à ces deux anciens ministres de Jospin !

Que seraient les socialistes sans Arnaud Montebourg ? Le jeune Torquemada, qui fait carrière sur la dénonciation des corrompus réels ou supposés, avec en tête de liste le chef de l'Etat, ne pouvait rater pareille occasion. Il se déchaîne dans *Libération* [1] : « Le gouvernement a décidé d'engager les contribuables français dans une aventure qui coûtera très cher, uniquement pour permettre à l'ami du président d'économiser 50 millions de dollars, affirme le député de Saône-et-Loire. La décision prise par Jacques Chirac, en raison de son amitié très particulière avec François Pinault, qui lui a rendu des services signalés pour sa carrière politique, est contraire à l'intérêt général. C'est une décision

1. *Libération* du 5 décembre 2003.

irresponsable, à caractère monarchique. Le président sera comptable de ces débordements (...). Il devra un jour en répondre. (...) Une grande part de la richesse himalayenne de Pinault est liée à l'affaire Executive Life, conclut Montebourg : c'est pour lui éviter de mettre la main au portefeuille que les contribuables français sont aujourd'hui exposés. »

Face à une telle charge, devant ce qui apparaît comme une évidence, le discours de ceux qui soutiennent le chef de l'Etat apparaît bien convenu. François d'Aubert (UMP), rapporteur de la commission d'enquête sur le Crédit Lyonnais en 1994, et pourfendeur régulier de la banque, affirme que le dossier Executive life est un « dossier au carré, un dossier propre ». Selon lui, « nous assistons à une tentative d'extorsion de fonds, de chantage de la part de la justice californienne à l'égard de l'Etat français, des entreprises françaises et des banques ». Porte-parole du gouvernement, Jean-François Copé affirme que « le gouvernement n'a qu'une seule préoccupation, la défense des intérêts du contribuable français ». « C'est un accord qui engage énormément les finances publiques. Il n'a de sens qu'à partir du moment où c'est un accord global et définitif (...). Aujourd'hui, ce n'est pas le cas ». Bernard Accoyer, vice-président du groupe UMP à l'Assemblée nationale, fait porter la responsabilité sur « les scories d'une gestion étatiste floue et coûteuse pour le pays d'il y a une douzaine d'années ».

Ces dénégations sont reçues comme des figures imposées. L'idée dominante est que Jacques Chirac a soutenu son ami Pinault au détriment de la collectivité nationale. Une analyse parfaitement résumée dans un grand article de *Libération* qui, sous le titre « L'Elysée aux commandes », raconte comment « Chirac pilote en sous main la défense de son ami de 20 ans [1] ».

1. *Libération* du 5 décembre 2003.

« L'affaire est une chasse gardée du président qui la pilote en première ligne, dans la plus grande discrétion, avec le secrétaire général adjoint de l'Elysée, chargé des questions économiques, Frédéric Lemoine », écrit *Libé*, qui raconte le rôle de l'homme de confiance de Chirac, Jean-François Cirelli, plaque tournante, à Matignon, de toutes les informations, « qui recueille les avis des avocats, fait la synthèse et transmet tout à Raffarin et à l'Elysée ». Le journal affirme que « certains conseillers de Bercy admettent aujourd'hui que les blocages à un règlement à l'amiable avec les Américains sont bien liés à un veto chiraquien » et que « la principale collaboratrice de Pinault, Patricia Barbizet, est en relation directe avec le ministre des Affaires étrangères, Dominique de Villepin, lui aussi partisan du rejet d'un accord qui n'inclurait pas Pinault ». Chirac se tiendrait au courant de tout, en se protégeant derrière plusieurs intermédiaires. « Lorsqu'un dépositaire de l'autorité publique intervient pour défendre des intérêts privés, cela porte un nom en droit pénal : trafic d'influence, concluent les journalistes Antoine Guiral et Vanessa Schneider. Et s'il y a, demain ou après-demain, des contreparties, même sous forme de mécénat, c'est de la corruption. Mais il est vrai qu'en France le Président n'est pas un justiciable comme un autre... »

Informations justes, conclusion hâtive. Il est évident que Jacques Chirac suit de très près l'affaire Executive Life ; que ses hommes coordonnent, depuis Matignon, la stratégie à adopter ; qu'il a pris, personnellement, la décision de refuser de signer un accord partiel ne concernant que le CDR et le Crédit Lyonnais. C'est son rôle et c'est son choix. On peut même raisonnablement penser qu'entre deux solutions possibles, Chirac privilégiera celle qui est, a priori, la plus favorable à Pinault. Mais rien ne permet d'en déduire que le chef de l'Etat est coupable de « trafic d'influence », comme l'écrit *Libération*. Car l'idée, si évidente en apparence, d'un soutien de Jacques Chirac à François Pinault, seulement motivé par l'amitié ou le renvoi d'ascenseur, ne résiste guère à l'examen.

D'abord parce que François Pinault ne veut pas être associé à l'accord global à n'importe quel prix. Fort de son immunité personnelle et d'un dossier qu'il estime solide au civil, le milliardaire est même tenté par la politique du pire. Il est convaincu qu'il y a une grande part de bluff dans la position du parquet de Californie. Comment pourrait-il être plus sévèrement ponctionné, devant un grand jury, alors qu'il a été déclaré non coupable ? Il n'a pas de licence à défendre. De plus, la décision prise par Isaacs de retirer à Peyrelevade la protection de fait dont il bénéficiait dans l'accord du 2 septembre l'a, lui aussi, sérieusement refroidi. Car Patricia Barbizet est dans le même sac que l'ancien patron du Crédit Lyonnais. L'accord signé, le procureur peut continuer à s'acharner sur sa plus proche collaboratrice, avec les risques que cela comporte. François Pinault n'a aucune envie de la lâcher, pas plus d'ailleurs que de la soutenir au-delà du raisonnable, c'est-à-dire au risque de mettre en péril ses intérêts essentiels. Il faut en finir et éviter le saucissonnage. Rien n'est pire que la solution bâtarde du 2 septembre. Pinault est passé, en décembre 2003, dans une logique du tout ou rien : soit il est inclus dans un accord global, sans reconnaissance de culpabilité ; soit il ne signe rien du tout. Le prix maximum de la tranquillité a été fixé le 30 novembre par François-Henri Pinault, qui a pris officiellement la succession de son père à la tête d'Artémis, après discussion avec ce dernier : la famille accepte de mettre 130 millions sur la table, dont la moitié seront conservés par les Américains, quelle que soit l'issue du procès civil. Alors que le procureur demande 185 millions de dollars, soit la moitié de ce qui est réclamé au CDR [1].

En réalité, le refus de signer imposé par Jacques Chirac est avant tout politique. Le vieux fond gaulliste du chef de l'Etat ne supporte pas la façon cavalière dont la France est traitée. Il a senti que les Français, sans rien comprendre à l'affaire, ne le supportaient pas plus que lui. Il est convaincu – à juste titre – que le déchaînement du parquet américain s'inscrit dans un contexte diplomatique très particulier – celui des relations dégradées entre les Etats-Unis et la France. Lui-même est offusqué d'avoir été publiquement mis en cause par plusieurs juges français. Il ne doit qu'à son statut de chef de l'Etat de ne pas avoir été mis en examen. Chirac appartient à une génération qui ne comprend ni n'accepte l'intrusion des juges dans la sphère politique, même si, par prudence, il évite de le dire ouvertement. Alors, venant de procureurs californiens... En outre, Jacques Chirac a compris, lui aussi, que les Français s'étaient mis dans la nasse en raison de leur défense calamiteuse, fondée sur le chacun pour soi. Jean-François Copé traduit sa pensée lorsqu'il affirme que l'accord « n'a de sens qu'à partir du moment où il est global et définitif ». Tout comme Jean-François Cirelli qui, cité par *Libération* [2], y affirme que « les intérêts de l'Etat français, de François Pinault et du Crédit Lyonnais sont convergents ».

Que signifie exactement cette dernière phrase ? Au premier degré, elle pourrait signifier que l'Etat se doit de servir la soupe à Pinault ! Tel n'est évidemment pas ce que veut dire Cirelli. Celui-ci, comme un certain nombre d'observateurs, suggère à mots couverts une

---

1. Cette somme a été calculée en soustrayant le prix d'achat à la Maaf et au groupe d'investisseurs associés du prix de vente d'Executive Life à Swiss Ré.

2. *Libération* du 5 décembre 2003.

crainte du gouvernement : que tout lâchage de François Pinault se retourne contre l'Etat. Et donc contre les contribuables, obligés de payer, une fois de plus, en dernier ressort. En effet, du temps de sa splendeur, le 12 mai 1993, Altus et sa filiale SBT-Batif ont garanti à Pinault la prise en charge de tous les éventuels désagréments, notamment judiciaires, liés à l'opération Executive Life [1]. Ce qui signifie que le groupe Pinault garde la possibilité de se retourner contre le CDR, donc contre l'Etat, pour se faire rembourser les sommes qu'il devra verser aux Américains. Bien loin de l'amitié entre François Pinault et Jacques Chirac, cette épée de Damoclès montre bien qu'entre Artémis et l'Etat français, il s'agit d'un rapport de force tout ce qu'il y a de plus brutal.

Dernier élément qui explique le refus de Chirac de signer. On sait que cet ancien énarque ne supporte guère les pseudo-élites françaises, peureuses et lâches – en privé, il les appelle les « collabos » –, toujours promptes à défendre leurs intérêts de caste au nom de l'intérêt général : en particulier quand elles tentent de lui forcer la main. Dans le même sac, Jacques Chirac met en particulier les inspecteurs des Finances et les banquiers en général. Or toute l'Inspection, toute la direction du Trésor, et tous les grands banquiers sont résolument favorables à la signature d'un accord avec la justice américaine.

René Carron, en particulier, va mener un lobbying

1. « Par la présente, nous nous engageons à prendre à notre charge exclusive toutes les conséquences financières (y compris les frais de procédure) des éventuels contentieux relatifs à la propriété et à la détention des biens apportés nés postérieurement à la date du 1er janvier 1993 et qui découleraient de faits antérieurs à cette date », a écrit Jean-François Hénin à Artémis. Le patron d'Altus a ajouté, de sa main, après « frais de procédure » : « et de conseil, ces derniers restant à l'intérieur de limites raisonnables ». Le procès-verbal du conseil d'administration de SBT-Batif assurant cette garantie a été publié dans *Le Canard enchaîné* du 10 septembre 1993.

d'enfer. Le nouveau propriétaire du Crédit Lyonnais tient à sa licence américaine comme à la prunelle de ses yeux. Un moment, il avait caressé l'espoir de s'en sortir habilement en fusionnant les activités américaines du Crédit Agricole et du Crédit Lyonnais. Gilles Guitton, secrétaire général de la banque verte, et Dominique Ferrero, directeur général du Lyonnais, sont envoyés à New York, le 5 décembre, pour y rencontrer les responsables de la FED. A la limite de l'insulte, ces derniers ont fermé toutes les portes. Cette démarche aura même un coût : début 2004, la FED infligera à la filiale américaine du Crédit Agricole une amende de 13 millions de dollars pour des approximations dans la tenue de sa comptabilité...

René Carron n'est pas un petit marquis adepte des ronds de jambe. C'est un brutal [1]. Alors que Pinault n'en est qu'à évoquer, de façon subliminale, un éventuel recours contre l'Etat, Carron menace ouvertement de l'attaquer si celui-ci ne signe pas l'accord. Son argumentation est simple : il a payé 20 milliards d'euros un an plus tôt pour acquérir le Crédit Lyonnais privatisé, réalisant le tiers de son bénéfice aux Etats-Unis. Or le vendeur, c'est-à-dire l'Etat, incarné par Dominique Strauss-Kahn, a délibérément passé sous silence les risques encourus par l'affaire Executive Life lors de la privatisation de la banque [2]. Il y a donc eu,

1. Quinze jours après sa visite à la FED, Dominique Ferrero, dernier rescapé du Crédit Lyonnais dans l'état-major du groupe fusionné, est renvoyé sans ménagement. « Ce n'est en aucun cas le résultat d'une différence de stratégie, commente le président du Crédit Agricole dans *Le Figaro* du 18 décembre. Cette décision répond simplement à un problème de comportement individuel. »

2. En juin 1999, la notice boursière de la privatisation du Lyonnais faisait à peine état d'un contentieux concernant Executive Life. Dans un petit coin et il était précisé qu'« une enquête interne a été menée au sein du Crédit Lyonnais et a permis d'identifier un responsable ». Ni Peyrelevade ni DSK ne diront, à aucun moment, que le Crédit Lyonnais risque de fortes amendes et la suppression de sa licence aux Etats-Unis.

selon Carron, tromperie sur la marchandise. Les hauts fonctionnaires de Bercy sont terrifiés. Surtout, la puissance du Crédit Agricole est telle, sur le plan politique, avec ses relais partout, que personne ne peut prendre à la légère la fureur affichée de son patron.

La pression politique est terrible. Le Crédit Agricole, Bercy, la direction du Trésor, Francis Mer, mais aussi les Verts, la LCR, le Parti socialiste, la presse de gauche bien-pensante : tout pousse Jacques Chirac à revenir sur son refus de signer. Le samedi 6 décembre, le chef de l'Etat est en visite officielle en Tunisie. Au cours de la conférence de presse, une journaliste évoque les rumeurs de son intervention personnelle pour s'opposer à l'accord afin de préserver François Pinault et lui pose la question :

— Vous êtes-vous opposé au compromis demandé ?

— Non, répond le chef de l'Etat, manifestement agacé. Dans les décisions qu'il prend souverainement, le gouvernement a tout mon appui pour continuer à agir dans cet esprit, guidé par le seul souci de l'intérêt général.

Dès son retour de Tunisie, le dimanche 7 décembre en fin d'après-midi, Jacques Chirac rencontre en secret François Pinault, à son domicile. La discussion se déroule à fronts renversés. François Pinault explique qu'il n'a plus vraiment envie d'entrer dans l'accord, s'il lui faut payer un dollar de plus. Pourquoi pas la rupture, au risque du procès public ? Il se dit convaincu que l'accusation bluffe et qu'il suffit de tenir bon, en exerçant la pression diplomatique nécessaire, pour la faire exploser en vol. Jacques Chirac partage cette analyse, mais il a pris la mesure de la tempête politique que suscite son soutien présumé à son ami milliardaire. C'est Chirac qui va supplier Pinault, pour en finir, d'accepter de payer les 185 millions de dollars en cash que le parquet de Californie lui demande.

Pinault était déjà soumis à la pression de René Carron. Celui-ci lui a fait comprendre que les relations de son groupe avec le Crédit Lyonnais, propriété du Crédit Agricole, ne pourraient plus être de même nature que par le passé s'il n'y mettait pas du sien. Mais en même temps, Carron lui a fait savoir que la banque lui prêtera la somme qui devra être versée au Trésor des Etats-Unis. Un soutien indispensable alors que le groupe Pinault a acheté Gucci, à terme, pour 8 milliards de dollars : la facture doit être payée en avril 2004. Carron d'un côté, Chirac de l'autre : à contrecœur, Pinault cède.

Dès le lendemain, les avocats d'Artémis font savoir à Debra Yang que François Pinault accepte finalement son offre, telle quelle : il s'engage à payer 185 millions de dollars sans la moindre reconnaissance de culpabilité. Pinault doit payer pour des fautes qu'on ne lui reproche pas d'avoir commises. Payer pour être tranquille : cette incongruité révèle la vraie nature du système judiciaire américain, basé sur un simple rapport de force habillé de considérations juridiques.

Affaire bouclée ? Non car, à Los Angeles, Debra Yang a perdu tout sens commun et tout contrôle d'elle-même. « Trop tard », répond-elle à George Terwilliger qui lui présente l'offre de règlement global, confirmant l'acceptation d'une amende de 475 millions de dollars payée par l'Etat français [1], de 100 millions par le Crédit Lyonnais, de 10 millions par la Maaf et de 185 millions par Artémis. Soit 771,5 millions de dollars au total, avec les miettes réclamées aux uns et aux autres, en particulier à Patricia Barbizet et à Jean-Claude Seys.

---

1. Ces 475 millions de dollars se décomposent en 100 millions de dollars d'amende pénale et 375 millions sous forme de provisions pour la procédure civile, dont la moitié (187,5 millions de dollars) seront remboursés si, d'aventure, le procès civil se terminait par un acquittement, 187,5 millions de dollars restant de toute façon acquis à la justice américaine, dans une sorte de no man's land juridique, comme dans le cas de François Pinault.

C'est un bras de fer inouï, dans son principe, entre la justice californienne qu'elle représente et la France, représentée par le chef de l'Etat lui-même. Une question de prééminence. Mme Yang est vexée que les Français n'aient pas respecté les délais qu'elle leur avait fixés et entend le leur faire payer. Devant elle, la France va être obligée de se mettre encore une fois à genoux.

George Terwilliger appelle Pierre Denizet, au CDR, qui a prévenu François Pérol. Le directeur adjoint de cabinet de Francis Mer passera la nuit à tenter de joindre Debra Yang, sur sa ligne directe, par le standard, par sa hiérarchie. Elle le fait délibérément mariner, profitant du décalage horaire. Elle ne le prendra que le soir, pour elle au petit matin, pour lui après une nuit blanche. Au bout d'une heure de négociation, avant toute décision, elle exige que Pinault lui envoie un fax s'engageant à verser 185 millions de dollars sous 90 jours, assorti d'une caution bancaire. Ce qui sera fait le lendemain. René Carron a tenu sa promesse : l'engagement bancaire est fourni... par le Crédit Lyonnais, ce que les Américains prendront comme une nouvelle provocation.

A provocation, provocation et demie. Le lendemain, dans la journée pour elle, au milieu de la nuit pour les Français, Debra Yang lance un nouvel ultimatum : la France a trois quarts d'heure pour prendre sa décision finale. Les amendes proposées doivent être confirmées. L'accord couvre toutes les personnes morales (le Crédit Lyonnais, le CDR, la Maaf et Artémis) mais aucune personne physique : c'est-à-dire que Peyrelevade, Bazy, Haberer, Hénin et Gille en sont exclus. Ils ne pourront quitter le territoire français sans être arrêtés et envoyés aux Etats-Unis, sauf à passer des accords séparés avec la justice américaine. Il est cependant prévu que rien de ce qu'ils diront dans leur *guilty plea* (plaider coupable) ne pourra remettre en cause l'accord général. « C'est à prendre ou à laisser », annonce Debra Yang à François

Pérol. Celui-ci prévient Francis Mer qui transmet à Jean-François Cirelli. Jean-Pierre Raffarin et Jacques Chirac sont prévenus. L'accord est donné. La France, au plus haut niveau, s'est mise au garde-à-vous devant la procureure de Los Angeles, dans les trois quarts d'heure qu'elle lui avait fixés. Avec le Crédit Lyonnais, Pinault et la Maaf, elle paiera 771,5 millions de dollars, la plus lourde amende jamais versée – même aux Etats-Unis.

Le lendemain, pour faire passer la pilule, le gouvernement va mentir. « Les autorités américaines proposent un accord qui est ouvert à l'ensemble des personnes morales parties prenantes au dossier, qui est ouvert également aux personnes physiques », affirme Jean-Pierre Raffarin, depuis Matignon. Le mensonge est énorme puisque toutes les personnes physiques concernées, en particulier Peyrelevade, Bazy et Barbizet, sont explicitement exclues, sans parler d'Haberer, Hénin et Gille. Mieux : le cas Peyrelevade, qui a justifié le raidissement de la position française, n'a même pas été évoqué par les négociateurs ! Gros. Trop gros. Le mensonge sera rectifié par Francis Mer : « le cas de certaines personnes physiques », dont celui de Jean Peyrelevade, est encore « en cours de discussion », reconnaît le ministre. Celui-ci va néanmoins tenter de botter en touche, laissant ses porte-parole et les hauts fonctionnaires qui l'entourent suggérer que l'impossibilité de trouver un meilleur accord est dû à « l'intransigeance de Jean Peyrelevade ». En passant évidemment sous silence la lettre qu'il lui a écrite le 2 septembre précédent dans laquelle il le remercie personnellement de s'être montré souple en « signant une transaction personnelle dans l'intérêt supérieur de toutes les parties intéressées [1] ». S'il n'a guère appris la politique, ce

1. « Pour mettre un terme transactionnel à la procédure pénale relative au dossier Executive Life, le Parquet américain (...) demande que vous entriez personnellement dans une transaction civile et en fait une

ministre des Finances issu de la société civile n'en pratique pas moins sans complexes le double langage !

Et Mer va, à son tour, proférer un énorme mensonge : il affirme que les 475 millions de dollars à la charge du CDR, c'est-à-dire de l'Etat, ont déjà été provisionnés, « et ne se traduiront pas par une augmentation à la charge du contribuable ». C'est aussi stupide que la déclaration d'Edmond Alphandéry, lorsque celui-ci avait déclaré que la déroute du Crédit Lyonnais ne coûterait rien au contribuable. Comme si le fait d'avoir mis de côté le coût d'une amende en supprimait la charge [1] !

Il revient à Francis Mer la difficile mission d'expliquer pourquoi ce compromis, qui ressemble comme un frère à celui du 2 septembre, sauf qu'il inclut Pinault (via Artémis) et exclut Peyrelevade, est « un bon accord ». Le ministre affirme qu'il « renforce la sécurité juridique pour nous protéger de toute poursuite pénale et pour nous permettre, au cours du procès civil qui aura lieu en 2005, d'avoir une position aussi forte que

---

condition nécessaire à la clôture du dossier, écrit Francis Mer à Jean Peyrelevade le 2 septembre 2003 : Je suis bien persuadé que vous n'avez aucune responsabilité personnelle dans l'origine de cette affaire, antérieure à votre arrivée à la présidence du Crédit Lyonnais. Nous comprenons que vous auriez eu toutes raisons de refuser d'entrer dans un accord transactionnel civil car (...) le fait d'être partie à cette transaction peut sembler vous mettre en cause et donc vous inspirer de fortes réticences. Je vous suis donc très reconnaissant de vous être résolu à accepter cependant de signer cette transaction personnelle dans l'intérêt supérieur de l'ensemble des parties intéressées. »

1. De même, la hausse des titres Pinault Printemps Redoute (PPR) et Crédit Agricole, le lendemain, à la Bourse de Paris, poussent certains observateurs à affirmer que les deux groupes n'ont pas fait une mauvaise opération. L'action du groupe PPR est montée de 2,74 % à 78,75 euros, celle du Crédit Agricole de 2,22 % à 18,45 euros. « PPR a déjà effacé, hier, les deux tiers de l'effet Executive Life, notent *Les Echos* : en payant 45 millions d'euros en plus, Artémis aura donc gagné 200 millions. » C'est oublier qu'on ne peut comparer une hausse virtuelle à une sortie d'argent en cash. Un an plus tard, le titre PPR valait toujours moins de 80 euros en Bourse.

nécessaire ». Invité de l'émission *France Europe Express*, sur France 3, Mer se montre particulièrement gêné et confus sur l'affaire Executive Life, affirmant que « l'Etat n'a pas de culpabilité dans cette affaire » et, un peu plus tard, qu'il a fallu payer pour, « en quelque sorte, une reconnaissance de culpabilité de l'Etat ». Contradiction ? « C'est parce que les mots n'ont pas le même sens en anglais. » Serge July lui rappelle la note de Véronique Hespel révélant au ministre de l'Economie, dès 1997, le caractère « frauduleux » de l'opération. Mer réagit vivement : « C'est un document administratif, vous n'avez pas à en faire état. Je ne connais pas ce document et je n'ai pas à faire de commentaires sur un document qui, pour moi, n'existe pas. » Francis Mer assure que l'accord du 2 septembre n'a pas été ratifié parce que les Français ont découvert qu'il pouvait être remis en cause. Il insiste : ni Pinault, ni Peyrelevade n'ont rien à voir à l'affaire. « Je m'étais trompé en pensant qu'il y avait un bon accord », reconnaît le ministre, de plus en plus agressif. Titre du *Canard enchaîné*, le mercredi suivant : « Mer rame ».

Ces tergiversations laborieuses ne trompent personne. La France s'est couchée. Jean-Pierre Raffarin le reconnaît à sa manière, parfait dans son rôle de chien battu. « Le choix était simple : soit payer les 475 millions [de dollars] demandés, soit aller à un procès qui pouvait nous conduire à devoir payer plus tard au moins quatre milliards, soit dix fois plus », explique-t-il dans une interview au *Parisien* [1]. « A cela se serait ajouté un risque très important : que le Crédit Agricole/Crédit Lyonnais perde sa licence américaine, ce qui aurait été mortel pour cette entreprise. Au total, cette affaire est très douloureuse. » C'est le moins que l'on puisse dire.

1. *Le Parisien-Aujourd'hui en France* du 16 décembre 2003.

La victoire des Américains est totale. Elle est d'autant plus éclatante que, le dimanche 14 décembre, à Bagdad, le proconsul américain Paul Bremer a annoncé, les larmes aux yeux : « *We got him.* Saddam Hussein a été attrapé vivant, sorti d'un trou à rats. Les télévisions et les journaux du monde entier reprendront en boucle les images du Raïs déchu, se faisant examiner les dents et les implants par un médecin, tel un cheval dans une foire. Partout dans le monde, sauf dans le monde arabe, la joie est générale, quoiqu'un peu forcée en France.

Le mercredi 17 décembre, le parquet de Californie confirme le règlement final et donne le détail des accords passés avec les différents protagonistes français. Le montant des diverses amendes et provisions devient officiel. En marge de ce règlement, le parquet annonce six inculpations. A commencer par celles des trois anciens dirigeants du Crédit Lyonnais et d'Altus qui ont toujours refusé de reconnaître la moindre responsabilité et font l'objet d'une demande d'extradition depuis deux mois : Jean-Yves Haberer, François Gille et Jean-François Hénin. S'ajoutent les deux dirigeants du Lyonnais d'après novembre 1993 : Jean Peyrelevade est inculpé de « fraude, conspiration et de violation de la loi bancaire » ainsi que de « fausses déclarations aux autorités ». Refusant de reconnaître la moindre culpabilité pénale, il risque lui aussi de faire l'objet d'une demande d'extradition, qui l'empêcherait de quitter le territoire français. Dominique Bazy fait l'objet des mêmes chefs d'inculpation, mais sa position sera beaucoup plus souple que celle de son ancien patron.

Une sixième personne, inconnue de tous, est inculpée : il s'agit d'Eric Berloty, 51 ans, employé par une société française de comptabilité et de conseil, qui a été consultant extérieur d'Altus Finance entre 1993 et

1997. Sa tâche était de mettre en forme les accords signés par la banque et de s'assurer notamment de leur exactitude sur le plan financier. Sa mise en cause est totalement incongrue. Elle ne s'explique que pour une seule raison : sa mère étant américaine, Eric Berloty a la double nationalité ; le procureur Isaacs espère pouvoir, à ce titre, faire pression sur lui et obtenir un vrai témoignage à charge.

Jean Peyrelevade bénéficie d'un traitement particulier de la part des dirigeants de la Federal Reserve, ceux qu'il présentait comme ses pairs. Sous la signature de Jennifer J. Johnson, secrétaire du bureau des gouverneurs, la FED publie un document de 35 pages, réquisitoire accablant sur les différentes violations de la loi dont l'ancien président du Crédit Lyonnais s'est rendu coupable à ses yeux. Mais « après avoir pris en compte le niveau de revenus personnels de Peyrelevade, sa bonne foi, la gravité des violations, l'historique des précédentes violations et tous les autres éléments dignes d'être appréciés par la justice, le bureau des gouverneurs se limite à une pénalité civile de 500 000 dollars ».

Jeudi 18 décembre, dans l'auditorium du palais de justice de Los Angeles. Pour Debra Yang, c'est le jour de gloire. Elle tient une conférence de presse à grand spectacle, flanquée de Jeffrey Isaacs, pratiquement dépossédé de son dossier, et de John Garamendi, dont on se demande ce qu'il fait là, puisqu'il n'est en rien impliqué dans la procédure pénale ni dans l'accord transactionnel annoncé ce jour-là. Mais sa présence ne semble étonner que les quelques journalistes français présents. La petite magistrate sino-américaine se projette sur le devant de la scène. Elle manie les superlatifs. Elle commence par affirmer qu'elle a poursuivi « la plus grande fraude commise sur le territoire des Etats-Unis » et que, logiquement, celle-ci a donné lieu « au plus important règlement amiable de l'histoire du pays », avec un montant total d'amendes et de provisions sur dommages et intérêts de 771,5 millions de dollars. Son ton est dur, sentencieux, méprisant. « Le Crédit Lyonnais va payer 200 millions de dollars d'amendes, dont 100 millions de pénalités aux assurés, mais cela ne lui vaudra aucun crédit dans le dossier au civil », insiste-t-elle devant un auditoire de journalistes américains dont certains expriment leur gêne devant ce déchaînement d'agressivité. Cette amende, ajoute-t-elle, « est une punition pour la conduite criminelle de la grande banque française. Et si la banque renie l'accord qui vient d'être signé, elle sera contrainte de payer une nouvelle amende supplémentaire de 100 millions de dollars ». John Garamendi prend à son tour la parole. Il promet, de son côté, que « toutes les sommes mal acquises devront être remboursées » et se dit certain de gagner le procès civil contre les parties françaises. Parlant de François Pinault, et des 185 millions de dollars qu'il a accepté de payer, il a ironisé : « Apparemment, il a dû faire quelque chose, à moins que ce ne soit par bonté d'âme. »

La morgue de Debra Yang, son inflation verbale et ses propos sentencieux vont être cruellement ressentis à Paris. Et perçus comme une évidente volonté d'humilier autant la France que les protagonistes de l'affaire Executive Life. La mise en scène de la conférence de presse, la violence des mots employés par la procureure n'ont pourtant rien d'exceptionnel. Ils sont caractéristiques de la justice américaine. En Europe, il n'y a pas de médiation pour les affaires importantes qui sont tranchées au cours du procès public, en première instance et en appel. L'accusation joue, bien sûr, son rôle, mais lorsque la sentence est prononcée, elle se tait : a-t-on jamais vu un procureur se féliciter publiquement de la sanction qu'il a obtenue du juge ou des jurés ? Hors de la salle d'audience, les caméras sont accaparées par les avocats de la défense, ainsi que par ceux des parties civiles. Tandis qu'aux Etats-Unis, la justice, on l'a déjà souligné, est l'expression affichée d'un rapport de force. Nul ne s'étonne donc d'entendre un magistrat parler de « la plus grande fraude organisée sur le territoire des Etats-Unis » et de la « conduite criminelle de la grande banque française ». Mais, en même temps, à la différence des Français, les Américains entendent ce genre de propos avec une certaine distance. Comme lorsque l'on reçoit les déclarations des hommes politiques en campagne. Car si Jeffrey Isaacs et Debra Yang chantent victoire sans retenue, c'est bien évidemment pour soigner leur future carrière, dans l'administration, dans le privé ou en politique [1]. Pour certains avocats présents, Debra Yang s'est montrée d'autant plus triomphante qu'elle a craint, jusqu'au dernier moment, de perdre la partie et d'être obligée d'aller au procès, en première instance et en appel, avec tous les aléas que cela aurait comportés. Un processus qui aurait pris des années. Un temps incompatible avec celui de ses propres ambitions.

Encore faut-il faire confirmer par un juge l'accord transactionnel et obtenir le versement effectif des amendes infligées aux différentes parties françaises. Le procureur n'oublie pas de rappeler, dans un communiqué officiel, que « le Crédit Lyonnais, le CDR, la Maaf

1. On a vu, en France, des tentatives d'instrumentaliser la justice dans un but de promotion personnelle : la juge Eva Joly a mené plusieurs instructions aussi tapageuses que brouillonnes, avant de postuler, en direct à la télévision, pour le poste de directeur de l'administration pénitentiaire ; le juge Eric Halphen s'est lancé dans un bras de fer avec le chef de l'Etat, destinataire d'une simple convocation au nom de « Chirac Jacques », avant de tenter d'embrasser une carrière politique, sous la bannière socialiste puis sous celle de Jean-Pierre Chevènement. Tentatives qui, pour l'une comme pour l'autre, se solderont par des échecs piteux.

et son directeur général Jean-Claude Seys plaideront coupables (...). Cette étape signifie (...) que les accusés, en sortant du tribunal, seront désormais formellement des criminels condamnés ». L'acte final, sur le plan pénal, a lieu le mardi 20 janvier 2004, alors que dans l'Iowa se tient le caucus qui consacre John Kerry comme candidat démocrate à l'élection présidentielle de novembre. Le Lyonnais, le CDR, la Maaf et Jean-Claude Seys ont plaidé coupables, dans un immeuble à l'allure stalinienne, orné de l'aigle américaine, « librement et sans pression » selon la formule consacrée. « Mais en vrais parjures », selon l'un des accusés. Sans surprise, venant du juge fédéral considéré comme un supplétif du parquet, Dickran Tevrizian entérine l'accord du 18 décembre, sous réserve du versement effectif des fonds.

Reste donc à payer. Pierre Denizet a été mandaté pour reconnaître la culpabilité au nom du CDR et verser... 375 millions de dollars. Pas si simple. Il n'est pas question de payer, comme le suggère Isaacs, avant que le juge n'ait entériné l'accord, ce qui doit intervenir dans l'après-midi à Los Angeles, au milieu de la nuit en France. La procédure choisie est incroyable : le CDR verse l'argent à la Banque de France qui le transfère à la FED à New York, sur son compte d'attente. A 5 heures de l'après-midi, le juge entérine l'accord. Denizet appelle la direction financière du CDR. Il est 2 heures du matin en France. Le CDR envoie un message codé à la Banque de France qui fait de même avec la FED. L'ordre est ainsi donné de transférer les 375 millions de dollars du compte Banque de France au compte Trésor public américain. La FED New York prévient le juge, qui attendait : l'argent a été versé. Le juge appose alors son paraphe. Inventé au dernier moment par les avocats spécialisés dans les transferts d'argent, le processus a pris cinquante minutes. Il est digne des échanges mafieux entre clients de banques complices, alors qu'il s'agit, ne l'oublions pas, de la justice américaine et d'une émanation de l'Etat français ! Il témoigne du manque absolu de confiance entre les deux parties : le CDR craignait que, l'argent versé, le juge ne revienne sur sa décision ; et les Américains se méfiaient d'un coup de Jarnac du CDR, qui n'a aucun actif aux Etats-Unis et sur lequel ils n'ont aucune prise, à la différence du Crédit Lyonnais et d'Artémis.

La société de François Pinault versera les amendes et provisions demandées le 11 mars, avec deux jours d'avance sur la date limite. Pour cela, Artémis n'a vendu aucun actif et n'a demandé aucun dividende exceptionnel à PPR : « Nous avons simplement utilisé nos lignes de crédit », assure Patricia Barbizet. Auprès du Crédit Lyonnais de René Carron. Six mois plus tard, la Financière Pinault affichera néanmoins une perte de 55,5 millions d'euros au titre de 2003, la première de son histoire. Elle est due aux 185 millions de dollars versés au Trésor américain qui ont été passés dans les comptes.

Après la lourde condamnation des personnes morales, restait, pour le parquet de Californie, à obtenir celle des personnes physiques. En espérant recueillir ainsi des éléments de preuve et des témoignages supplémentaires susceptibles d'affaiblir un peu plus la position des Français dans le cadre de la procédure civile. Exercice délicat puisque, dans l'accord finalement négocié avec le Crédit Lyonnais et le CDR, le parquet s'interdit de rouvrir ou de reprendre une enquête, même en présence de documents ou de faits nouveaux. Il est stipulé que les différents *guilty pleas* (plaider coupable) ne pourront être en contradiction avec l'accord ni le remettre en cause : les avocats du CDR et du Crédit Lyonnais doivent donner leur aval à chacun d'entre eux. Ils disposent même d'un droit de veto. De plus, parallèlement à l'accord sur les personnes morales, le parquet a consenti à en signer un autre avec les collaborateurs de François Pinault – celui-ci, déclaré innocent, n'étant pas lui-même concerné. C'est ainsi que Patricia Barbizet acceptera de signer un texte abscons qui lui interdit de se rendre aux Etats-Unis pendant trois ans sans qu'elle ait été formellement bannie. De même, elle ne reconnaît pas la moindre culpabilité mais accepte d'être sanctionnée pour collaboration insuffisante avec la justice... Pinault protège les siens. Y compris Alain Minc qui obtient une promesse écrite de ne pas être poursuivi. A un moment, le parquet avait menacé de l'inculper. Sa faute ? Il a mis en relation François Pinault et Jean Peyrelevade au cours d'un dîner organisé chez lui, en 1992. De là à l'accuser d'avoir organisé l'association de ces deux épouvantables malfaiteurs... On croit rêver.

Vis-à-vis des accusés, les moyens de pression du parquet sont relativement limités puisque la France, comme la plupart des pays, n'extrade pas ses ressortissants. Or, face aux mandats d'arrêt internationaux ou aux simples avis de recherche dont ils sont l'objet, les principaux accusés sont dans des situations très différentes [1]. Ruminant sa rancœur, Jean-Yves Haberer (70 ans) est retraité, tandis que François Gille (68 ans) est avocat à Marseille : l'interdiction qui leur est faite de quitter la France, sauf à risquer d'être envoyé de force dans une prison aux Etats-Unis, leur pèse, mais de façon supportable. Le problème est beaucoup plus

1. Lui aussi adressé à Interpol, l'avis de recherche est moins rude que le mandat d'arrêt international : il ne vise qu'à localiser et s'assurer de la disponibilité de la personne concernée. Mais comme il peut se transformer aussitôt en mandat d'arrêt et d'extradition, ses résultats sont identiques : ceux qui en font l'objet ne peuvent prendre le risque de quitter le territoire national, même au sein de l'Union européenne.

contraignant pour Jean-François Hénin, 59 ans, qui dirige désormais Maurel et Prom, une petite société d'exploration pétrolière aux résultats brillants [1], et qui à ce titre doit voyager. Il a trouvé un expédient : se faire nommer ministre conseiller de l'Angola ou du Congo-Brazzaville, ce qui lui permet de se déplacer depuis la France vers ces pays avec, chaque fois, une lettre de mission du ministère concerné. Pour Jean Peyrelevade, l'impossibilité pratique de quitter le territoire français est autant une gêne qu'une humiliation permanente. Surtout, cette contrainte, qui s'ajoute à l'opprobre de sa mise en cause par la justice américaine et la FED ainsi qu'à l'interdiction qui lui est faite d'exercer toute activité bancaire en relation avec les Etats-Unis, l'empêche de devenir patron de la filiale française d'une grande banque anglo-saxonne, comme prévu après son départ du Crédit Lyonnais mais avant son inculpation. En février 2004, Peyrelevade accepte un poste de consultant au sein du cabinet d'audit Roland Berger, à capitaux allemands. Il va aussi devenir conseiller de Jacques Saadé, le PDG de la compagnie maritime CMA-CGM : il assiste un mardi par mois au comité de direction de l'armateur marseillais. Pas de quoi occuper son temps libre. Fin 2004, Peyrelevade finira par rejoindre le cabinet Toulouse & Associés. Il est encore administrateur de Suez, de la Compagnie monégasque de l'Electricité et du Gaz et siège au conseil de surveillance de *L'Express*.

Ni Haberer ni Hénin, ni Gille ni Peyrelevade n'ont l'intention de se rendre aux Etats-Unis sans la garantie formelle de pouvoir en ressortir. Une garantie qu'ils n'ont pas, sauf s'ils témoignaient contre le Crédit Lyonnais, ce qu'aucun d'entre eux n'est disposé à faire. Avec Dominique Bazy, en revanche, la négociation a

1. Le titre détient le record de hausse 2004 de la Bourse de Paris.

abouti. Patron de la branche française de l'Union des banques suisses (UBS), alors âgé de 56 ans, marginalisé par Peyrelevade au profit de Pascal Lamy, Bazy n'a pas voulu ruiner sa carrière en portant un chapeau trop grand pour lui. Il a donc choisi d'aller à Canossa signer sa reconnaissance de culpabilité. En février 2004, il se met à la disposition de la justice américaine devant la cour criminelle de Los Angeles. On prend sa photo et ses empreintes digitales. S'ensuit un cérémonial formel. On lui demande s'il parle anglais : « Si vous n'êtes pas coupable, si on vous a fait des promesses ou si vous avez reçu des menaces, ne plaidez pas coupable », lui dit alors le juge Tervizian, en toute hypocrisie. Ce qui prémunit la justice de toute contestation ultérieure. Bazy reconnaîtra avoir « conduit le Crédit Lyonnais à faire de fausses déclarations à la Réserve fédérale américaine ». « Il a accepté de payer une amende de 250 000 dollars et d'être banni des Etats-Unis pour une période de trois ans », a précisé le bureau du procureur. Il devra demander l'aval de la FED avant toute opération bancaire aux Etats-Unis. Sous le contrôle des avocats du CDR et du Lyonnais, la formulation de l'aveu reste cependant évasive : « M. Bazy a consenti à ce que cette injonction soit émise sur la base de sa participation supposée à des violations de la loi bancaire concernant l'affaire Executive Life. » Son *guilty plea* signé, Bazy pensait reprendre l'avion par ses propres moyens. Mais le « banni » sera reconduit jusqu'à la passerelle de l'avion d'Air France pour Paris entre deux agents du FBI. La volonté de l'humilier – et la France à travers lui – est flagrante.

Faute d'attraper les grands fauves, le parquet se rabat sur le petit gibier. Eric Berloty, comptable ayant travaillé pour Altus, est convoqué en juin 2004. Son rôle, purement technique, est subalterne. Mais, on l'a vu, sa double nationalité le fragilise. Il a failli se faire piéger par le procureur. Celui-ci lui a adressé, par fax, un accord transactionnel discrètement modifié à son désavantage par rapport au document initial qu'il lui avait renvoyé pour accord. Il n'a découvert la manip qu'au tout dernier moment. Et voilà qu'Isaacs exige qu'il vienne aux Etats-Unis... muni de son passeport américain. Il se rend donc à Los Angeles la peur au ventre, craignant de ne plus pouvoir sortir du territoire, d'être assigné à résidence, voire emprisonné s'il ne collaborait pas de façon active avec la justice. A son arrivée, il est accueilli par le FBI – pour éviter toute embrouille, lui dit-on. Arrivé devant le palais de justice le lundi 7 juin à 8 heures, il attendra d'être entendu par le juge à 9 h 30, en compagnie de... Jeffrey Isaacs. Celui-ci est parfaitement aimable. Tous deux vont discuter de tout et de rien. Le procureur ne lui dit pas un mot sur sa tentative de manipulation. Isaacs n'affronte pas de face. Berloty, cependant, n'en mène pas large. Il craint toujours le piège. Aussi, devant le juge Tevrizian qui, en quarante ans de carrière, n'a jamais contredit un procureur, il reconnaît avoir aidé à dissimuler les accords de portage. En contrepartie de quoi il accepte de payer 50 000 dollars d'amende et de subir trois années de mise à l'épreuve.

Bazy, Berloty sont des seconds couteaux. Manquent Haberer, Hénin, Gille, Barbizet et Peyrelevade : la stratégie d'Isaacs pour obtenir des témoignages accablants susceptibles de faire mouche dans le cadre de la procédure civile a fait chou blanc.

Pour les Français, en ce début d'année 2004, l'affaire se présente pourtant toujours aussi mal. Ils ont été lourdement condamnés et l'importance des cautions obtenues en préparation du procès civil laisse augurer du pire. D'autant que les relations entre la France et les Etats-Unis restent toujours aussi mauvaises. Les contentieux s'ajoutent aux contentieux. Il y a le refus opposé par l'administration Bush à la France, au Canada, à l'Allemagne et à la Russie de participer à la reconstruction de l'Irak; la baisse massive du dollar face à l'euro; l'opposition des Etats-Unis au choix européen en faveur de la localisation à Cadarache du gros programme de recherche scientifique pour un réacteur à fusion nucléaire Iter, au profit du Japon; et enfin la prise de position sur la « préoccupation quant au respect de la liberté religieuse » exprimée publiquement par le porte-parole de Bush sur la loi contre le port du foulard islamique à l'école, à laquelle Chirac s'est déclaré favorable, etc. A quoi s'ajoute, fin décembre 2003, l'annonce surprise de l'abandon du programme libyen d'armes de destruction massive. Washington, Londres et Tripoli ont délibérément tenu Paris à l'écart de ces négociations secrètes qui ont duré neuf mois [1]. Cet accord est intervenu alors que la France peinait à obtenir gain de cause dans ses discussions avec Tripoli sur l'indemnisation des 170 victimes du DC-10 d'UTA abattu au-dessus du Niger le 19 septembre 1989 par des agents libyens. Londres et Washington ont soldé l'attentat contre le Boeing 747 de la PanAm à Lockerbie moyennant le versement par la Libye de 120 millions de dollars, avant d'accepter la levée des sanctions de l'ONU frappant ce pays. N'osant pas imposer son veto, la France a accepté cette levée des sanctions, avant d'avoir reçu la moindre indemnisation pour l'attentat contre le DC-10 d'UTA. Elle s'est fait doublement rouler.

Ainsi, encore et toujours, l'affaire Executive Life s'inscrit dans ce cadre dégradé des relations franco-

1. Une mise à l'écart confirmée par Dominique de Villepin et par l'Elysée, alors que Michèle Alliot-Marie, ministre de la Défense, avait osé assurer la veille que la France était « parfaitement informée de ces négociations (...) par les Américains depuis plusieurs mois ».

américaines. Commentaire outré d'un protagoniste français : « Muammar Kadhafi a soldé au pénal l'attentat de Lockerbie, qui a fait 259 morts, pour 120 millions de dollars et la France a été condamnée à 771,5 millions de dollars pour des broutilles qui n'ont lésé personne. J'en vomis ! » Trop, c'est trop. Les journaux, qui évoquent désormais largement l'affaire Halliburton et la mise en cause possible de Dick Cheney, commencent à souligner la volonté américaine de punir la France en général et Jacques Chirac en particulier. Et font le lien avec la façon de traiter l'affaire Executive Life. Il est clair que Bush n'est pas près de pardonner à Chirac ses prises de position pendant la guerre d'Irak. La vengeance est un hamburger qui se mange tiède. Et se digère lentement.

CHAPITRE 18

Pour quelques... centaines de millions de dollars de plus

Derrière la vitre sans tain, les jurés délibèrent. Ils se savent observés et filmés mais l'oublient très vite. Il y a là une majorité de Noirs et de Latinos (d'Afro-Américains et d'Hispaniques, en langage politiquement correct), de retraités, d'étudiants et de sans-emploi. Les femmes sont plus nombreuses que les hommes. Normal : peu de cadres, d'employés ou de commerçants acceptent d'être empêchés de toute activité professionnelle pour être les jurés d'un procès civil qui peut durer plusieurs mois. Théoriquement, la présence des personnes désignées est obligatoire mais les juges, traditionnellement, ne forcent pas la main de ceux qui ne veulent pas siéger. D'où un panel qui ne représente pas exactement la réalité de la société américaine.

Face à ces jurés bigarrés qui délibèrent avec un immense sérieux sur l'affaire Executive Life, c'est la divine surprise, pour les Français présents et pour leurs avocats. D'abord parce que les débats sont d'un niveau bien plus élevé que ce qu'ils craignaient, compte tenu de la complexité inouïe de l'affaire, avec les lois bancaires fédérales et californiennes qui se télescopent, le statut des assurances, le problème des junk bonds et de la compagnie elle-même qui s'entremêlent, avec les achats et les reventes qui s'étalent dans le temps, avec ces portages, ces options d'achat et de vente, ces courriers obscurs, ces différences radicales de culture entre Paris et Los Angeles, etc.

Deuxième excellente surprise : la position des Français est loin d'être diabolisée d'entrée, comme le leur avaient dit, depuis six ans, aussi bien le procureur Isaacs que leurs propres avocats américains. Mieux : les Français semblent jouir d'un préjugé favorable ! Certes, quelques jurés ont attaqué d'emblée : « Je déteste les Français, je les connais, ils sont malhonnêtes, menteurs, couards, ils ne pensent qu'à leurs intérêts au détriment de la morale, ils ont lâché au pire moment notre pays dans sa lutte contre le terrorisme, ils sont a priori coupables », affirme un retraité, ancien combattant, Blanc et très remonté. Mais aussitôt, ses propos sont contestés par la majorité du jury, de façon parfois violente. « Dire cela n'est ni moral ni politiquement correct », affirme un juré, suivi aussitôt par les autres. Posture de principe sans conséquence ? Pas si sûr. « On ne peut s'attaquer ainsi aux minorités », s'insurge une Chicano. Les Français découvrent alors un aspect du rapport de force qui leur avait complètement échappé jusque-là. Los Angeles est une ville bigarrée, avec une mosaïque de gens de toute race et de toute religion qui vivent le racisme des Wasp (White Anglo-Saxon Protestants) au quotidien. Pour eux, le respect des minorités est devenu une bible, la base de leur protection, le fondement de leur identité. De ce point de vue, ils s'identifient aux Français, à un point que ceux-ci n'avaient jamais pu imaginer. L'hostilité à la guerre en Irak n'est pas portée à leur débit, mais à leur crédit : les Français sont perçus comme des minoritaires, en butte à la vindicte des Wasp. Le rejet des élites, aussi violent qu'en France, ne se porte pas sur François Pinault, les dirigeants du Crédit Lyonnais et du CDR. Mais en priorité sur les élites locales, blanches (et asiatiques, dans une certaine mesure), le commissaire aux assurances, les magistrats de Californie et leurs avocats !

Cet aspect des choses avait d'ailleurs été abordé ouvertement par Jean-David Levitte. Le 15 avril 2004, dans un discours prononcé devant l'Université de Californie à Los Angeles (UCLA), l'ambassadeur de France avait affirmé que la France, en janvier 2003, a été l'objet d'une « campagne raciste » menée par certains médias de l'empire Murdoch et alimentée par le secrétaire américain à la Défense : « Nous étions insultés pour la seule raison que nous étions français et cela était injuste et dangereux. Une telle campagne n'aurait pas été tolérée, avait-il ajouté, si elle avait visé les Noirs ou les Juifs. »

Pas d'emballement, cependant : derrière leur glace sans tain, les Français et leurs avocats américains n'ont pas assisté au vrai procès civil. Prévu pour commencer le 15 février 2005 celui-ci devait durer trois mois, à raison d'une audience tous les matins : ils ont été les voyeurs d'un « trial-show » original, impensable ailleurs qu'aux Etats-Unis. Il s'agissait de procès en blanc ! Ils se sont tenus en juin et en novembre 2004 pour le CDR, les 14 et 15 décembre pour Artémis. Le département des assurances de Californie a fait de même, de son côté, début décembre. De telles répétitions seraient impensables en France, où le mythe de la pureté des débats et de la spontanéité des accusés et des témoins est soigneusement entretenu. Au reste, les magistrats ne supporteraient pas que l'on organise des répétitions pour une pièce de théâtre dont ils se veulent les seuls metteurs en scène et qui n'appartient qu'à eux. Les Américains n'ont pas ces pudeurs : pour eux, on l'a déjà dit, la justice est un rapport de force. Il ne faut donc rien négliger pour le mesurer le plus exactement possible ; le procès blanc est indispensable pour choisir d'aller au vrai procès ou, au contraire, d'accepter une médiation et à quel prix. Et, si l'on décide d'aller devant la véritable cour, pour estimer les risques encourus et tester les arguments, le niveau de compréhension des jurés, etc. C'est sur cette base que seront choisis les témoins à décharge. On préférera évidemment ceux qui passent le mieux la rampe à ceux, même importants, qui risquent d'être mal compris ou mal perçus. Sur la centaine de témoins auditionnés lors de la procédure de *discovery*, une vingtaine d'entre eux sera finalement retenue.

Les procès blancs du département des assurances, du CDR et d'Artémis ont été organisés par des sociétés spécialisées. Celles-ci choisissent les jurés selon les procédures officielles. Ils sont défrayés sur la base de 100 dollars par jour. Ils ne savent pas, avant de se rendre à l'audience fictive, sur quoi portera le procès. Sont constitués ainsi des panels représentatifs de ce que sera le véritable jury. Pour chaque procès fictif, une soixantaine de personnes sont sélectionnées, qui assistent ensemble aux débats et qui seront réparties ensuite en quatre jurys, délibérant séparément, sous l'œil des caméras et des avocats, pendant deux heures trente. Ceux-ci visionneront les bandes plusieurs fois, afin de tester la portée de chacun de leurs arguments. La société organisatrice peut fournir des professionnels qui jouent le rôle du procureur et du juge, tandis que les avocats rodent leurs propres arguments et présentent leurs témoins. Dans le cas d'Artémis, c'est un avocat de Gibson & Dunn qui a joué le rôle du procureur. Connaissant parfaitement le dossier, il s'est mis, pendant des semaines, dans la peau de la partie civile. Pour que l'exercice soit utile, nul n'a intérêt à se caresser soi-même dans le sens du poil. Tout est fait, au contraire, pour noircir le tableau : chacun de son côté, les avocats des Français et Gary Fontana ont plaidé devant des collègues qui ont démoli systématiquement leurs propres arguments et défendu à outrance la position opposée à la leur...

Au cours du procès blanc, organisé pour le compte du CDR, François Gille et Jean-François Hénin, dans l'incapacité de se rendre aux Etats-Unis, ont livré leurs témoignages par visioconférence, depuis Paris [1]. Tous deux ont indiqué que la consigne donnée par les dirigeants du Lyonnais avait été de se conformer très strictement aux lois américaines. Les avocats ont souligné qu'Altus avait été sollicité par le département des assurances pour sauver les intérêts de la compagnie Executive Life et de ses assurés ; que ceux-ci n'avaient subi aucun préjudice de la part de la banque française ; que celle-ci présentait la meilleure offre. De nombreux points de prescription ont été soulevés. Les avocats du CDR ont insisté sur le fait que les Français ont été les victimes d'une forme de chantage de la part de Gary Fontana et du département des assurances.

Les avocats d'Artémis ont insisté, de leur côté, sur l'absence de toute culpabilité pénale de la société et de François Pinault, qui n'a pas été partie prenante des opérations de portage mais s'est contenté de les dénouer, sans en connaître l'historique. Comme ceux du CDR, ils ont montré, avec des extraits de journaux et les commentaires de l'époque, avec la note interne de Lorraine Johnson à John Garamendi (voir chapitre 10) sur le rôle du Crédit Lyonnais dans la transaction et avec d'autres éléments, que le commissaire aux assu-

1. Les Français ont demandé au juge Matz d'autoriser Gille et Hénin à témoigner par visioconférence lors du procès réel. Idem pour Patricia Barbizet. Le juge a refusé sèchement que Gille et Hénin soient entendus par visioconférence. En revanche Patricia Barbizet a été autorisée à venir témoigner à Los Angeles.

rances était au courant des détails de l'acquisition d'Executive Life et de ses junk bonds par la banque française et qu'il en était même le principal inspirateur. Et que la mise en cause de François Pinault était dictée par la seule volonté de trouver une poche profonde, qu'elle était fondamentalement injuste et immorale, vis-à-vis d'un self-made-man irréprochable, un milliardaire français parti de rien, si représentatif des valeurs américaines...

Certains arguments ont été parfaitement reçus par l'ensemble des jurys des différents procès blancs, du CDR comme d'Artémis : en particulier ceux soulignant l'implication directe du commissaire aux assurances John Garamendi dans l'ensemble des opérations qu'il contestera lui-même plus tard. Sa duplicité est apparue évidente. De même, l'absence de préjudice causé aux assurés – un point clé, évidemment, dans le cadre du procès civil – semble avoir été largement admise. En revanche tous les arguments portant sur les délais de prescription ont été négligés par des jurés peu au fait des arcanes juridiques. De même, le fait qu'Artémis ait été constituée à l'origine à partir d'une société dormante logée au Crédit Lyonnais (FR Immobilier, voir chapitre 4) a été perçu comme une preuve de la collusion de la banque et de François Pinault. Il ne s'agissait pourtant, on l'a vu, que d'une facilité pour gagner du temps en respectant la loi française. Celle-ci interdisait à l'époque aux sociétés nouvellement créées de faire appel à l'épargne. Pour se libérer de cette contrainte et, aujourd'hui, pour gagner du temps, toutes les grandes banques détiennent ainsi des coquilles vides, logées dans différents pays, au cas où. A Los Angeles, l'explication, cependant, n'a pas convaincu. Ainsi, certains arguments sans portée juridique semblent très bien passer auprès des jurés populaires alors que d'autres, forts sur le plan juridique, ne sont pas compris.

Pour les Français, la tenue des procès en blanc était d'autant plus nécessaire que l'instruction du procès civil leur était apparue jusque-là indéchiffrable. On a déjà vu à quel point la procédure civile américaine était lourde et contraignante, avec ses interminables auditions de témoins entendus sous serment, son formalisme. Conduite par les avocats des deux parties, qui interrogent les témoins, elle est supervisée par un juge – en l'occurrence Howard Matz. Celui-ci définit le calendrier, recentre éventuellement les débats, débroussaille le maquis juridique, rectifie des points de droit, écarte le cas échéant les demandes abusives, débusque les prescriptions, etc. C'est le même juge qui supervise la procédure de médiation, engagée parallèlement.

Le 10 décembre 2003, alors que la tension entre Debra Yang, Jeffrey Isaacs et les Français est à son comble, Howard Matz affiche une sérénité et une volonté d'aboutir bienvenues : il fixe ce jour-là le calendrier des auditions des témoins et reprend en main tout le processus de médiation qui avait échoué au printemps. Il s'est fait remettre par les différentes parties une liste de cinq noms. Le premier sera le bon. Eric D. Green a accepté de conduire cette médiation entre le département des assurances, le CDR et Artémis. Professeur de droit, diplômé de Harvard et de Cambridge, il est le cofondateur et le responsable de Resolutions LLC, l'une des principales sociétés américaines spécialisées dans la médiation et l'arbitrage. Green a été rendu célèbre en devenant le médiateur dans le procès antitrust fait à Microsoft. Il doit commencer à travailler dès janvier 2004 sur le dossier Executive Life.

Après une première réunion, purement procédurale, tenue le 21 janvier à Boston, Eric D. Green organisera sa première séance de médiation les 30 et 31 mars à l'hôtel Pan Pacific de San Francisco. Les représentants du CDR et d'Artémis se sont réunis la veille pour coordonner leur position. Les représentants de l'Etat s'interrogent : quelles seront les consignes de Nicolas Sarkozy, qui vient d'entrer à Bercy et qui est confronté là à son premier dossier ? La réponse n'a pas tardé : on ne change rien, chacun prend ses responsabilités.

Si le juge Matz n'a pas jugé utile d'assister à cette première séance, où chacun présentera ses griefs et ses demandes, tous les plaignants sont là : le département des assurances mais aussi Sierra, la compagnie jadis évincée au profit d'Altus pour la reprise des junk bonds, Nolhga, l'organisme de solidarité des assureurs, et quelques autres vautours. Côté français, il y a Pierre Denizet pour le CDR (Jean-Pierre Aubert, le président, n'est pas venu) ainsi que, pour Artémis, François-Henri Pinault assisté des deux Gilles, les *men in black* de Patricia Barbizet : Pagniez et Erulin. Ainsi que des représentants de la Maaf. Cette séance de médiation est un échec total : l'écart entre ce qui est réclamé aux Français et ce qu'ils sont prêts à payer est abyssal. Ensemble, le département des assurances et Sierra évaluent à 5,44 milliards de dollars les dommages qu'ils ont subis et dont ils exigent le remboursement. Alors que les Français affirment ne rien vouloir payer de plus que ce qu'ils ont déjà versé au terme de l'accord transactionnel signé avec Debra Yang. Mieux : leur position de départ est que c'est déjà trop. Ils exigent le remboursement de la part remboursable, soit 375 millions de dollars sur les 560 déjà versés par les Français au titre de provision pour la procédure civile (300 millions de dollars pour le CDR, 75 millions pour Artémis).

Chacun savait bien que les positions ne se rapprocheraient pas au cours de cette première séance. Mais la surprise, pour les Français, est venue de la désinvolture et de l'agressivité de Gary Fontana. Alors qu'eux-mêmes ont plaidé leur dossier, soulignant notamment l'absence de préjudice, l'avocat du département des assurances a refusé de faire un speech en séance plénière, affirmant que tout était connu, les faits constitués et le préjudice évident. « Nous étions venus pour commencer à négocier, s'étonne alors un participant français : mais nous avons en réalité assisté aux rodomontades de Mike Tyson contre son adversaire à la veille d'un championnat du monde de boxe, un genre de cinéma dont sont friands les Américains. » François-Henri Pinault et Pierre Denizet contesteront violemment auprès d'Eric Green l'attitude arrogante et méprisante de Gary Fontana. Sans exposé des griefs, comment répondre ? Comment aiguiser sa propre défense ? Sans compter qu'une connaissance exacte des arguments de l'adversaire est nécessaire à la préparation du procès, en cas d'échec de la médiation.

La deuxième tentative de conciliation aura lieu les 10 et 11 août, cette fois dans la chaleur accablante de Los Angeles. Auparavant, Eric Green est allé voir toutes les parties en cause, à Paris, à San Francisco et à Sacramento. Une quarantaine de personnes sont présentes. Le juge Matz est venu, en observateur. Gary Fontana, sans doute chapitré par Green, fait l'exposé complet de ses griefs. Les Français restent sur leurs positions : « Nous avons accepté de payer une forte amende au pénal pour quelques fautes techniques vis-à-vis de la législation américaine mais il n'est pas question pour nous de payer davantage », réaffirment-ils. A quelques détails près, personne n'a bougé. Les positions restent trop éloignées. Aucun accord n'est en vue, du moins en apparence. Les rodomontades se poursuivent : « C'est la partie qui aura le plus peur d'un procès civil qui cédera la première, explique alors un avocat américain. Les Français craqueront au dernier moment, lorsqu'ils auront un pied sur les marches du palais de justice. »

Cette deuxième séance de médiation n'a pas été

inutile. Peu après, Sierra abandonnera toute future demande de dommages et intérêts à Artémis, moyennant le versement de 12 millions de dollars, payable en quasi-totalité non par Artémis mais par Aurora (ex-Executive Life) qui est désormais possédée par Swiss Ré. Ce renoncement est l'aboutissement de plusieurs procédures parallèles initiées par Artémis [1]. Les juristes d'Artémis avaient toujours considéré que Sierra était une partie civile plus dangereuse que le département des assurances. Face à cet adversaire, Pinault a gagné sur toute la ligne. Preuve, s'il en faut, que la partie n'est pas perdue d'avance pour les Français.

En même temps qu'il supervise la médiation, le juge Matz continue de piloter la procédure de *discovery*, avec son interminable audition des témoins. Ceux-ci sont entendus à Paris, Londres, Genève, New York et Los Angeles en fonction des impératifs et des contraintes de chacun. Après la transaction pénale, la procédure civile reprend, au cours de la troisième semaine de janvier 2004, avec les auditions de Patricia Barbizet et de son collaborateur Gilles Erulin. Ils ne peuvent s'y soustraire car ils étaient administrateurs d'Executive Life, une société de droit américain. La chancellerie a refusé que les auditions se fassent en France selon la procédure américaine, sauf sur le territoire de l'ambassade des Etats-Unis mais celle-ci n'était pas équipée pour cela. Tout le monde est donc convenu que ça se ferait à Londres, dans les locaux d'un cabinet d'avocats. L'ambiance est paradoxalement beaucoup plus formelle qu'au pénal. Tout est filmé et pris en script. Les avocats font reformuler les questions lorsqu'ils les jugent insuffisamment précises. Les dépositions ont lieu sous

1. Cet accord partiel sera entériné par le juge Matz, en dépit de l'opposition du département des assurances et du... CDR.

serment. C'est stressant, car il faut parfaitement choisir ses mots et dire exactement la même chose que lors des auditions précédentes, en dépit des questions pièges que pose Fontana. Toute différence sera relevée et peut même faire l'objet d'une sanction au pénal pour parjure. Aussi, dans la procédure de *discovery*, les propos sont-ils d'une prudence extrême. Toutes les affirmations commencent par les formules rituelles comme : « As far as I know » (autant que je puisse le savoir) ou « to my best knowledge » (du mieux que je me souvienne). La meilleure attitude à adopter est de ne se souvenir de rien. « Certains témoins américains, rompus à la procédure, avaient de la peine à se souvenir où se situe la Californie », raconte un avocat du CDR.

Pour la première fois, à Londres, Patricia Barbizet déposera en français, avec deux traductrices, l'une américaine, l'autre française. Les auditions n'en finissent pas. Alors que Fontana et l'un des avocats américains d'Artémis discutaient en prenant leur temps, Gilles Pagniez, directeur juridique, les interrompt :

— Pourriez-vous accélérer un peu ?

— On plaisante, répond son avocat.

— Ce sont des plaisanteries qui coûtent cher, répond Pagniez.

Car la quinzaine de personnes présentes autour de la table sont payées à l'heure. En dépit du formalisme, ces auditions se résument à un show de Gary Fontana. Son ego le pousse à vouloir faire part de son opinion et imposer son point de vue. Mais sa nature est bridée car il a l'obligation de respecter les témoins et la procédure.

Fontana obtiendra de pouvoir réentendre François Pinault, le 22 octobre. Toujours au palais de justice de Paris et en présence d'un magistrat français, dans un cadre juridique aussi flou que la première fois. Le grand patron a été parfaitement briefé. Arrivé à 9 heures, avec le privilège maintenu de pouvoir entrer avec sa voiture dans l'enceinte du Palais, par souci de discrétion, il répétera au mot près sa déposition de juillet 2002, sans jamais en dévier. Gary Fontana, s'il voulait relever une contradiction exploitable, en est pour ses frais.

Il subira d'autres déconvenues. Il avait prévu trois jours d'audition de Jean Peyrelevade, toujours au palais de justice de Paris. Le 21 juin, Peyrelevade se présente comme convenu. Il serre – à regret – la main de l'avocat, qu'il voit pour la première fois. Et lui explique sobrement qu'il... refuse de témoigner. Un peu plus tôt, il avait demandé à Bercy ce qu'il devait faire. François Pérol lui avait répondu : témoignez ou pas, on s'en fout. Peyrelevade décide donc de ne donner aucune prise à ses adversaires. Pour lui, la procédure pénale n'est pas close. Il est convaincu que son témoignage au civil sera transmis à Isaacs et utilisé contre lui.

Les faits étant avérés et largement reconnus par les Français (qui contestent seulement leur interprétation), l'ensemble de la procédure de *discovery* n'a pas apporté d'informations et d'arguments supplémentaires aux plaignants américains. En revanche, côté français, elle a permis de mettre en évidence les mensonges éhontés des parties civiles, le fait qu'elles connaissaient plus tôt qu'annoncé la dénonciation de François Marland, relayée par son avocat François Chateau. La duplicité de John Garamendi est apparue en pleine lumière.

Cette procédure de *discovery* a eu un autre mérite : elle a montré avec quel cynisme François Chateau, interrogé le 2 mars, avait agi contre les intérêts de son pays d'origine; elle a surtout obligé le délateur à se démasquer. Après son interview dans *Match*, François Marland a, en effet, été entendu le 3 décembre 2004, à Genève. Audition interminable, avec une vingtaine de questions posées pendant une journée entière, dans laquelle Marland s'est contenté de paraphraser son interview dans *Match*. Seule information livrée : le délateur a reconnu avoir déjà touché entre 4 et 5 millions de dollars depuis le début de l'affaire. Soit 20 % de la commission de 13 % versée à Gary Fontana sur les sommes versées par le CDR, le Crédit Lyonnais et Artémis aux anciens assurés d'Executive Life [1].

Equilibrant la bonne surprise des procès blancs, les Français ont subi une grosse déconvenue, toujours dans le cadre de cette procédure civile. Ils avaient déposé auprès du juge Matz treize requêtes (*request to dismiss*) pour faire la part des choses dans les demandes des plaignants. Certaines d'entre elles, comme la prescription ou l'absence de préjudice, étaient susceptibles de vider le procès de toute substance, voire d'empêcher sa tenue. D'autres étaient moins radicales : elles auraient simplement permis d'élaguer, d'éviter les diversions et d'écarter les demandes manifestement injustifiées. Les auditions devaient se dérouler les lundi 22 et mardi 23 novembre, le juge n'étant tenu par aucun délai pour rendre ses conclusions. Rien ne se passera comme prévu. Dès le lundi, Howard Matz reçoit les parties. Il se montre particulièrement bougon, annonce qu'il s'en tiendra à une seule journée d'audition, au terme de laquelle il rejette les treize requêtes déposées par les Français. L'affaire ainsi expédiée, le juge Matz demande aux avocats « de se préparer à un procès mais aussi d'être disposés à relancer les efforts pour régler cette affaire ». Il a averti que, si un procès se déroulait, la procédure risquait de s'éterniser, avec l'éventualité d'un appel. Il les a incités à tenir une troisième session

1. Aux Etats-Unis, les dénonciateurs peuvent être payés par les plaignants, sous le contrôle du juge. Ils ne peuvent pas l'être par les avocats... sauf s'ils sont avocats eux-mêmes, par le biais du partage des honoraires. Or les Français, qui ne sont pas près de lâcher Marland, ont découvert qu'il n'était pas encore redevenu avocat quand il a signé le partage d'honoraires avec Fontana. Des plaintes seront déposées, visant à l'empêcher de toucher et à rembourser le denier de Judas.

de médiation, tout en précisant : « Je n'y participerai pas moi-même. »

Que s'est-il passé ? Selon plusieurs avocats américains, le juge Matz, soumis à de fortes pressions, a préféré botter en touche. Il est sur une trajectoire qui lui permet d'être prochainement nommé au neuvième circuit (cour d'appel) puis, ultérieurement, éventuellement à la Cour suprême. Nommé à vie par Bill Clinton, ce juge peut difficilement prendre des décisions qui briseraient l'image et la carrière de John Garamendi – élu démocrate. Francophile et lié à la France, on l'a vu, par plusieurs attaches, il sait en même temps que toute décision trop favorable aux Français serait portée à son débit, sinon par l'opinion publique, du moins par ses pairs. Isaacs et Debra Yang veillent au grain. Impossible, pour le juge Matz, de prendre des décisions qui seraient forcément perçues comme un désaveu de la procédure pénale et de la transaction qui l'a conclue, au détriment des Français.

Bref, Howard Matz ne veut pas se mouiller : si les Français doivent être blanchis sur tel ou tel point, il préfère que ce soit dans le cadre de la médiation ou du procès public, par un jury populaire. Le tableau n'est cependant pas tout noir. Alors même qu'il annonçait publiquement avoir rejeté toutes les requêtes des Français, le juge faisait droit, partiellement, à certaines d'entre elles, en apparence techniques. Surtout, en toute discrétion, il enlevait à John Garamendi et Gary Fontana le bénéfice du *Unfair Business Act*, une loi californienne qui oblige à annuler toutes les transactions lorsqu'elles sont entachées d'une irrégularité au départ, et à remettre en état – c'est-à-dire à tout rembourser. C'est ainsi qu'un promoteur qui avait acheté un terrain proche de l'aéroport de Los Angeles et fait construire des immeubles dessus a été obligé, en vertu de cette loi, de rendre le tout à l'ancien propriétaire alors que l'erreur factuelle dans la rédaction de l'acte de vente initiale était mineure ! L'application de cette loi californienne au cas des junk bonds aurait pu conduire le CDR et Artémis à rembourser la totalité des bénéfices engrangés depuis treize ans ! Or Matz a explicitement confirmé une jurisprudence selon laquelle l'*Unfair Business Act* ne pouvait s'appliquer lors de la cession de titres financiers, comme dans le cas des junk bonds d'Executive Life. En toute discrétion, il a ainsi enlevé une lourde épée de Damoclès suspendue au-dessus de la tête des Français.

Ceux-ci n'attendent plus du juge Matz qu'il se découvre d'une manière ou d'une autre en leur faveur. Mais ils comptent néanmoins toujours sur lui. Car, dans le procès civil, si le verdict appartient au jury populaire, le rôle du juge est loin d'être négligeable : il peut intervenir dans des limites codifiées. S'il estime qu'il n'y a pas assez de preuves sur un point particulier, ou que ces preuves ne sont pas substantielles au regard des principes du droit américain, il peut s'opposer à une délibération sur ce point. Il organise les débats et décide si le jury délibère globalement ou point par point, lorsque le sujet est trop complexe. Bref : comptant sur la bienveillance discrète du juge Matz à leur égard, les Français ont le sentiment que le procès public pourrait se dérouler aussi bien – si ce n'est mieux – que les procès à vide qu'ils ont organisés.

Les résultats concrets de ces procès blancs ont été jalousement gardés secrets : pas question, bien sûr, de fournir des armes et des arguments à l'adversaire. Même du côté français, on a soigneusement caché sa copie : le CDR et Artémis ne se sont pas communiqué, entre eux, les verdicts exacts prononcés par les différents jurys réunis par leurs soins. Pour les deux entités françaises, le bilan est pourtant très largement positif.

Côté CDR, l'addition de 560 millions de dollars pour l'Etat français en amendes et provisions pour dommages et intérêts « n'aurait pas été alourdie significativement ». Verdicts également encourageants pour Artémis : les jugements des quatre panels étaient voisins et plutôt favorables à la société française.

En conséquence de quoi, sauf surprise de dernière minute – c'est-à-dire baisse soudaine et massive des prétentions de Gary Fontana et du département des assurances –, le CDR, tout comme Artémis, étaient prêts, à la mi-janvier 2004, à prendre le risque d'un procès public civil, devant un jury populaire. Pour le CDR, la décision avait été prise de longue date, en accord avec le gouvernement. Une décision strictement politique. Le Crédit Lyonnais n'est plus concerné, il n'y a plus de risques de lui voir retirer sa licence américaine : ce chantage avait compté pour beaucoup dans la reddition humiliante de la France face à Jeffrey Isaacs, Debra Yang et les dirigeants de la FED. Désormais, c'est l'Etat français qui est seul en première ligne, face à un avocat cupide, alerté par un délateur français expatrié, agissant pour le compte d'un commissaire aux assurances politicien sans foi ni loi, aussi menteur qu'un arracheur de dents de la conquête de l'Ouest. La médiation de décembre 2003 est restée en travers de la gorge de Jacques Chirac et d'une bonne partie de ceux qui n'ont pas supporté de voir la France s'abaisser de la sorte. A la lumière de cette expérience, les dirigeants français ont enfin réalisé qu'accepter une transaction, quels qu'en soient les termes, c'était reconnaître, de facto, une culpabilité. Ce qui n'est pas le cas, même après une condamnation, au terme d'un procès public, dans un pays étranger. On peut comprendre qu'un jeune steward français, accusé d'avoir écrit des slogans pro-Ben Laden dans les toilettes de son avion, ait préféré plaider coupable, même s'il était innocent : entre l'expulsion immédiate et le risque de passer quinze ans en prison, la question ne se pose pas. Mais il est difficile pour l'Etat français de se coucher de la sorte et valider ainsi les bases d'une justice de chantage et d'extorsion de fonds. Pas question donc, pour la France, d'apposer son paraphe sur un document acceptant des sorties d'argent allant trop largement au-delà des 375 millions de dollars déjà versés. Seule la contrainte d'une condamnation en bonne et due forme, au terme d'un procès, après tous les recours possibles, pourrait la conduire à payer beaucoup plus. A condition encore que le CDR accepte de payer [1] : les Américains n'ont aucune prise sur cet organisme public qui ne détient aucun actif aux Etats-Unis ! Mais des considérations politiciennes intervenaient dans l'autre sens. Le verdict du procès risquait de tomber en mai, à la veille du référendum sur la constitution européenne. Or le gouvernement a appris qu'en cas d'appel, il devrait néanmoins déposer de 120 à 150 % des sommes auxquelles il aura été condamné – à l'appréciation du juge Matz. En outre, trois mois d'agitation médiatique autour du procès, en pleine campagne électorale, comportaient d'importants risques politiques. Beaucoup plus que quelques centaines de millions de dollars supplémentaires rapidement versés au terme d'une transaction.

En revanche, François Pinault et son fils François-Henri n'avaient pas pris leur décision, en décembre 2004. L'écart entre ce qui était réclamé par les parties civiles et ce qu'a déjà déboursé Artémis était moins élevé que dans le cas du CDR : 418,5 millions de dollars, alors qu'Artémis en a versé 185, soit un écart

1. En réalité, ce n'est pas le CDR qui paiera, mais l'organisme qui le contrôle, émanation directe de l'Etat : l'EPFR. C'est lui qui doit prendre à sa charge les « risques non chiffrables » résultant de la gestion passée du Crédit Lyonnais. De toute façon, la charge en reviendra, *in fine*, au contribuable français !

de 233,5 millions. Tandis que le département des assurances a fixé à 1 627,6 millions de dollars le montant des dommages et intérêts demandés au CDR (y compris les 852 millions exigés du Crédit Lyonnais) pour 375 millions versés, soit un écart de 1 252,2 millions de dollars ! Sans oublier le fait que d'autres parties civiles réclament encore à l'organisme public des centaines de millions de dollars. Car Sierra a transigé avec Artémis, pas encore avec le CDR.

Autre contrainte : la principale filiale d'Artémis, Pinault-Printemps-Redoute (PPR), est cotée en Bourse. Or l'incertitude judiciaire est toujours lourdement sanctionnée par les marchés financiers qui veulent avant tout savoir où ils mettent les pieds. La tentation est donc grande, pour François Pinault (comme pour son fils), de couper la poire en deux et de passer à autre chose. Une tentation d'autant plus grande qu'Artémis paiera les sommes qui lui seront réclamées avec le magot de 260 millions de dollars gelés sur un compte séquestre, produit de la vente d'Executive Life à Swiss Ré : s'il reste de l'argent, après un nouveau versement, celui-ci sera rapatrié en France et apparaîtra même dans les comptes d'Artémis comme un... bénéfice [1] ! Et personne n'oublie, au sein du groupe, que sa prospérité est assise sur les plus-values réalisées avec les junk bonds d'Executive Life ! Le bilan global, pour les Pinault, de l'ensemble de l'opération Executive Life reste donc très largement positif.

Est-ce une raison pour se coucher ? Certainement

1. Artémis a toujours déclaré à ses commissaires aux comptes que l'argent bloqué aux Etats-Unis couvrait la totalité du risque encouru. Artémis détient en effet 445 millions de dollars bloqués aux Etats-Unis (260 millions sous séquestre Swiss Ré et 75 millions récupérables sur les 185 millions versés après le procès pénal). Executive Life a été achetée 75 millions de dollars et le total de dividendes qu'elle a versés à Artémis est proche de 100 millions. Le prix de vente de 260 millions de dollars peut donc être considéré comme un profit net.

pas. Avant le procès en blanc organisé par Artémis, François Pinault tout comme son fils François-Henri étaient partagés. D'un côté, ils étaient animés par un profond sentiment d'injustice et par la volonté d'aller au bout des choses, pour être blanchis. De l'autre, conscients des risques encourus, ils penchaient, sans le dire, pour une transaction « à condition que celle-ci se fasse sur des bases raisonnables ». Mais après la bonne surprise du verdict des différents panels de jurés, début janvier, l'option du procès public semblait l'emporter, pour l'un comme pour l'autre. Le groupe, en tout cas, s'est mobilisé pour fourbir ses armes et ses arguments, avec le souci de renforcer son image aux Etats-Unis. Le 31 décembre 2004, François Pinault a annoncé que PPR offrait 1 million d'euros à la Croix-Rouge française pour les sinistrés du tsunami d'Asie du Sud. L'actionnaire principal a pris ainsi une initiative qui cadre bien avec son caractère complexe où la dureté en affaires se mêle à des élans, souvent inattendus, d'ouverture aux autres ainsi qu'aux malheurs du monde. Mais il cache généralement avec grand soin cette meilleure part de lui-même. Or, pour annoncer ce don, Pinault s'est fait filmer devant la maquette du futur musée d'art moderne qui portera son nom. Voilà qui n'est pas dans ses habitudes. De là à suggérer qu'il acceptait de se mettre en avant dans l'optique du prochain procès, pour se construire l'image du milliardaire généreux, distribuant sa fortune pour faire le bien, comme les aiment les Américains, il y a un (grand) pas que ses détracteurs n'ont pas hésité à franchir.

Epilogue

Avant la médiation intervenue, comme l'avait prévu Gary Fontana [1], le 15 février, « sur les marches du Palais » le procès civil du Crédit Lyonnais, de l'Etat français, à travers le CDR et Artémis, la holding de François Pinault, aurait dû ainsi se dérouler du 15 février 2005 à la mi-juin, à Los Angeles. En dépit des bonnes surprises, pour les Français, des procès blancs, nul ne pouvait en prévoir à l'avance l'issue. Très certainement, le verdict aurait été frappé d'appel, par l'une ou l'autre des parties, ou bien par les deux. Après le procès en appel, l'affaire aurait pu aller jusqu'à la Cour suprême et son dénouement aurait pris plusieurs années. Pour les Américains, l'issue finale n'était plus essentielle, sauf pour Gary Fontana, François Chateau et François Marland qui attendent de toucher leur part du butin. Mais pour John Garamendi, l'argent est secondaire. Peu lui importe de savoir quand les Français paieront – et s'ils paieront. Le commissaire aux assurances se focalisait sur le verdict en première instance, le seul qui entre dans le champ de sa vision, exclusivement politique. L'important, pour lui, aurait été les titres des journaux californiens, pendant le procès et à son issue. Les accusations de duplicité, qui risquaient d'être étalées

1. L'accord entre le département des assurances et le CDR devait se faire sur la base de 560 millions de dollars. Exactement la somme en dessous de laquelle Gary Fontana était habilité à y opposer son veto !

sur la place publique, le préoccupaient. Son image risquait d'être ternie. Seule une victoire éclatante sur les Français – c'est-à-dire la condamnation à verser des dommages et intérêts supérieurs à un milliard de dollars – pourrait lui rendre tout son lustre. Mais la tenue du procès, pour lui aussi, comportait de gros risques.

Côté accusés, le gouvernement français a longtemps assuré ne rien vouloir payer de plus que ce qui a déjà été versé lors de la transaction pénale. Politiquement – et c'est ce qui compte pour lui – le gouvernement estime avoir déjà mangé son pain noir. Il a été dur à avaler, mais l'impact politique de la transaction en France a été considéré comme négligeable. Tout comme une médiation au civil ? On se convainc, en haut lieu, que l'opinion ne retient rien de cette affaire trop complexe, perçue comme un simple élément de la querelle franco-américaine à propos de l'Irak. Comme si les Français ne ressentaient pas, plus ou moins confusément, le degré d'abaissement, face à une puissance étrangère, auquel les ont conduits leurs dirigeants. Ceux des années quatre-vingt-dix comme ceux des années deux mille...

Pour François Pinault, les risques financiers étaient plus limités que pour l'Etat. D'autant qu'Artémis a déjà versé ou gelé 475 millions de dollars, sur lesquels seront ponctionnés les amendes et les dommages et intérêts à venir. Le bilan de l'opération pourrait même, on l'a vu, se traduire par un bénéfice comptable. Mais François Pinault ne s'estime pas quitte. Pour lui, l'affaire ne s'arrêtera pas aux Etats-Unis. Lorsque l'affaire sera conclue à Los Angeles, le milliardaire est décidé à se retourner contre l'Etat français pour se faire rembourser la totalité des sommes – amendes et dommages et intérêts – versées aux Américains, sur la base de la lettre de garantie jadis signée par Altus. Et en faisant valoir surtout l'argument suivant : le groupe privé a acheté à Altus, donc à l'Etat, des biens (Executive Life) présentés comme libres de toute hypothèque et de toute contrainte, alors qu'ils ne l'étaient pas. A l'Etat, donc, de rattraper sa faute...

Le groupe Pinault osera-t-il poursuivre effectivement l'Etat français en justice afin qu'*in fine*, les contribuables français payent à sa place en alourdissant l'addition ? Au Trésor, c'est une hypothèse depuis longtemps envisagée. Pendant quelques mois, l'idée dominante était que François Pinault n'hésiterait pas à attaquer l'Etat, le moment venu, quel que soit le locataire de l'Elysée, mais que son fils François-Henri serait beaucoup plus réservé. Pour une raison simple : le père n'a plus rien à perdre et ses pratiques passées (notamment au moment du rachat de la participation détenue par le CDR dans sa société) montrent qu'il ne craint pas l'expression d'un rapport de force, y compris vis-à-vis de l'Etat ; tandis que le fils aurait parfaitement mesuré à quel point il serait téméraire de commencer une carrière de grand patron en s'attaquant à l'Etat : chacun sait bien à quel point Bercy, le Trésor, le fisc peuvent être rancuniers, bien au-delà des alternances politiques. François Pinault a-t-il convaincu son fils ou bien le sang a-t-il parlé ? François-Henri, lui aussi, envisage désormais sereinement de réclamer au Trésor le remboursement de toutes les sommes déboursées depuis 1998 en raison de l'affaire Executive Life : amendes, dommages et intérêts et même les frais d'avocats qui auront atteint près d'une centaine de millions de dollars !

Réclamer de l'argent à l'Etat français au titre d'Executive Life, alors que le groupe Pinault a créé Artémis et bâti une bonne partie de sa fortune en achetant les junk bonds de la compagnie d'assurances américaine ? Encore un joli scandale en perspective !

TABLE

Troisième partie
Le temps du bûcher

Cet ouvrage a été imprimé par

FIRMIN DIDOT
GROUPE CPI

Mesnil-sur-l'Estrée

pour le compte des Éditions Grasset
en février 2005

Imprimé en France

Dépôt légal : février 2005
N° d'édition : 13682 - N° d'impression : 72613
ISBN : 2-246-66941-3